重构绩效

用团队绩效塑造组织能力

李祖滨 胡士强 陈琪◎著

PERFORMANCE RECONSTRUCTION

How Team Performance Build Great Organization

图书在版编目（CIP）数据

重构绩效：用团队绩效塑造组织能力 / 李祖滨，胡士强，陈琪著．—北京：机械工业出版社，2019.6（2024.10 重印）

ISBN 978-7-111-62897-2

I. 重… II. ①李… ②胡… ③陈… III. 企业管理－组织管理学 IV. F272.9

中国版本图书馆 CIP 数据核字（2019）第 100453 号

重构绩效：用团队绩效塑造组织能力

出版发行：机械工业出版社（北京市西城区百万庄大街 22 号 邮政编码：100037）

责任编辑：冯小妹　　责任校对：李秋荣

印　　刷：固安县铭成印刷有限公司　　版　　次：2024 年 10 月第 1 版第 8 次印刷

开　　本：170mm×242mm 1/16　　印　　张：18.25

书　　号：ISBN 978-7-111-62897-2　　定　　价：69.00 元

客服电话：（010）88361066 68326294

Performance Reconstruction

目录

Performance Reconstruction

——总序

2040 年，让中国人力资源管理领先世界

南丁格尔的启示

因为我出生在国际护士节 5 月 12 日这一天，还因为我的母亲做了一辈子的护士，所以我对被称为“世界上第一个真正的女护士”的南丁格尔一直有着好奇和关注。2018 年 10 月，我在英国伦敦独自一人参观了南丁格尔博物馆。博物馆在圣托马斯医院内，面积约 300 平方米，里面不但模拟了当时战场上的行军床、灯光，还模拟了枪炮声以及战场伤员痛苦的叫喊声。博物馆内一个展柜吸引了我的注意，上面写着“ She is a writer”（她是一位作家），她一生留下了 20 多万字的有关护理工作的记录，其中不仅有南丁格尔记录护理经历的 63 封书信、札记，还有她的《护理札记》《医院札记》《健康护理与疾病札记》等多部专著。这给了我很大的触动：南丁格尔也许并不是第一个上战场做护理的人，也不是救治伤员数量最多的人，但因为她是记录护理工作最早、最多的人，她以事实、数据和观察为根据，总结了护理工作的细节、原则、经验和护理培训方法等，并把这些记录写成书流传下来，向全球传播，为护理工作发展和护理科学做出了重要的贡献，所以她是当之无愧的护理学奠基人。

这一年，我和我的团队已经完成了“人才领先战略”系列第三本书的写作，参观南丁格尔博物馆的经历更加坚定了我写书的信念，我们要写更

多的书，为中国、中国企业、中国的人力资源管理做出我们的贡献，不辜负这个时代赋予我们的使命！

“人才时代”已到来

从增量经济到存量经济

改革开放 40 多年，中国经济发展可以粗略分为“增量经济时代”和“存量经济时代”两个阶段。

第一阶段是 1978～2008 年，是需求拉动增长的“增量经济时代”。此阶段中国经济形势大好，很多企业即使不懂经营和管理，也能做大规模，获得经济大势的红利。企业似乎只要能够生产出产品，就不愁卖不出去，轻易就可以获取源源不断的收入和利润。在这个阶段，规模、速度、多元化是企业的核心关注点。内部管理是否精细并不重要。

第二阶段是 2008 年之后，中国转向“存量经济时代”，城镇化和工业化增速放缓，造成整体市场需求增长趋缓，竞争越发激烈。过去那些不注重内部管理只追求规模的企业，那些为做大规模过度使用金融杠杆的企业，那些仅靠赚取大势红利生存的企业，这时都遭遇难赢利甚至难生存的危机。特别是中美贸易摩擦和新冠疫情让企业的可持续增长面临越来越大的压力。如何调整自身以应对新时代的挑战？如何在新时代找到增长与竞争的新的成功逻辑？这是所有企业都需要解决的新问题。

时代给出了答案并做出了倾向性的选择。在“存量经济时代”，越来越多的企业意识到人才的重要性，对人才的渴望也达到了空前的水平，企业家们发现唯有充分利用“人才红利”才能实现企业在新时代的突围，企业在新时代乃至可预见的未来应该倚重的不是金融资本、自然资源和政策，而是越来越稀缺的各类人才。

个体价值崛起

2014 年，众多公司开始推行“合伙人计划”。自万科推行事业合伙人以来，“合伙人”一时风靡于各行各业，被大大小小的企业所追随。“合伙人计划”的背后，是将“人”作为一种资本，“人”与物质资本、金融资本一样，能够平等拥有对剩余价值的分配权，不仅如此，还可以参与企业的经营和决策，这是一种个体价值的崛起！

企业家们发现，在这个时代，“人”靠知识、能力、智慧对企业价值的创造起到了主导甚至决定性的作用，“人”的价值成为衡量企业整体竞争力的标志。人与企业之间从单纯的“雇佣关系”变成“合伙关系”“合作关系”，这也体现了企业家们重视并尊重“人”创造的价值。海尔实行的“公司平台化、员工创客化”组织变革渐渐让我们看到了未来“不再是企业雇用员工，而是员工雇用企业，人人都是 CEO”这样的雇佣关系的反转。

从以“事”为中心转向以“人”为中心

在人和事之间，传统的管理理论一直认为人处于“从属”地位，我们认为这是工业时代的管理思维决定的。在工业时代，因为外部环境的变化较小，不确定性不是那么强，对“事”的趋势性预测相对比较准确，外部的机会确实也比较多，人对企业发展的作用相比物质资本、金融资本确实会小一些，所以大部分企业家在企业管理上仍以“事”为中心。

但是，到了“存量经济时代”，外部环境风云莫测，不确定性和不可预测性显著上升。同时，随着个体价值崛起，人才对企业发展的重要性已经显著超过其他资本。我们发现，那些优秀企业也早已在积极践行以“人”为中心的管理战略。谷歌前 CEO 埃里克·施密特在《重新定义公司》中讲道：“谷歌的战略是没有战略，他们相信人才的力量，依赖人才获得的技术洞见去开展新业务，不断地进行创造和突破，用创造力驱动公司的增长。”在国内，华为、腾讯、字节跳动、小米等标杆企业在践行“人才是最高战略”的过程中构筑了足够高的人才势能，它们通过持续精进人才管理能力，重金投入经营人才，不断强化人才壁垒，获得了越来越大的竞争优势。

很多企业家说他们缺兵少将，我们研究发现这是非常普遍的现象，而造成这一现象的根本原因是“重视人才的企业越来越多，加入人才争夺的企业越来越多，而人才供应的速度跟不上企业对人才需求的增长速度”，所以人才缺乏问题就比较严重。当今的企业在人才争夺上，面临着前所未有的挑战，我们发现那些优秀的企业都在竭尽所能地重视人，不计成本地争夺人，不顾一切地投资人，千方百计地激励人，人才正在向那些重视人和投资人的企业集聚。

所以，在新时代，企业要生存、要发展，“以人才为中心”不是“要不要做”的选择题，而是“不得不做”的必答题，否则人才将离你远去。

即使很多企业已经开始转向以“人才”为中心，但是很多企业在人力资源管理上的思维仍然停留在工业时代，存在着诸多误区。

人才管理的三大误区

误区一：不敢给高固定薪酬

纵观当下，采用低固定薪酬策略的企业通常都沦为普通企业或者昙花一现的企业，而优秀企业通常采用高固定薪酬策略。从低固定薪酬转向高固定薪酬的障碍就是中国人力资源管理转型的最大鸿沟，如图 P-1 所示。

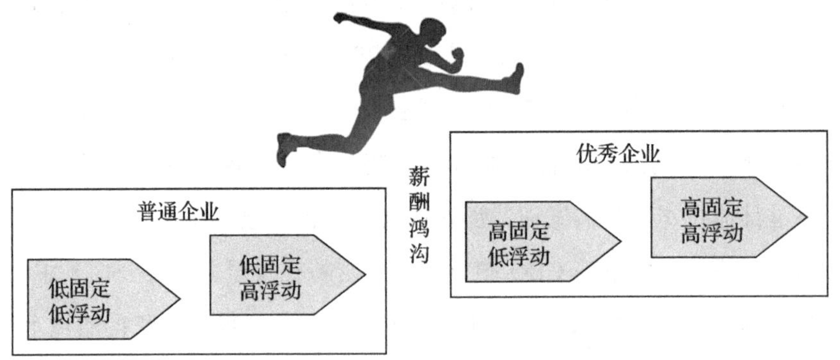

图 P-1　中国人力资源管理转型的薪酬鸿沟

误区二：以考核取代管理

这个误区的根源是长期对“以考核取代管理”路径的依赖，以及由此产生的一系列人力资源管理的做法。这种路径依赖让企业习惯基于绩效考核的结果来发放薪酬，这种薪酬发放方式自然而然地产生“低固定、高浮动”的薪酬结构。

这种路径依赖也让企业产生“雇佣兵”思维，缺人就紧急招聘，做不出业绩就没有奖金或提成，而以这种薪酬结构又极难招到优秀人才（见图 P-2）。久而久之，企业就失去了打造优秀组织能力的机会和能力，使得企业在当前和未来的新经济形势下举步维艰。

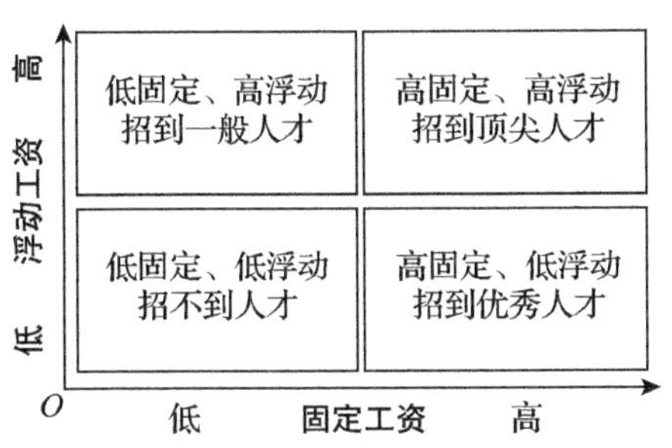

图 P-2　不同薪酬策略吸引不同的人才

误区三：以人才激励代替人才选择

激励的目的是让员工产出高绩效，很多人在研究激励，企业也在变着花样地优化自己的激励体系。然而我极少看到有企业家对自己企业实行的激励机制感到满意，那些对激励机制感到满意的企业往往不是因为激励本身，而是因为企业打造的人才队伍和组织能力。

事实上，员工的绩效在你聘用他的那一刻就已经基本确定了。我经常做一个类比：如果农夫选择了青稞种子，那无论如何精心地耕种和照料，也无法产出杂交水稻的产量。基于长期大量的观察、研究和咨询实践，我发现企业选择员工就像农夫选择种子，在选择的那一刻也就基本确定了收成。

21 世纪第一竞争战略：人才领先战略

人才领先战略是什么

“人才领先战略”是一个完整的管理体系，它包含了企业成为领先企业的成功逻辑，其所要表达的核心思想就是“如果在人才方面优先投入和配置，那企业的发展将会有事半功倍的效果”。

我们认为，基于长期主义的思维，如果企业能够聚焦于人，将资源优先投入人才管理，企业就会获得成倍于同行的发展速度、成倍于同行的利润收益；随着企业规模的扩大，企业家和管理者的工作量不仅不需要成倍增加，反而会更加轻松和从容。我们把“人才领先战略”翻译成英文“ talent leading strategy”，这是一个先有中文后有英文的管理学新词，在西方成熟的管理体系中还未出现过。

完整的“人才领先战略”体系包括四大部分（见图 P-3）。

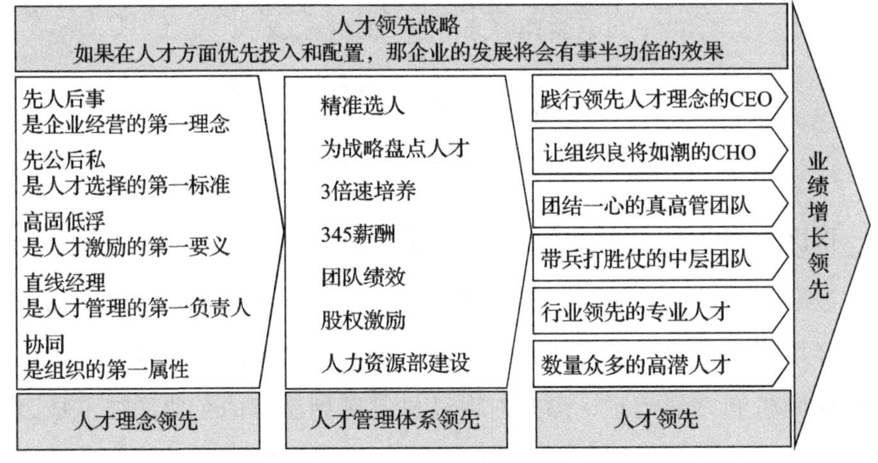

图 P-3　人才领先战略模型

1. 人才理念领先

优秀企业领先于一般企业的关键是拥有领先的人才理念和足够多的优秀管理人才。

企业家和企业高管需要摒弃陈旧的、过时的、片面的、错误的人才理念，使用符合时代特征和要求的人才领先战略的理念武装自己。

在新的时代背景下，我们为中国企业家萃取了领先的人才理念：

- “先人后事”是企业经营的第一理念。
- “先公后私”是人才选择的第一标准。
- “高固低浮”是人才激励的第一要义。
- “直线经理”是人才管理的第一负责人。
- “协同”是组织的第一属性。

2. 人才管理体系领先

为了使中国企业做大做强，我们帮助企业建立了领先的人才管理体系：

- 精准选人。
- 为战略盘点人才。
- 3 倍速培养。
- 345 薪酬。
- 团队绩效。
- 股权激励。
- 人力资源部建设。

拥有领先的人才管理体系，企业相比同行和竞争对手：

在人才选择方面，能吸引、识别并选拔出更多优秀的人才。

在人才决策方面，以基于战略的人才盘点作为公司人才决策的主要依据。

在人才培养方面，更加精准与快速地培养出公司战略发展需要的人才。

在薪酬方面，能以同样的激励成本获取更高的人效。

在绩效管理方面，能提高促进团队协作、组织协同的团队绩效。

在股权激励方面，企业要慎重使用股权激励，以“小额、高频、永续”模式让股权激励效果最大化。

在人力资源部建设方面，更能够让人力资源部走向台前，成为组织能力建设的核心部门。

3. 人才领先

企业拥有以下六个方面的人才，就做到了人才领先：

- 践行领先人才理念的 CEO。
- 让组织良将如潮的 CHO。
- 团结一心的真高管团队。
- 带兵打胜仗的中层团队。
- 行业领先的专业人才。
- 数量众多的高潜人才。

4. 业绩增长领先

企业拥有了上述六个方面的人才领先就能做到：企业良将如潮！业绩增长领先!

谁能把企业做强做大

未来市场将经历洗牌的过程，在无数次给企业家讲课时，我明确说道："未来 20 年，一家企业如果没有进入行业前十就没有生存权，如果没有进入行业前三就没有安全感。没有进入前十的企业都会被淘汰出局。"

在供给过剩的经济环境下，每家企业都在拼命地奔跑，做强做大才能长久生存。那么谁能将企业做强做大呢（见图 P-4）？

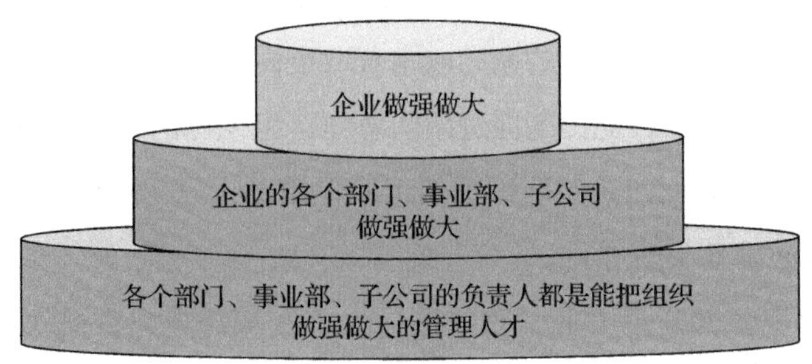

图 P-4　企业做强做大逻辑模型

第一，企业做强做大，一定取决于企业的各个部门、事业部、子公司能够做强做大。企业一定不可能出现这样的情况。各个部门、事业部、子公司没有做强做大，结果企业却做强做大。这种情况不符合逻辑。

第二，企业的各个部门、事业部、子公司能够做强做大，一定取决于各个部门、事业部、子公司的负责人都是能把组织做强做大的管理人才。企业一定也不可能出现这样的情况：各个部门、事业部、子公司的负责人不善管理，不具备让自己的部门、事业部、子公司做强做大的能力，结果他负责的部门、事业部、子公司却做强做大了。这种情况也不符合逻辑。

第三，能把自己的部门、事业部、子公司做强做大的人是优秀的管理人才，他能不断从外面吸引招聘人才，他能持续在内部培养出人才，他能激励人才做出贡献，他能把人才团结到一起，实现高效协同。

第四，能把企业做强做大的是管理人才，能领导自己的部门、事业部、子公司做强做大的人是优秀的中层管理人才。

企业家面对人才管理问题时，重心是什么？从哪里入手？我的观点是："擒贼先擒王，招聘先招将；打蛇打七寸，重点在中层。"

因此，企业要做强做大，需要关注的人才是：第一，管理人才；第二，专业人才；第三，高潜人才。其中 70% 的重心应该在中层管理人才。

能把企业做强做大的关键是拥有数量充足的优秀中层管理人才。

为使命而写书

从第一本书《聚焦于人：人力资源领先战略》开始，我们历时数年陆续写了《精准选人：提升企业利润的关键》《股权金字塔：揭示企业股权激励成功的秘诀》《345 薪酬：提升人效跑赢大势》《重构绩效：用团队绩效塑造组织能力》《找对首席人才官：企业家打造组织能力的关键》《人才盘点：盘出人效和利润》《人效冠军：高质量增长的先锋》《人才画像：让招聘准确率倍增》《3 倍速培养：让中层管理团队快速强大》等一系列人才领先战略图书，2023 年我们还会陆续出版《双高企业文化：让企业文化简单有效》《校园招聘 2.0》等书。我们秉持每一本书的每个理念、方法、工具和案例都聚焦于人，努力向企业家详细介绍如何系统实施“人才领先战略”，为企业家指出事半功倍的企业成功路径。

曾有企业家和朋友问我：“你们写这么多书的动力是什么？”我发自内心地回答说：“是为了 2040 年的使命！”实际上，我们写书有三个动力。

让勤奋的中国企业少走弯路

多数中国企业的快速发展依赖于勤奋，但疏于效率；中国的企业家很喜欢学习，但学习的课程良莠不齐难辨好坏。近几年，中国的企业家对人力资源管理的关注热情越来越高，然而人力资源书籍要么偏重宏观理论，要么偏重操作细节，基于企业家视角，上能贯通经营战略，下能讲透落地执行的人力资源图书十分匮乏。为此，我将德锐咨询的书的读者定位为企业家。

我之所以能自信于我们德锐团队对中国企业人力资源管理的需求、痛点、难点的洞察，之所以能自信于我对全球领先企业的成功做法与实践的识别，一方面因为我在沃尔玛从事人力资源管理的工作经历，让我能够识别国内外优秀企业的共性特征。此外，德锐咨询善于整理案例，萃取精华，建立模型，撰写成书，然后向更多的企业进行推广，让更多的企业能够更方便地学习、掌握并运用先进的做法，避免经历过多的寻找、试错、再寻找的重复过程并减少浪费。

另一方面因为我们每年都会接触上千位企业家，与数百位企业家进行深度交流，我也特别重视主持和参与企业家私董会的问题研讨，这让我们接触到各种类型的企业、各个发展阶段面临的组织发展和人才管理的各种问题。这确保了我们对问题、需求有充分的了解。

我们以最广泛的方式学习、收集世界 500 强企业的领先做法和中国各行业头部企业的成功实践经验，也包括我们每年咨询服务的上百家企业，它们大多是各行业、各细分领域的领先企业，虽然有各自需要提升的方面，但也都有自己的优秀做法。我们利用自己快速学习、提炼归纳的优势，总结组织发展和人才管理的各种方法论。

让更多企业用上世界领先的管理方法

在写书的过程中，我反复向创作团队强调：不要保密！不要担心同行学会了和我们竞争抢业务，不要担心企业家和 HR 读懂了我们的书并且会做了，就不会找我们做管理咨询。德锐咨询要对自己的研发有自信，我们不断研究和创新，研究企业新遇到的问题，研究出行业中还给不出的解决方案，这是“人无我有”；我们还要对行业中另一种情况进行研究，比如，有咨询同行在提供咨询服务，但是理念和方法落后，对企业效果不佳，德锐咨询研究出比同行更与时俱进、更能解决企业实际问题的解决方案，这是“人有我优”。总有优秀的企业希望建立人才先发优势，用到我们领先的咨询产品；总有优秀的企业能拨开迷雾，识别出我们从根本上解决问题的系统性解决方案。以“不要保密”的开放精神去写书，是要让更多的优秀企业和想走向优秀的企业知道，德锐咨询能帮助企业找到更好的方法。

我们写书创作时秉持的宗旨是：让读者在理念上醍醐灌顶，操作上读了就会。我们坚持：总结西方管理的领先理念、世界 500 强企业的成功经验、中国头部企业的经典案例、中小企业的最佳实践，萃取其成功背后的逻辑，构建普适性模型，将应用方法工具化、表格化、话术化。

让中国人力资源管理领先世界

写书过程的艰难、痛苦只有写了书才知道。在德锐咨询的各种工作中，写书是最艰难的事情。我们过去能坚持下来，未来还将坚持下去，皆因德锐咨询的使命——“2040 年，让中国人力资源管理领先世界”。我们希望在不久的将来中国能成为世界上最大的经济体，不只是规模上的世界领先，更应该是最强的经济体，应该是人均产值、人均利润的领先。这就需要更多的中国企业成为效率领先的企业，成为管理领先的企业，成为人力资源管理领先的企业。作为一家专注于人力资源管理领域的咨询公司，德锐咨询决心承担起这一使命，呼吁更多的企业家、管理者一起通过长期的努力奋斗，不断提升中国企业的人力资源管理水平，直至实现“让中国人力资源管理领先世界”。

我们的用心得到了很多企业家朋友和读者真诚的反馈。现在，我经常会收到一些企业家、企业高管发来的信息：

“这次去美国只带了《精准选人》，深刻领悟了你的观点。”

“我买了100本你的《聚焦于人》，我把这本书当作春节礼物送给我的企业家朋友。”

“我给我的所有中层都买了你的《人效冠军》，让他们每个人写读书心得。”

“我们企业家学习小组正在读你的《重构绩效》,15个人每周读书打卡。”

“感谢李老师的《股权金字塔》，我们公司正在参考你的书做股权激励方案。”

“谢谢你们无私的奉献,《人才画像》里面写的方法、工具，是我招聘时一直在寻找却一直没有找到的，你们把这种方法写了出来，很实用！”

“以前我总以为我的一些想法是错的，看了你的书，验证了我的一些成功实践，在人才管理方面有了新的思路。我个人不太喜欢看书，但你的书我特别喜欢！我已经买了你所有的书，已经读完了9本，两个月内能全部读完。”

这些反馈让我和我的同事感到十分欣慰，这又成了我们持续写书、持续为企业家写书的动力。

为此，2019年我和合伙人团队达成一致，坚定地把持续研究、撰写“人才领先战略”的专业书作为公司一项长期的战略任务。我们已经在“十三五”期间完成了13本书的翻译和撰写。2020年底，当我们在制定“十四五”期间的规划时，也制订了一个宏伟的研究写书计划：“十四五”期间写25本，“十五五”期间写50本，到2030年我们总计要完成“人才领先战略”系列丛书88本的写作。

决心和勇气

每家企业都想成为优秀企业，但并不是每家企业都有践行优秀企业做法的决心和勇气。在过去的十年中，我向上万人介绍过“人才领先战略”，很多人听到后认为它逻辑合理，但我们发现真正要践行的时候，很多企业又开始犹豫了。

为什么会犹豫？很多企业家说：“周围的企业都还在用‘低固定、高浮动’的薪酬结构，我要冒这个风险吗？我如果用‘高固定、低浮动’”的薪酬结构，给错人怎么办？给了高薪酬人又离开了怎么办？给了高薪酬之后他依然做不出更大的贡献怎么办？公司的人力成本过高，影响经营怎么办？”甚至有的企业家说：“如果我给了高固定工资，别人都托关系把人推到我这边安排工作怎么办？”之所以产生诸如此类的担心和顾虑，是因为大多数人对变化带来的风险损失进行了过多的考虑和防范，而对于已经蒙受的损失，却有着过高的容忍度。

企业家要跨越鸿沟，需要有决心和勇气。

其实企业家不缺乏决心和勇气。企业家有买地、建厂房、买设备、并购企业的决心和勇气，但这些都是没有腿、没有脑，自己走不了的：厂房坏了还在那儿待着，设备旧了还在那儿趴着，并购的企业烂了还在手中。

很多企业家缺乏的是招聘和培养人才，给出高固定工资以及让不合适的人离开的决心和勇气。因为人是有腿有脑，有主观能动性的，当对象发生变化的时候，我们就会被成功的概率所困扰。因此在人的方面，企业家要用概率思维去估量得失，不能只关注损失，更要关注获得。比如人才培养，我们不能只看培养后走的人，更应该看培养后留下来的人，看到那些已经成为栋梁、为企业创造价值的人。如果我们不培养，就很难有收获；如果我们在培养上下了功夫，即使有人走了，我们还收获了留下来的。

企业家对人要有信心，要去信任和激发人性中积极的方面，在人的方面要勇于尝试，只有勇于承担用人造成的损失，才能赢得人才战争的胜利。

为什么有些企业家缺乏分享的勇气？这是因为他们想当富豪。为什么有些企业家不敢淘汰人？这是因为他们想当“好人”。真正的企业家，应该放弃当富豪、当“好人”的想法。当真正处于企业家角色的时候，放弃这些都是轻而易举的，践行领先人才理念的决心和勇气会油然而生。

今天的“人才领先战略”能否在企业实施落地，关键看企业家面对现在的经济环境有没有决心和勇气。

德锐咨询“人才领先战略”所介绍的理念、工具和方法，都是持续优秀的卓越企业的做法，并不是大众企业的做法。但这是不是意味着德锐咨询的研究不符合大众企业的利益和需求？

每当我们问企业家“你想让自己的企业成为一个昙花一现的企业、垂死苟活的企业，还是成为优秀的企业，或者持续优秀的卓越企业”？所有企业家都说，希望自己的企业能成为行业领先企业，成为区域领先、全国领先企业，甚至成为世界领先企业，所有的企业家都怀着要打造优秀企业、打造卓越企业的情怀与梦想。所以德锐咨询为大众企业提供了如何成为优秀企业、卓越企业的领先理念、正确方法、有效工具，这正符合了大众企业的真正需求。但是，能成为优秀企业和持续优秀的卓越企业的并不多，原因就在于许多企业缺乏在人才上下赌注的勇气，没有投资于人的决心。

德锐咨询把优秀企业、持续优秀的卓越企业的做法，通过管理咨询的实践验证、分析研究，提炼、总结成图书、文章，公之于众，帮助更多的中国企业成为区域标杆、行业标杆、全国标杆乃至世界标杆，这就是德锐咨询的责任和使命。

吉姆·柯林斯的新书《卓越基因》中有这样一句话：“没有伟大的人才，再伟大的愿景也是空想。”这是很多企业愿景落空的根本原因，而这和德锐咨询“人才领先战略”系列丛书所想表达和强调的思想是高度一致的。我们希望“人才领先战略”系列丛书的出版，真正能够帮助中国企业家提升人才管理能力，增加在人才上的决心和勇气，成就企业伟大愿景。

以上，是为序。

李祖滨

德锐咨询董事长

Performance
Reconstruction

——— 前言

重构绩效，用组织能力去竞争

李祖滨
南京德锐企业管理咨询有限公司董事长

企业怎样迎接中国更大程度的改革开放

2019 年的春天，中国企业在历经了中美贸易摩擦、国家去杠杆政策的经济压力后，对未来的经济环境有了更多的期待。习近平主席在博鳌亚洲论坛上的讲话，将改革开放定位为中国“第二次革命”，进一步表明了中国深化改革、扩大开放的决定：在坚定不移坚持“改革开放”的基础上，进一步深化扩大“开与放”，让世界有更多的机会吸收和借鉴中国的发展经验与成果。无论世界格局如何变化，中国经济各个领域都会比以往有更大的对外开放的程度，中国在知识产权保护等市场规范方面的完善程度也都会大大提高。作为中国经济重要载体的中国企业将面临真正的国际化竞争，那些仍寄希望于国家政策照顾、商业机会寻租，不注重内部管理的企业，将面临巨大的生存挑战，其生存与发展将会越来越艰难。

在中国传统文化和西方管理理念两股力量的拉扯下，中国企业的内部管理水平呈现出明显的三阶段差异：少部分先进企业已经进入了现代管理阶段，这些企业关注规范和效率，更重视文化和人的发展；一部分企业处于科学管理阶段，这些企业更加依赖流程和制度，但管理上缺乏对人的复杂性的考量而过于刚性；然而，更多的中国企业，尤其是大部分的中小企业仍处于经验管理阶段，凸显出管理者“唯经验和权威”的“家长做派”。无论是科学管理还是经验管理，都体现出中国企业在内部管理方面不同程度的简单粗暴，而其中最为明显的，莫过于对绩效考核的过度使用。

这样批判“绩效过度”绝非危言耸听

在企业管理方面，企业犯的最普遍的错误，就是绩效考核过度。

许多企业做到上亿规模就难以继续成长，重要原因之一就是“绩效考核过度”，卡住了组织能力成长的脖子。

我从事人力资源管理咨询工作十多年，深知最难影响客户转变的就是绩效管理的理念。

我将中国企业的绩效考核过度总结为五个方面：“过频”“过繁”“过细”“过散”“过偏”。表象背后的原因是中国企业对绩效管理的认识存在严重误区，把绩效考核当作最重要甚至唯一的管理工具，然而“对绩效考核的重视”未能将这些企业引上通往成功的道路，反而使它们面临重重障碍，举步维艰。

中国企业为什么如此依赖绩效考核

中国人力资源网曾对 1200 余家企业进行了绩效管理认知调研，调研结果显示，对其自身运行的绩效管理感到满意的企业只占 17.6%，而对绩效管理感到不满意的企业高达 71.7%。中国企业界对绩效管理的满意度如此之低，却还有这么多的企业仍在坚持实施绩效考核，并且在中国的文化、教育、医疗、体育等事业机构甚至政府职能机构继续推广蔓延，这究竟是为什么？我们分析有以下三个主要原因。

“承包制”成功路径依赖

在中国经济改革开放的前 10 到 20 年，绩效考核曾经是打败“平均主义”的利器，民营企业率先打破平均主义的“大锅饭”，将工资与业绩挂钩，用奖金、提成拉开员工收入差距，相比于依然采用平均主义分配方式的国有企业和事业单位，民营企业的效率大大提升，有了更强的竞争力，赢得了发展。于是，绩效考核成为企业先进管理方法的代表。然而时过境迁，近20年以来，从企业外部环境看，当年依赖“平均主义”的竞争对手现在都在使用拉开收入差距的绩效考核，考核的竞争优势不复存在。从企业内部看，很多企业的发展规模已经不再是初创时期的十来人、百来人，而是上千人甚至上万人，企业的竞争力越来越依赖于内部协同效率和组织能力，但这种复杂的协同效率和组织能力是无法仅仅依靠绩效考核就能自然生成的。相反，考核过度在一定程度上正在掣肘企业协同效率和组织能力的提升。

如果现在的企业继续简单粗暴地使用绩效考核，就等同于在用已经过时的武器与具备强大组织协同能力的高效率、国际化的企业竞争，实质上是犯了“刻舟求剑”的错误，显然是不可能取胜的。

中国人的面子问题

中国人爱面子、讲人情，管理者不愿意当面指出下属的工作差错和存在的问题，更希望通过工具、数字等“客观”地呈现员工的工作问题，而且会尽可能回避与员工当面沟通如何进行绩效改进。过度强调“用数字说话”“用业绩说话”“让系统自动计算”“让机制保持公平”，实际上暴露出企业内部管理的乏力。其实企业的很多问题，特别是对人的管理问题，是无法通过公式计算来衡量好坏的，而是倚赖于管理者自身的管理水平和能力。但就因为面子问题，中国企业在绩效考核过度方面陷得更深，损失更大。

急功近利求快钱

由于中国经济黄金30年（1978～2008年）机会多，钱好赚，乘着改革的大势很多企业不需要通过精细的管理也能赚到钱，简单粗暴的奖金、提成方式在短期内对员工能够产生较好的激励作用和管理效果，很多企业也就不愿意花费时间和精力再去做好精准选人、人才培养、企业文化、流程改进、产品研发、品牌建设等能够提升组织能力的关键要点。但是2008年金融危机的到来，改变了整个外部经济环境，求规模、赚快钱的日子已经过去，企业之间的效率竞争将决定企业的生死和发展，过度依赖绩效考核而忽视组织能力建设的企业在市场上将失去竞争力。

走出绩效过度的旋涡，走向团队绩效

企业如何摆脱“绩效过度”带来的重重掣肘，回归绩效管理的本质——目标的达成？答案是：实施团队绩效。什么是团队绩效？从根本上讲，**团队绩效就是公司全体员工把公司目标、团队目标（而不是个人目标）的实现作为首要任务，公司对员工的激励要以公司目标和团队目标（而不是个人目标）的实现作为首要依据，从而帮助公司塑造组织能力，持续做大利润。**团队绩效的核心要点是，不再纠结于对个体业绩和奖金的考核与计算，一切激励的出发点是团队总体目标的实现。实施团队绩效，不是单一的绩效管理那么简单，企业要在选人、战略、沟通、评价、分配和文化等方面形成一体化的管理体系，只有这样才能塑造团队成员的统一行动，形成强大的组织凝聚力和生命力，推动团队目标的高效实现。

实施团队绩效，有以下六个步骤：

（1）选人上，打造先公后私的团队。

（2）战略上，达成共识，力出一孔。

（3）沟通上，向团队赋能。

（4）评价上，实施人才盘点，打破大锅饭。

（5）分配上，激励共赢，利出一孔。

（6）文化上，培育同舟共济的团队文化。

这一团队绩效体系将在本书的第 2 章至第 8 章展开论述。

实施团队绩效需要理念的转变

实施团队绩效，理念转变重于方法的实施，企业需要在三个方面进行转变：

一是从线性思维到系统思维的转变。许多企业已经走过了生存期，从小规模走向了中大规模，进入寻求持续发展模式的阶段。早期基于快速扩张业务、占领市场的需要而采用的简单的、针对个体的绩效考核和激励模式，在企业进入规模期之后不再奏效，企业盈利越来越依赖于整个组织系统各要素之间高效的协同作用，这就需要企业用系统思维打造企业的组织能力，确保组织持续成长。

二是从急功近利到长期主义的转变。企业对绩效考核偏好的根源在于急功近利，仅仅关注眼前、当年的盈利，而忽略长期的、可持续的发展。以长期主义赢得企业持续的增长才是21世纪企业的竞争之道。

三是从科学主义功利到人文主义从容的转变。近代科学带来的工业革命大大提升了人类发展的速度，但同时也加剧了人类在物质上的过度追求。绩效考核过度也是人类科学主义过度的体现，过多地用金钱激发个人对物质追求的欲望，表面上效率在提升，却以牺牲企业文化、人才培养、知识沉淀和团队协作为代价，破坏了企业长期、可持续发展的能力内核。

人的需求的变化对管理模式产生了巨大的影响。过去200年的管理史都是让人来适应组织，但是21世纪是科技与人的时代，在这个时代，驱动人才为企业创造价值的力量已然从外部走向内部，人们不再满足外在物质激励所带来的刺激，而更多关注所从事事业本身带来的乐趣、意义、价值和成就感，人的社会人属性和自我实现的需要被充分挖掘，这种内在激励效果的日益凸显为企业人才管理变革创造了更大的空间，以人文主义为核心的人才管理策略和方法将逐渐成为主流。绩效管理从个人考核向团队考核转变就是适应这种变化的趋势。

人性假设的变化带来的人才管理要点的变化如表0-1所示。

为适应21世纪人的需求变化，领先的企业都已经率先对管理方式进行了变革，将这些领先的国外企业和中国企业的成功实践进行总结和精选，特别是对这些企业在人力资源管理的薪酬、绩效、招聘、培养、企业文化、股权分配以及组织结构等方面变革的新理念、新方法和新工具系统提炼与呈现，帮助更多志向高远、使命驱动的企业快速掌握和应用。这就是我们提出“人力资源领先战略”理论体系的背景。

表 0-1　人性假设的变化带来的人才管理要点的变化

方面	工业时代（19 世纪和 20 世纪）	科技与人的时代（21 世纪）
人性假设	经济人假设	社会人和自我实现的人假设
薪酬	低固定、高浮动	高固定、低浮动
绩效	以罚为主、个人考核	团队绩效
文化	严苛文化、效率文化	高严格、高关怀的企业文化
招聘	关注冰山上：体力、知识、学历、经历	关注冰山下：素质、潜力、价值观
培养	培训人的技能	选择值得培养的人，培养能够培养的能力
股权分配	资源、资本、资金	持续贡献的能力

我们正在有计划地针对每个模块进行系统性的理论研究和工具开发，本书就是针对绩效管理最新的发展与趋势进行的系统性研究的成果。

我们在践行着团队绩效

作为将先公后私作为选人第一标准的企业，德锐咨询的团队绩效体现在各个方面，从选人到战略共识，从赋能沟通到半年一次的人才盘点，从全员相同指标的激励模式到高严格、高关怀的团队文化。

在选人上，持续坚持先公后私作为第一标准。为了选择最合适的人，打造先公后私的团队，合伙人和项目经理坚持投入充分的时间参与面试，面试的优先级高于其他工作。项目经理和有经验的咨询顾问都需要通过组织内部的面试官认证，“持证上岗”，参与面试。在选人标准上，我们秉持的理念是“放宽冰山上，坚守冰山下”，坚持以冰山下的素质、价值观作为选人的主要标准。这其中，先公后私一直是选择人才的第一标准。

战略上，一年两次战略共识会。每年年中，项目经理级以上人员会用一天的时间，共同研讨，确定未来一年半的战略主题目标。经讨论确定后，在半年会或者月会上向全员公开，听取大家的建议。每年年底，同一批人员会再次聚在一起，讨论下一年的目标与工作规划，与年中的主题目标形成呼应与衔接，作为年度工作指南，形成年度公司级目标责任书。每半年进行一次全员绩效目标责任书的签订仪式，个人绩效目标责任书的内容，一部分为公司目标，如合同额和回款额，一部分是个人重点工作任务，通过每周工作计划的制订与总结，落实到具体行动。

沟通上，坚持随时随地的赋能沟通。每位员工在入职时都会被指定一位高级合伙人担任导师，导师负责每月与员工进行发展面谈。发展面谈既要回顾个人目标的完成情况，也要关注员工的成长。在面谈的过程中，导师更注重对员工个人想法的引导，包括面临的问题、解决方案，以及心情、感受等，并结合自身的经历，提供有针对性的建议。面谈中既有谈心，了解员工工作、生活各个方面的状态，又有具体到工作方法、产出成果等方面的讨论。双方都会克服各种不便，找机会完成每月一次的面谈，每年的“愿景之旅”的旅途中，时间也被充分利用起来。从 2017 年到 2019 年，从美国到英国再到俄罗斯，每一次长途旅程都成为面谈的绝佳机会，导师与同事从地球的一端谈到地球的另一端。

评价上，半年一次人才盘点。每年的年中和年末，是团队进行人才盘点的时间，所有员工都会收到几封邮件，每个人都需要对自己的同事、上级或下属做出评价。在评价结束后，合伙人通过会议对全员进行人才盘点校准，确定所有人的九宫格定位。之后，由所有的导师分别对自己的弟子做出 360 度的反馈面谈，进行半年度回顾，既回顾工作也回顾成长，为其未来的工作和成长赋能。当然，如果人才盘点发现确实有员工不能胜任，导师也会代表公司与其本人沟通，提出改进要求，明确改进时限。在这里，没有严格的个人业绩考核，只有个人的目标责任书。公司首先会高标准选人，在选人的基础上，给予员工充分信任，签订的目标责任书只作为本人的一种承诺，并不与奖金关联。

分配上，全员收益利出一孔。对于严格筛选出的员工，实施的是“345”薪酬策略，给予员工高于行业平均水平的薪酬。大家拿到的几乎是全固定薪酬，只有很少的一部分作为浮动薪酬，与公司整体目标关联。如果公司的年度、半年度目标达成，从董事长到助理咨询顾问都可以获得浮动部分的奖金激励。所以，每到年末或半年度末，所有人关注的不仅是自己承诺的个人业绩完成情况，更重要的是全员都在为公司整体目标的达成而努力。这样简单的分配机制，确保了员工所得和公司整体利益挂钩，奖金的启动以达成公司整体业绩为条件，真正实现了收益上的利出一孔。

文化上，实行同舟共济的团队文化。为了共同的目标，团队会通过定期的合伙人聚会、项目经理会议和全员月会，以及各种工作小组和项目组随时进行线上线下的小型会议等机制，一直致力于内部信息的充分共享，甚至定期进行内部的管理诊断，及时发现和解决内部问题。这样的管理机制，让我们在文化上形成了一种天然的透明度，这种透明度让内部的协作、信任有了良好的基础。每次会议开场的全员愿景颂，全员共识、全员承担的公司目标，无层级的沟通和协作，无私的知识分享和帮助，一直坚持的发展面谈，每年一次的出国愿景之旅……每一个管理动作都在导向同舟共济的团队文化。

本书的形成过程，也是我们的团队绩效发挥作用的过程。

由先公后私程度高的成员组成写书团队，所有人以高质量完成研究与写书为目的，不去计较负责章节的难易、篇幅的多少。

写书目标、读者定位、核心观点、支持素材、标题表达、案例选择等重点环节都是在共同的研讨中达成一致并确定下来的，这是一个“达成共识，力出一孔”的写书过程。

为了给读者呈现高质量的成果，研讨必不可少。在写作的过程中既有一对一的探讨，也有整个团队群策群力的讨论与复盘，每次研讨都能将整个团队的智慧充分激发出来，让每位成员充分共享成果，这就是向团队赋能的研讨分享。

写书的过程，是不断培养洞察分析能力和系统思维能力的过程，在一次次向困难攻坚的战役中，完成士兵向将军成长的转变。一本书的写作完成，也是整个团队对一个领域系统攻坚克难的过程。虽然参与写书的人都有一份为数不多但完全同等的奖励，但这从来都不是最主要的，写书中的个人成长才是对每位成员最大的激励，这就是“只为成长，不为奖金”的写书激励。

写书团队提升了我进步的速度，我对企业管理的问题洞察和方案假设，能在这样的团队中得到研究证实和逻辑论证，并且建立体系和成书推广，进而更好地服务企业家们。

感谢创作团队

本书创作过程中，参与的同事胡士强、陈琪、李锐、佘珊珊、刘星、车晓雯、邵敏等投入了大量的业余时间。他们作为咨询顾问、项目经理或项目总监，平时承担着管理咨询项目的任务，为客户设计解决方案并推动变革执行，在此之外他们每年都会承担研究、写书的工作，把本该用来休息、娱乐、陪伴家人的时间投入到创作中来。他们的先公后私驱动着整个写书团队坚持到最后——一次次呕心沥血，一次次反复修改，甚至推翻重写。

此外，还要感谢许多参与辅助写书和校对工作的同事在背后的默默支持，他们的先公后私，进一步提高了本书出版的速度。

一本本凝结着团队智慧的书出版，让我坚信，一群志同道合的人在一起，能够走得更久、更远！

Performance Reconstruction

——第一章

该死的绩效

你要雇用一个人的手，就得雇用他整个人。

——彼得·德鲁克（Peter F. Drucker）

“这该死的绩效考核！”

当我们访谈一家生产型企业老板时，老板毫不避讳地表达了对于公司绩效考核体系的憎恨：“原来大家还是有主动性和自觉性的，但自从开始用 KPI 考核个人以后，大家像是受了刺激，只盯着那几个指标干活儿，多出来一点点也不愿意干了。即便这样，还是各种牢骚。管理人员给下属打绩效，无论怎么打，换来的都是抱怨。”

为什么大家都憎恨绩效考核

绩效的“原罪”

自古以来在人类社会中就存在对人的考评，并依据考评结果来“录用”“奖惩”。但 21 世纪以来，企业管理实践中的“考评”“评价”“考核”等工作，成了员工和管理学者讨伐最多的对象，似乎这项被称为“绩效”

的工作天然地带着“原罪”。

对于传统绩效模式的讨伐，始于何时不易明确。索尼董事天外伺郎十几年前所发表的《绩效主义毁了索尼》一文，被中国管理学者与管理实践者频繁引用，用于说明绩效给企业带来的重大危害。在该文中，天外伺郎认为绩效主义让索尼丧失了激情集团、挑战精神和创新精神，让创新先锋沦为落伍者。

有感于过度追求绩效主义与KPI给企业带来的负面影响，中国众多知名企业家也都谈及绩效过度给企业带来的危害。百度创始人李彦宏深刻反省过企业内部过度追求KPI造成的危害，“因为从管理层到员工对短期KPI的追逐，我们的价值观被挤压变形了，业绩增长凌驾于用户体验之上，简单经营替代了简单可依赖，我们与用户渐行渐远，我们与创业初期坚守的使命和价值观渐行渐远。”

曾经被很多企业视为“万能灵药”的绩效管理体系，被越来越多的企业和员工视为洪水猛兽。只要企业出现了问题，谁都可以对企业的绩效考核与KPI指责一番，似乎所有的问题都可以归结到绩效上来。

绩效越来越不“灵验”

为什么曾经那么好用的绩效考核，现在就不奏效了呢？

要回答这个问题，就要清晰地认识到当前企业面临的三大变化：

一是目标更加灵活多变。

二是对结果的衡量和评价更加多元。

三是内在动机成为驱动绩效的根本。

目标更加灵活多变

托马斯·弗里德曼（Thomas L. Friedman）在《世界是平的》一书中指出，当今世界改变的速度不同以往，每当文明经历一个颠覆性的技术革命，都给这个世界带来深刻的变化。过去数年很多快速发展的高科技公司遭受失败是因为：面对无法回避甚至无法预测的挑战，它们缺乏适应这些挑战所必需的领导力、灵活性和想象力。宝洁公司首席运营官罗伯特·麦克唐纳（Robert McDonald）借用一个军事术语来描述这一新的商业世界格局："这是一个 VUCA 的世界。" VUCA 指的是不稳定（volatile）、不确定（uncertain）、复杂（complex）、模糊（ambiguous）。麦克唐纳还指出，宝洁获得成功的原因是学习的能力，以及保持学习的能力。

管理者的一个核心任务就是确保组织能够应对不确定时代的挑战，而为了应对这样的挑战，组织的目标需要最大限度地体现灵活性，那么以不变的目标为基础的绩效体系也更易陷入困境。

无所适从的年度目标与考核体系

领蒙公司是一家特种设备零部件生产企业，年初公司管理层提出三年时间实现业绩增长 60% 的目标，并以此为基础设定了 2018 年的增长目标与绩效指标。

因中美贸易摩擦、国际市场需求波动、原材料供应不稳定，2018 年上半年领蒙公司所生产的零部件处于供不应求的状态——价格快速上涨、订单源源不断，所以半年度就已经完成了全年目标的大半。

显然，市场不会一直这样好下去。下半年，产品价格快速下滑，订单量也随之快速减少。这一年市场波动给了管理层、销售团队和供应链团队极大的考验。而领蒙公司高管团队也在反思：在我们无法预测和干预市场波动的情况下，我们的目标管理、绩效体系该如何做出更好的应对？

在新的经济环境中，企业都面临着更大的波动性与不可预见性，固守原来的绩效管理模式显然已经行不通了。正因为如此，领蒙公司管理层才会对绩效考核本身产生怀疑。

对结果的衡量和评价更加多元

领蒙公司在 2018 年实施的绩效考核体系中，还有一个特征，就是只设置了财务指标，却忽视了过程性的指标，如客户的持续开发与关系维护、内部运营流程与管理机制的完善、人才团队的优化与培养等。当市场波动对于财务目标产生较大冲击的时候，公司管理层与员工就会对绩效考核工作如何继续开展无所适从。

早在 1992 年，罗伯特·卡普兰（Robert Kaplan）和大卫·诺顿（David Norton）就以平衡计分卡的理论，提示企业应该关注的不仅仅是财务业绩，还应有那些实现业绩的驱动因素。在当下的经营环境中，这一点显得更加重要。

海底捞是一家有传奇色彩的企业，作为餐饮连锁企业，只设置了一个很难量化的考核店长与门店的核心指标——顾客满意度。但没有人会担心海底捞获取顾客与利润的能力，因为对于餐饮服务企业来说，顾客的满意意味着更多的顾客消费，随之而来的就是更丰厚的经济回报。

相比于 20 世纪传统企业的单一财务衡量指标，当代企业的业绩衡量标准更加多元与个性化，那些战略性指标都很难被量化。难以量化的战略性指标如表 1-1 所示。

表 1-1　难以量化的战略性指标

难以量化的战略性指标
企业文化
研发的价值
管理流程优化
知识沉淀
人才培养效果
市场品牌影响力
雇主品牌
人才胜任力
营销渠道质量

内在动机成为驱动绩效的根本

传统绩效考核的一个核心假设是，员工都是懒惰的，需要通过高额奖金、扣减奖金的方式，或者其他的奖惩手段，来激发员工的工作热情。这是典型的基于麦格雷戈（Douglas McGregor）提出的 X 理论形成的绩效管理模式。在这种模式下，绩效管理只能激发员工的外在动机，但外在动机无法持续驱动员工的高绩效行动，甚至会带来负面效果。

内在动机的力量：索玛立方块试验

1969 年，卡内基·梅隆大学的心理学研究生爱德华·德西（Edward Deci）通过索玛立方块游戏进行了一次关于“积极性”的心理学试验。参与测试者被分成 A、B 两组，每天参加 1 小时的试验，每个测试者可以拿到 7 个索玛立方块。这种立方块有不同的基础形状，可以组装成数百万种不同的形状，同时桌子上还会印有索玛立方块所拼图形的三张图片和几本杂志。第一天的试验中，测试者都按照图片所示组装立方块，第二天则是按照新的图片继续组装，但德西告诉 A 组的测试者，他们每拼成一个图片上的图形，就会得到 6 美元的奖励，B 组也按照新的图片组装，但没有任何奖励。第三天则与第一天一样，按照全新的图片组装后，两组都没有任何奖励。

在测试者完成三张图片中的两张时，德西都会借故出去几分钟，其间大家可以自由活动，实际上德西在观察测试者们的表现。在第一天的 8 分钟观察时间内，两组测试者没有什么区别，两组人都是继续玩拼图，平均每人会玩 3.5～4 分钟，说明拼图本身充满趣味性和挑战性。

在第二天的试验中，B 组没有奖励，表现与第一天差不多，A 组成员每拼好一张图就会得到奖励，突然变得对组装立方块更加感兴趣，平均每人在自由时间内会花5分钟以上去组装立方块，试图在对第三幅图发起挑战时能够占得先机，这似乎印证了常识理解的那样：给予奖励，会更加积极地完成目标。

但在第三天的试验中，两组都没有奖励的情况下，自由活动的8分钟时间内B组花在组装立方块上的时间比前两次都长，但A组花在拼图上的时间明显减少，不仅比第二天少了2分多钟，而且比第一天少了1分钟。

德西得到的结论是："把金钱作为某种行为的奖励时，行为主体就会失去对这项活动的内在兴趣。"奖励只会带来短期的爆发，却会降低人们从事这项工作的长期积极性。

这个试验揭示了这样一个道理：人类有"发现新奇事物、进行挑战、拓展并施展才能以及探索学习的内在倾向"，也就是说，取得成绩本身的奖励是一种巨大的内在驱动力（驱动力3.0），但这种驱动力比生物性的驱动力（驱动力1.0）和奖励或惩罚带来的驱动力（驱动力2.0）更加脆弱，只适合在特定的环境下存在，金钱奖励这样的外在驱动因素会干扰内在驱动力。

如今，毫无技术含量的机械性劳动已经越来越少，涉及创造、艺术、情感等非机械性工作需要创新的脑力劳动，"胡萝卜加大棒"的奖励模式可能比较危险。《驱动力》的作者丹尼尔·平克（Daniel H. Pink）认为这种模式存在以下7个方面的致命弱点：使内在动机消失，使成绩下降，扼杀创造力，抑制善行，鼓励欺诈、走捷径及不道德行为，让人上瘾，滋生短视思维。

在一次高管培训班中，讲师就激励的逻辑向在场的管理者提出两个问题。

问题1：回忆一下，你有过的一段忘我地投入到工作中的经历，原因是什么？

问题 2：在希望员工忘我地投入到工作中时，你最常用的方法是什么？

结果如表 1-2 所示，对于第一个问题，我们得到的答案大多是“新的、挑战性的、感兴趣的工作”“得到公司、上级的信任、认可和尊重”，没有人提到因为公司有严苛的绩效考核。

表 1-2 现场调查：被激励与激励

问题 1：回忆一下，你有过的一段忘我地投入到工作中的经历，原因是：	选择人数	差值	选择人数	问题 2：在希望员工忘我地投入到工作中时，你最常用的方法是：
A. 新的、挑战性的、感兴趣的工作	12	8	4	A. 给予员工新的、挑战性的、感兴趣的工作
B. 得到公司、上级的信任、认可和尊重	19	13	6	B. 给予员工信任、认可和尊重
C. 担心完成不了任务受惩罚、扣奖金	0	−14	14	C. 完成不了任务扣奖金
D. 加薪和奖金	1	−17	18	D. 给做好的员工加薪和发奖金

对于第二个问题，则有很多人选择了“完成不了任务扣奖金”“给做好的员工加薪和发奖金”。

这种自相矛盾的激励逻辑，反映出大多数管理者目前在认知和行动上的偏差，他们认识到了外在激励的局限，但在实际行动上却对这种方式形成了依赖。

正因为目标逐渐从稳定转变为灵活多变，对结果的衡量和评价方式更加多元，内在动机成为驱动绩效的根本，传统绩效考核方式越来越不灵验。但除了这些外在原因，绩效不再有效的内在原因是，很多企业存在绩效过度的情况——不是绩效管理本身的问题，而是企业使用方式的问题。

问题出在绩效过度

中国的企业家对于绩效似乎有着某种特殊的情结，这种情结来源于 20 世纪 70 年代末到 80 年代“打破大锅饭”的经济改革。

大锅饭，是对平均主义的一种形象比喻。实施经济责任制、按劳分配等改革后，中国人民创造了一个个的经济奇迹。这似乎验证了这样的假设：责任越是分解到个人，越是能够激发更大的能量。此外，在中国的文化氛围中，中庸、人情、面子等是很重要的特征，所以在企业管理中，管理者们往往回避直接指出他人的问题，借助一个量化的工具似乎成了解决这种“面子”问题的法宝。

对大锅饭的痛恨，叠加上对直接指出他人问题的回避，让中国企业比其他国家和地区的企业在绩效考核的使用上更加坚决与彻底。20 世纪 90 年代引进绩效考核模式后，这个工具就被寄予了无限的期望，有些企业老板、管理者对绩效考核的迷恋达到了“疯狂”的地步，导致“绩效过度”。

所谓绩效过度，即管理者由于对绩效管理体系存在认知偏差，导致在管理中过度使用、过度依赖绩效考核并过度延伸绩效功能，从而产生各种不良后果的现象。绩效过度有五大表现，带来六大不良后果，而绩效过度的出现则来源于对绩效的七大认知误区。具体如表 1-3 所示。

表 1-3 “绩效过度”的表现、后果与误区

“绩效过度”五大表现	1. 过频：考核过于频繁 2. 过繁：过于复杂的考核计算 3. 过细：考核指标分解到每个人、每件事 4. 过散：指标过多，关键指标“不关键” 5. 过偏：指标不平衡，偏重短期和财务指标
“绩效过度”六大后果	1. 花钱多，激励效果差 2. 增加工作量和管理成本 3. 抑制员工创造性和主动性 4. 破坏内部协作 5. 影响公司整体目标达成 6. 影响组织能力的提升
“绩效过度”七大误区	1. 不考核就没有管理员工的抓手 2. 不考核就无法体现多劳多得 3. 不考核就无法识别员工 4. 不考核的事情没人重视 5. 不用钱考核员工就没有动力 6. 管理能力不足，考核来补 7. 希望自动计算的工具代替人

“绩效过度”五大表现

很多管理者认为，既然绩效管理出现了这么多的问题，那一定是因为绩效体系设计本身不够科学、不够量化，解决方式就是找到更加科学、量化的方式，让错误无处遁形，让所有的批评者闭嘴。于是很多公司投入巨大的人力和物力，几乎用尽了人类所有的智慧，去开发最为精细的考核体系。这样的努力耗费了大量的人力、物力，但结果总有很多人不满意。于是考核系统就需要一直修改，原来用过又抛弃的做法会被重新捡回来用，如此周而复始，系统越来越复杂，绩效过度越来越严重，对绩效的“怨气”也就越来越多。

过频：考核过于频繁

似乎为了寻找一种安全感，有的企业老板提出“绩效考核要月月抓、天天抓”。很多企业每月都要拿出好几天进行考核工作，从高层管理者到人事部门，再到员工，都疲于应付，久而久之，所谓的“绩效考核”只剩下了表面功夫。

在《华为人力资源管理纲要 2.0》中，华为提出考核激励的短期化会导致经营管理行为的短期化，削弱组织集体的战斗力：

“短期产出导向考核及简单化理解‘获取分享制’内涵的激励操作，导致部分组织行为的短期化和绩效结果的泡沫化，对于战略性业务探索缺乏耐心……”

可见，过于频繁的考核，不仅意味着考核成本的大幅上涨，造成员工与管理者的工作精力被分散，更重要的是会导致员工和管理者普遍更关注短期目标，伤害整个企业达成长期目标的能力。

过繁：过于复杂的考核计算

德鲁克说，“绩效评估方式必须是不言而喻的，无需复杂的说明或充满哲理的讨论就很容易理解。”当我们试图用复杂的计算来呈现绩效的特征时，可能就是绩效出现问题的时候。

很多公司为追求考核的所谓全面、客观、量化，对于指标设置及计算方式复杂度的追求明显过度了。对原本简单的考核指标不断地增加新的考量因素，指标数量在增加，计算的方式也在不断地细化、复杂化，往往一套新系统运行一段时间后，就变得模糊、难以被理解。

很多管理者认为复杂就等于真实，这是很明显的误解。复杂的考核计算不仅会带来计算的难度、工作量增加，还会让绩效体系的激励效果大打折扣。对于员工来说，越容易理解的东西，则会有越高的信任度和接受度，而对于复杂难懂的绩效考核计算规则，他们则有着天然的戒备心理，首先会怀疑其公平性。另外，看似全面，实则复杂的绩效计算体系，淹没了原本要激励的方向，员工对于企业导向的感知减弱，自然也就减弱了绩效体系的激励效果。

过细：考核指标分解到每个人、每件事

德鲁克在《管理的实践》中曾告诫我们：“如果试图‘控制’每件事情，就等于控制不了任何事情，试图控制不相干的事情、过多的干涉，总是会误导方向。”绩效管理体系，一定不是以事无巨细地全覆盖作为发挥作用的前提的。

很多企业在指标设计上求多求全，以为这样就可以监管到员工工作的每一个细节，全面保障工作的质量。然而结果往往事与愿违，员工在这样面面俱到的指标体系下，反而失去了工作的重心，变得患得患失。

华为就对考核激励的过度精细化进行了批判，“在过于精细化的组织考核及结果应用关联下，组织间过度计较业绩核算，关注分蛋糕而不是做大蛋糕，正在破坏组织以客户为中心，‘胜则举杯相庆，败则拼死相救’的集体奋斗传统，也导致组织间过于复杂的核算关系、过大的内部管理成本。”

过散：指标过多，关键指标“不关键”

不关键的“关键绩效指标”

顿师餐饮是一家鸡肉烹饪食品企业，原来将销售量作为唯一考核指标，导致各门店为追求销售量而出现大量鸡肉浪费。

为了解决这个问题，公司又增加了控制鸡肉浪费的考核指标，设置了比较高的权重。为应对考核，快餐店要求员工，一定要等顾客点完餐后再烹调鸡肉，最大程度避免了浪费情况。

但这种“新方法”造成了更大的问题，顾客需要比之前多忍受五六分钟的等待时间，于是很多老顾客就干脆不再光顾，各家门店的销售额快速下降……

顿师餐饮面临的问题，反映了企业在绩效管理上存在的一些共性偏差：在指标的设置上，没有从战略目标出发，仅从问题点出发。整个指标体系是散的，没有设置到关键点上去，头痛医头，脚痛医脚。用这些指标去考核员工，结果就是，解决了老问题，带来了新问题，既对员工引导了错误的方向，又大大浪费了企业的资源。

过偏：指标不平衡，偏重短期和财务指标

所谓过偏，其实就是在指标设置上没有综合考虑企业的短期与长期利益，没有综合考虑内部与外部利益，只关注了一个方面，而忽视了其他方面。很多企业只关注短期财务指标的达成，却忽视了内部管理的问题，出现问题的时候，也不舍得将更多精力从“做业绩”转向组织能力建设，更没有做到真正的“平衡”。导致的后果是，员工只关注短期收益，不关注长远价值，只关注自身的利益，忽视整体的回报。

此外，部门各自为战，指标设置没有关联或关联较弱，又没有综合考

虑部门间完成指标的难度差异，导致内部任务一头重一头轻，制造内部矛盾，更谈不上平衡。基于这样的指标做考核，任务较难的部门就会多做多错，多错多罚，多罚多抱怨，从而使得企业氛围变差，绩效激励的作用大打折扣。

“绩效过度”六大后果

绩效过度会带来诸多不良后果，这些后果多有一定的隐蔽性，被管理者忽视了。很多企业陷入绩效过度带来的短期收益中不能自拔，而对其产生的负面效果熟视无睹。久而久之，积累出来的负面效果终于让企业与管理者都忍无可忍，也就出现了本章开端的那些对绩效管理本身的“差评”。

花钱多，激励效果差

很多企业为这样的情况而苦恼：员工工资或奖金在增加，但企业的效率、物耗、品质却没有提升；或者虽然效益有提升，但员工自身并不满意，不公平感加剧。这些情况的出现，让企业额外支付的绩效奖金没产生激励价值，反而是另外一种浪费。

管理者要认识到，并不是加了钱，多给了工资，被考核者就会满意。与绩效考核结果关联的浮动收入过多，会给员工造成错觉——收入完全是个人努力所得，与公司和他人无关。一旦这部分收入有所减少，他们的第一反应就是公司克扣了本属于他的收入；在考核的过程中，他们会对每一个可能造成收入减少的小问题斤斤计较……企业在考核方面花了巨大的代价，但激励的效果不理想。

增加工作量和管理成本

为了迫使员工关注公司重视的事项，很多管理者的做法是不断增加考核指标的数量，而为了保证这些指标计算无误，管理者和员工都需要在日常工作中积累考核数据，考核实施的时候也需要更加细致地去计算。

这种情况下，被考核人对关键绩效指标的理解很容易受到非关键指标的干扰，导致对战略目标的认识出现偏差。为完成众多的指标，责任人疲于奔命；为完成对众多指标数据的收集与统计，人力资源部门等负责考核的部门承担了巨大的统计、核算等工作量。长此以往，管理成本越来越高，管理者和员工的不满情绪越来越大……

抑制员工的创造性和主动性

“激情集团”消失了的索尼[⊖]

伟大的创业者井深大的影响为什么如今在索尼荡然无存了呢？索尼的辉煌时代与今天有什么区别呢？

首先，“激情集团”不存在了。所谓“激情集团”，是指我参与开发CD技术时期，公司那些不知疲倦、全身心投入开发的集体。在创业初期，这样的“激情集团”接连开发出了具有独创性的产品。

从事技术开发的团体进入开发的忘我状态时，就成了“激情集团”。要进入这种状态，其中最重要的条件就是“基于自发的动机”的行动。比如“想通过自己的努力开发机器人”，就是一种发自自身的冲动。

与此相反就是“外部的动机”，比如想赚钱、升职或出名，即想得到来自外部回报的心理状态。如果没有发自内心的热情，而是出于“想赚钱或升职”的世俗动机，那是无法成为“开发狂人”的。

⊖ 摘自《绩效主义毁了索尼》。

《驱动力》一书中专门阐述了，“人们用奖励来提高其他人的积极性，提高某种行为发生的频率，希望能从中获益，但它们经常破坏人们对某种行为的内在积极性，无意中增加了隐性成本。”

人的内在动机是创新思维的源泉，而那些与过度的绩效考核关联的对于奖惩的滥用，恰好会对创新的能力产生副作用。“奖励会使人们的关注面变窄，遮蔽他们宽广的视野，让他们没法看到常见事物的新用法。”

过度的绩效考核给予员工的压力多于动力，管控多于激励，束缚多于开放，产生的结果是，降低员工的工作满足感，抑制员工的创造性和主动性。

破坏内部协作

在企业的绩效指标分解过程中，不仅会将公司层面的指标分解到部门，甚至会将其过度分解到个人。如果部门间、员工间在实现指标上没有协作关系，甚至还存在互相竞争，可想而知，我们形成的就一定是竞争的文化，而不是协作的文化。

在华为的心声社区，曾有员工总结了绩效考核带来的协作难题：

“绩效考核，实实在在导致的另一个问题就是团队合作的问题。绩效考核导致项目组内 PK、项目组间 PK、部门间 PK、地域间 PK……最终导致的结果是什么？部门间、项目间不合作了，我有好东西或研究发现不能透露给你，否则你可能会偷过去，自己弄，回头 PK 的时候，说是你搞定的。或者我辛辛苦苦搞个东西，你拿去了，我这边就没有独特价值了，势必影响我后续的绩效……”

现实中很多企业在进行绩效考核时常常会出现这样的问题：自从有了绩效考核，部门与部门之间、员工与员工之间就明显出现了隔阂，原有的内部协作被破坏了。过度的绩效考核往往引发人性恶的一面，各方都只从自己的立场出发，人人只关注自己的利益，相互的抱怨和掣肘难免增多，良好的内部协作无法实现。

影响公司整体目标达成

通用：致命的“财务指标”

通用汽车的一个重要的转变，是权力中心由设计中心转向财务中心，产品品质、设计水平、消费者满意度等要素开始让位于财务绩效指标。

通用财务绩效考核要求的成本控制，导致其新车型设计趋于平庸，并在这种质量上造成了致命的缺陷。1993年一位车主驾驶的雪佛兰Malibu轿车被撞，导致油箱爆炸。层层的审理揭露了通用汽车的成本收益核算做法，原来这款车在完成整体设计之前，公司已经意识到安装在车尾的油箱起火的可能性。他们估算出如果不调整油箱设计，需要为每辆车支付赔偿金2.4美元，而如果调整油箱设计以确保安全，每辆车成本增加8.59美元。巨大的考核压力和节省费用考虑让通用汽车领导人决定维持存在隐患的油箱设计。

过度偏重财务指标，使得通用汽车在相当长的时间内偏离了产品本身，背离了公司整体目标和长远发展的要求。而指标设置上的财务导向和短期收益导向，可能在任何规模、任何类型的企业发生。

除了指标设置的偏差，对于指标分解中过度强调分解到各个小单元或个体的行为，也会让员工更多关注自身的工作，忽视更大的目标。当分解出更加细化的指标时，在公司目标与个人指标间会形成一道天然的屏障，员工无法看清或者已无暇看清公司整体的目标要求，更遑论对整体目标的追求与达成。

影响组织能力的提升

当提到通过绩效管理提升组织能力的时候，很多管理者的反应恰恰显示了对绩效管理的错误理解。

- “组织能力建设是公司层面的事情，我们只能先考虑本部门考核指标。”
- “要考虑企业实际情况，我们要先生存，再考虑组织能力。”
- “组织能力打造能当饭吃吗？员工更看重眼前的收入。”

企业内的这种认识如果普遍存在，与企业内部绩效过度的表现不无关系。过细的指标分解，让每一个人都在关注自己的指标达成进度；而频繁的考核和复杂的计算模式，则是在强化员工更加关注个体的指标，无暇顾及整体的目标与组织能力；过散的、不聚焦的指标，让员工陷在眼前的事务性工作中；不平衡的指标则是在引导员工关注财务回报，忽视内部管理与组织能力建设。只注重人员考核，拼命细化、复杂化考核方式，强化与经济利益的关联，却不注重人员淘汰，长期必然损害组织能力。

“绩效过度”七大误区

绩效过度会对企业的管理带来各种负面的结果，主要的影响因素来自于内部，来自于企业与管理者对于绩效的认识。如果认识本身出现了偏差，在行为上自然会表现出过度的现象。

不考核就没有管理员工的抓手

管理者认知偏差

“这些员工，不跟他的考核挂钩，跟他说什么，根本不听。”

“如果不考核他，我还能用什么管理他呢？”

对绩效管理体系理解上的第一个偏差，就是认为绩效考核是管理员工的第一抓手，甚至是唯一抓手。对很多已经习惯用这个工具的管理者来说，离开了绩效考核，就像失去了拿在手里的把手，变得不知所措。

他们看重绩效考核的作用，忽视其他管理方式，希望通过考核掌控员工的行为。我们也经常能听到来自管理者的声音，“员工在这方面表现差了，得设置个指标考核才行……”

不考核就无法体现多劳多得

管理者认知偏差

“多劳多得，要用考核来体现，考核结果好的自然应该奖金多。”

“如果不算到个人身上，怎么体现多劳多得呢？”

“多劳多得”这个词诞生于打破大锅饭的时代，后来逐步被管理者当作不容置疑的道理。随着时代的变迁，多劳多得里的“劳”需要从“劳动”转变为“贡献”，显然，没有产出的劳作是不能够“多得”的。但这种微妙的转变往往被忽视了，因为太多的管理者还在用考核“劳作”的方式，来评价员工的贡献，忽视了贡献来源的多样性。

在一个组织中，员工彼此间的协同工作模式为评估工作量、工作态度、工作业绩等提供了便利，对于大多数管理者来说，即使没有考核评价工具，也可以对员工做出优劣判断——简单直接的业绩主观评价、素质能力评价、述职、日常工作的跟进评估等方式都可以让组织对个人的业绩贡献做出客观公正的评判。

不考核就无法识别员工

管理者认知偏差

“不考核，怎么知道谁好谁坏呢？”

“不及时考核，怎么知道员工的实时表现呢？”

“只有业绩才能够反映员工实际情况，其他都是虚的。”

如果能够有较为合理的指标设置与考评方式，绩效考核当然是判断员工表现的有效方式之一。但存在上述偏差的管理者，显然是把绩效考核对于识别员工的作用绝对化了——识别员工还有素质模型测评、日常的行为评估等很多方式，绩效考核不是唯一方式，甚至不是最有效的方式。

通用电气以九宫格方式对人才进行盘点，阿里巴巴通过业绩、价值观双维度盘点人才。这种双维度的人才盘点方式，被众多知名企业采用。作为全球最大的非上市公司，科氏工业在识别员工上，也形成了他们独特的方式——“ABC 流程”。

那些认为不考核就不能识别员工的管理者，会不断细化所谓的科学、精细的考核指标，不断尝试新奇的考核方式。作为深陷考核思维的管理者，他们难以跳出“考核”的窠臼。

不考核的事情没人重视

管理者认知偏差

“这项工作原来就做得不好，如果再不考核，就更没人重视了。”

“我们要做的事情那么多，只放这几个指标是不是太少了？”

“我们的员工意识差一些，不考核，大家不会主动做的。”

有这样认知偏差的管理者，可以说患上了某种焦虑症，总是担心某件事情会被员工遗忘。或者，在他们的心目中，事情本来就很难分出轻重缓急，事事重要，最后的结果往往就是每件事都很难做好。

在绩效管理中，团队可能犯的最大错误就是试图针对所有的事项进行考核。这样做的后果是，考核的事情并不一定能得到重视，最终结果往往并不如人所愿。要避免这种情况，最重要的，是澄清真正重要的事情，并针对这些重要的事情，分别采取相应的措施，而不是所有工作都转化为考核指标。

不用钱考核员工就没有动力

管理者认知偏差

“如果不跟收入关联起来，估计没有人会重视这个事。”

“没有绩效奖金或者处罚，考核还有啥意义？就是要靠这个激励员工。”

“员工可不管你这个，他们都很现实，有钱就干活儿。”

华为提出，“在为客户创造价值的过程中，公司不仅采用愿景目标、商业机会形成牵引发展的‘前轮驱动’，也构建了用‘合理的价值分配来撬动更大的价值创造’的‘后轮驱动’。”往往太多的企业过度地依赖后轮驱动，却忽视了前轮驱动的力量。

猎聘网面向择业者做的一个求职意向的调查可以说明一定的问题，具体如表 1-4 所示。

表 1-4 猎聘网：我们想要的人想要什么

想要什么	人员比例（%）
发展空间广阔	45.6
人际关系简单	35.0
周围都是牛人，每天都能学到新东西	34.4
公司文化好、三观正，每天充满正能量	31.3
薪酬福利优厚	29.3
工作氛围宽松，能做自己想做的事	26.9
公司前景好，是今天或明天的“独角兽”	16.0
工作环境舒适	13.8
老板人格魅力爆表，工作能力令人膜拜	11.7
公司品牌响当当	7.7
钱多事少离家近	4.2

资料来源：猎聘网 2016 年求职意向调研。

调查结果显示，优秀的人才需求最迫切的是发展空间、内部人际关系与文化氛围、学习的机会，薪酬福利等物质激励则排到了第五位。这又回到了前文中提到的内在动机与外在激励关系的问题。如果说在资源匮乏的时代，外在激励对于企业员工还有较强的刺激作用，随着时代的发展，这种外在激励的作用越来越微弱，而它对于员工内在动机的负面影响却愈加凸显。

管理能力不足，考核来补

管理者认知偏差

“让我们管理人员盯着员工工作比较难，只能靠考核去督促。”

“我们的管理者是不太会带团队的，给下属打个分还可以，不太具备其他管理能力。”

主动承认“管理者的管理能力不足，用绩效考核是无奈之举”，似乎是一件不可思议的事情，但这是我们经常在企业中遇到的情况。从当前企业管理水平来看，这种情况不是特例，在很多企业中都存在。

作为管理者，需要通过计划、组织、领导、协调、控制等职能来协调他人的活动，使团队同自己一起实现既定目标。每一步动作都需要一定的管理能力和技巧，这种能力的习得需要长时间的积累。但很多能力不足的管理者，却把管理工作简化为只用量化的结果考评下属的“数字游戏”。他们对于数字记得很清楚，但当问到具体的行为时，他们往往表现得一无所知。从表面来看，他们似乎表现出了很强的结果导向，但实际情况是，他们很少与员工进行深入的沟通，不了解员工的行为表现，也不知道如何在日常辅导和推动员工的工作。

希望自动计算的工具代替人

管理者认知偏差

“你们有没有一个对员工进行自动考评的工具，能够直接根据数据自动生成结论，且不受人的主观影响？”

“我们就是想要一个能够绝对客观、量化的工具，减少我们的人在管理下属上的时间。”

不管是为了追求结果的绝对客观、公正，还是为了减少管理者在人的管理上所用的时间，企业提出的上述需求，都只是一个美好的愿望。HR们努力地去寻找各类管理工具，并对工具产生了极强的依赖性和极高的期望，各式各样号称基于先进技术的系统被应用于绩效管理过程。这些努力看似提升了效率，但是没能解决根本问题，甚至还让问题变得更加突出——绩效管理过程中人的价值被弱化。

各式各样的系统能够记录大量信息，也可以自动完成一些重复的工作，但它却不能让使用者更聪明、更灵活，不能提高使用者的判断力。很多管理者希望通过自动计算工具代替人的作用，其出发点正是回避直接评价他人、辅导他人，回避管理活动中重要而又需要投入很多精力的环节，这些没有灵魂的工具，让沟通变得更加稀少。

绩效管理去向何处

面对绩效的困境，存在着一个很有迷惑性的声音：放弃绩效考核甚至是绩效管理。这样的观点似乎被很多管理者所接受，甚至致力于寻找支持这一观点的理论依据。当然，还有一批管理者，在默默地思考如何使绩效管理发挥更大的作用。

绩效管理走到今天，在人类的发展史上发挥过巨大的作用，也依然拥有其在管理中的价值。我们应有的选择是，既不要继续在个人绩效的泥潭中执迷不悟，也不要因噎废食地抛弃绩效管理这一拥有巨大价值的工具，而是应该重构绩效，走向团队绩效。

应对绩效困境的方式如表 1-5 所示。

表 1-5　应对绩效困境的方式

应对方法	假设	实施要点	优点	挑战 / 弊端
放弃绩效管理	绩效考核弊端过多，阻碍沟通，反人性	放弃考核与评级，甚至放弃绩效管理的其他环节	避免了绩效考核等工作带来的麻烦，让管理看似轻松了	废弃了绩效体系，也放弃了绩效管理带来的价值
重构绩效	绩效管理是有价值的，只是在应用上出现了绩效过度现象	通过扩展绩效管理的边界，强化团队、共识、赋能等功能，构建团队绩效体系	塑造组织能力，持续实现战略目标，员工与企业共同成长	需要企业在人才上持续投入，管理者刷新认知、改变行为习惯

放弃绩效管理是因噎废食

当那么多人对于一个事物都表现出憎恨的时候，最好的应对方式是什么？放弃它，似乎很多人认为这是最佳选项。近年来，关于取缔、废除绩效考核制度的新闻标题频繁出现，似乎在验证着这一可能性。

“微软废除了可憎的绩效评级制度。”

——*Bloomberg Businessweek*，2013 年 11 月

“惊人之举，埃森哲将去除年度绩效考核和评级。”

——*The Washington Post*，2015 年 7 月

“千禧一代如何逼迫 GE 抛弃绩效考核？”

——*National Journal*，2015 年 9 月

基于传播上的沉默的螺旋理论，当某一种声音出现的时候，会引发出更多附和的声音，但那些沉默的大多数反而被忽视了，似乎成了少数。事

实上，少数企业的一些绩效变革举措，通过媒体的一番不完全符合实际的宣传，似乎就变成了一种主流声音，这不仅对企业管理毫无裨益，而且颇具误导性。

即便是绩效考核遭受诸多质疑的今天，绩效管理体系给企业带来的价值依然清晰可见。美世咨询的一项研究表明，绩效管理体系可以为企业创造明显的价值。

有无绩效管理系统的结果对比如表 1-6 所示。

表 1-6 有无绩效管理系统的结果对比

指标	缺乏绩效管理系统	具备绩效管理系统
总体股东投资回报率（%）	3.1	7.9
股权收益率（%）	4.4	10.2
投资回报率（%）	4.55	8.0
投资回报现金流动率（%）	4.7	6.6
实际销售增长率（%）	1.1	2.2
员工人均销售额（美元）	126 100	169 900

即便是绩效考核或评级，也没有像我们以为的那样，被大规模地取消。翰威特《2015 年绩效管理实践调研》结果显示，几乎所有的金融服务企业都在使用传统的评级工具，即使是最前沿的高科技公司也大抵相同。根据翰威特发布的《全球科技趋势报告》，不使用绩效评级的公司仅占 10%，而使用绩效评级的公司当中，只有 8% 的公司正在考虑予以取消。具体如表 1-7 所示。

表 1-7 绩效评级态度调查

	是	否
你正在使用绩效评级吗	90%	10%
你是否考虑取消绩效评级	8%	92%

因为我们的使用失误，而将责任都怪罪到管理工具头上，这似乎于理不通。而且，如果我们不能从绩效考核过度的泥潭中尽早脱身，反而舍本

逐末地考虑是不是要放弃绩效考核或绩效管理，那么我们还可能会在其他管理工具上栽跟头。

团队绩效是大势所趋

《经济日报》报道，2018 年 6 月，山东淄博中郝峪村村民吃上大食堂，一日三餐全免费，这在当地成了颇为轰动的新鲜事。原来，这里的农民通过家家入股的形式发展乡村旅游，壮大集体经济，为了省出大量时间更好地服务游客，村里集中安排村民吃上大食堂，一日三餐全免费。“以前打破‘大锅饭’，现在吃新‘大锅饭’，都是为了吃好饭。”中郝峪村党支部书记赵东强说。

时代不同，几十年前打破大锅饭，现在重新吃起大锅饭，以前因为效率太低而放弃，现在为更高的效率和更高的综合收益而重新选择。这提示我们，不是团队共担共享的问题，而是我们的应用方式、配套机制导致出现了低效的“大锅饭”。这个真实的事例，也预示着新时代对团队协作的依赖，综合效益最大化的团队绩效更适用于这个时代。

团队绩效就是公司全体员工把公司目标、团队目标（而不是个人目标）的实现作为首要任务，公司对员工的激励要以公司目标和团队目标（而不是个人目标）的实现作为首要依据，从而帮助公司塑造组织能力，持续做大利润。

实现团队绩效的关键是，避免聚焦于个体业绩和奖金的考核与计算，一切激励的出发点是团队总体目标的实现。企业通过构建先公后私的团队、强调团队共同目标的达成、战略指标和工作计划的分解、赋能式绩效沟通与辅导、人才盘点、利出一孔的激励分配、团队导向的文化塑造等，形成强大的组织凝聚力和生命力，保证组织能力持续提升。

员工之间的合作越来越成为企业管理的必选项，团队绩效已不可避免，是未来绩效管理甚至企业管理的大势所趋。

第一，顺应潮流。绩效管理在过去的几十年间，经历了一系列的变化。20 世纪 80 年代，对员工进行强制排名并以此决定奖励优秀员工、淘汰绩差员工；20 世纪 90 年代，麦肯锡的“人才战争”研究项目指出，绩优人才必然短缺，组织需要加强绩效评估并对绩优人才强化奖励；21 世纪初，随着组织扁平化趋势，管理者下属人数持续增加，上级越来越难以评估并辅导自己的下属；2011 年，最早采用强制排名的 Adobe 率先取消了年度绩效评估；2016 年，德勤、普华永道等曾经尝试取消数字评分的公司开始部分恢复绩效评分，并丰富评价的维度。当今时代，团队协作不是被弱化了，而是企业持续发展的需要对协作提出了更高的要求，需要绩效管理体系有所支撑。

绩效管理发展的历程是伴随着时代发展潮流的，它本身也经历了从不成熟到成熟、从片面到全面、从零散变化到系统完善的过程。当前绩效管理遇到的问题，是企业管理中的绩效过度导致的，不是绩效管理本身的问题。从组织发展的根本需求出发而实施的团队绩效，既能解决当前的困境，也是时代发展的选择。

第二，回归本源。对于企业来说，需要绩效管理，在于绩效管理能够将战略意图贯彻下去，还能将这种贯彻战略意图的能力长期保持下去。这是因为，绩效管理本质就是为战略目标服务，或者可以说，绩效根本作用在于通过一系列的设计和安排，确保战略能够得以实现。而团队绩效对绩效管理的系统重构，恰恰反映在对于其本源的回归——将企业的愿景转化为团队的目标，并以组建先公后私团队、凝聚战略共识、分解工作计划、通过沟通向团队和个人赋能、实施全面人才盘点和利出一孔的激励分配、塑造同舟共济的团队文化等方式，支撑目标的达成。

第三，立足长远。团队绩效通过系统解决对组织发展至关重要的问题，打造组织能力，这正是团队绩效区别于传统绩效的关键所在。任何一个志在长远健康发展的商业组织，都需要打造长期领先的组织能力，使其在长期的竞争中立于不败之地。只有团队绩效才能更好地打造组织能力，适应灵活多变的目标体系，适应复杂多元的结果衡量和评价标准，并且能够激发人们追求成就的内在动机，将个人的发展与企业的长期健康发展有机结合起来。

小结

似乎很多管理者都能列举出绩效考核的几大罪状，但更多的人能够说出绩效管理对于企业的价值。对于这样一个最常用的管理模式，竟然能够产生出这么多的争议，需要我们重新审视绩效管理体系的边界、价值及做法。绩效过度是我们能够做出的最符合实际情况的判断，绩效过度的五大表现，确实给企业造成了很多不良的后果，而这些又源于对绩效的认知误区。

如果我们能够从绩效过度的角度思考，对绩效考核做出审视，或许就能够找到很多问题的答案，这时候也就不急于做出放弃绩效管理的判断。根本的原因在于我们应用的方法，而不是绩效管理本身。团队绩效能够帮助我们走出绩效过度的泥潭，以走向团队绩效的方式重构绩效，是我们当前能够做出的最为合理的选择。

关键发现

- 在不确定的时代，目标的灵活性成为常态。
- 在不确定的时代，对于绩效结果的衡量更加多元。
- 内在动机成为驱动员工的根本动力。
- 在大家憎恨绩效考核的时候，问题不是出在绩效本身，而是绩效过度。
- 绩效过度的五大表现会产生六大后果，而其根源是对绩效认识的七大误区。
- 走向团队绩效是大势所趋。

Performance Reconstruction

—— 第二章

走向团队绩效

一个人不管如何努力，永远也赶不上时代的步伐，只有组织起数十人、数百人、数千人一同奋斗，你站在这上面，才能摸得到时代的脚。

——任正非

重构绩效，不只是考核方式或考核准确度的改变，也不是把残缺的流程补充完整而已。重构是从根本上考虑提升绩效的路径，是从考核转向赋能，是将绩效管理的起点从目标扩展到选人，而其落脚点从一次性的改进扩展到持久的文化转变。最终，重构绩效是从个体绩效走向团队绩效。

要蚂蚁军团，不要个人英雄

“羚羊在奔跑，因为狮子来了；狮子在躲闪，因为大象发怒了；成群的狮子和大象在集体逃命，那是蚂蚁军团来了。”

这是圣地亚那大森林里流传的一首歌谣。蚂蚁军团之所以力量强大，在于它们的团队精神。它们朝着同一个目标和方向前进，不以个体意志为转移，它们组织严密、分工明确、协作高效，必要时牺牲个体，顾全大局。这样一个故事，可以作为蚂蚁军团力量的注脚：非洲丛林发生了一起大火，将一群蚂蚁团团围困，危在旦夕的那一刻，惊人的一幕出现了，小小的蚂蚁们迅速聚集，形成一个巨大的蚂蚁球，迎着大火快速冲出围困，蚂蚁球上的外层蚂蚁被烧死，而大部分的蚂蚁则幸免于难。

在多变的外部环境下，企业表现出了其脆弱的一面，在应对环境变化时，应该更加敏捷，内部协作应该更加高效。相比于个人英雄，蚂蚁军团更能够帮助企业应对多变的外部环境。企业应当以“蚂蚁军团”的特质打造自身的组织能力，无论外部环境如何险峻，都要保持自身灵敏度与团队作战能力。

在绩效管理上，如果维持传统的绩效模式，只会助长破坏整体利益的倾向，使得组织长期依赖个人英雄，造成更大的危害。企业的最佳选择就是重构绩效，从个人绩效走向团队绩效，从过度竞争的内耗模式，转向协同互助的高效模式，从看似强大、实则充满风险的个人英雄，走向看似弱小、实则带来更大收益的蚂蚁军团模式。

重构绩效从三个方面展开——绩效管理的主体重构、绩效管理的定位重构和绩效管理的目标重构。

从绩效管理的主体看，不再纠结于对个体考核的量化精准，转而重视团队目标的落地与实现。

从绩效管理的定位看，从单纯作为员工评价和奖金发放的工具，回归为战略执行工具，导向组织总体目标达成。

从绩效管理的目标看，绩效管理不是为了“报时”——解决当下的管理问题，而是为了“造钟”——打造持续的组织能力。

重构绩效的三大维度如图 2-1 所示。

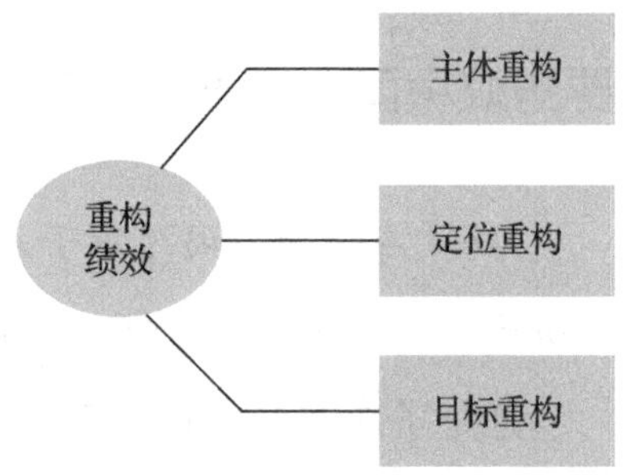

图 2-1　重构绩效的三大维度

主体重构：从个人到团队

主体重构，就是绩效管理的主体和主要参与者从个人转向团队。

在工业时代很长一段时间，绩效考核对企业劳动生产率的大幅提升产生了巨大的推动作用。但随着时间的推移，强调激发个人业绩贡献的绩效考核方式的弊端逐渐显现：组织内部过度竞争，团队成员相互猜疑，企业文化严重受损等。而且随着信息化时代的到来，企业面临的外部环境更加多变和不确定，个体的单打独斗越来越无法保障企业的持续发展，企业更加依赖团队的高效协作、相互补位。同时，员工个人对外在激励刺激的敏感性也在逐渐降低，真正优秀的员工在物质激励之上更加关注个人成长与发展、组织认同与文化，继续采用以个体业绩激励为导向的绩效考核将难以推动企业发展。

科氏工业：个人利益与公司整体利益相结合

科氏工业是全球最大的非上市私企之一，从 1961 年到 2014 年，企业的市值增长了 5000 倍，同时将“每六年利润增长一倍”作为企业发展的愿景。

在激励机制上，科氏工业将每位员工的个人利益与公司、客户和社会的利益相结合。“为公司创造价值的‘公司’是指整个科氏工业，而不是其中某家子公司或某项业务，也不是针对个人进行自我评价所采用的个人计分卡。”

科氏工业拒绝让自己的薪酬激励体系成为简单、僵化的公式，“要判断员工的贡献，我们首先会评估公司当年实现的价值增长——不仅考虑当年的营收利润，还有未来发展前景的变化。”

其 CEO 查尔斯·科赫（Charles Koch）特别强调，成功的激励机制必须将员工个人利益与公司整体利益相结合。“如果某种结果有益于员工，那么也必须有益于公司；反之，如果某种结果有损于公司利益，那么也将有损于员工利益。”

科氏工业的经营成果如此令人瞩目，离不开将员工个人利益与公司整体目标的达成相结合的理念与做法。

团队整体目标是一切管理和激励工作的出发点。企业要树立明确的整体目标，然后将整体目标层层分解到部门和个人，以确保每个人的行动与实现公司目标的要求相一致。在进行阶段性的绩效回顾时，要以公司目标的达成差距为分析的切入点，从公司经营、部门间协作到个人行动层层分析原因并寻找改进对策。最后在绩效结果的应用上，以公司整体业绩目标达成作为激励的启动条件，若公司的目标未达成，则不谈个人激励。

在这个竞争激烈的时代，个体无法创造长久的业绩，甚至个人能力成长也依赖组织的培养，绩效管理的主体必然是团队。团队绩效管理并不意味着忽视对个人的评价，只有从业绩和素质两个维度做人才盘点，才能构建更加有竞争力的团队。团队构建没有统一的定律，但需要遵循一些原则，充分发挥团队成员的专业和能力优势，形成优势互补。

定位重构：战略执行工具

定位重构，就是让绩效管理回归作为战略执行工具而非考核工具的本源。

很多管理者似乎对绩效考核抱有不切实际的幻想：只要考核指标能够完全客观、合理和量化，精细地计算考核的分数，按照考核结果发放奖金，员工就会被有效驱动——绩效管理被简化为了一个只包含考核功能的工具。卡普兰和诺顿在《平衡计分卡》一书中提到：

“任何一个衡量系统，目标都应该是激励所有的管理者和员工成功贯彻战略。凡是能够把战略融入衡量系统的企业，都能够更好地执行战略，因为它们能正确地在企业内传达目标和目标值。这种传达使管理者和员工能够把重心放在关键的驱动因素方面，并使投资、方案和行动同正在实现的企业战略保持一致。”

绩效管理最重要的价值是帮助企业实现战略目标。任何一个企业存在的意义都在于实现长期、可持续的发展，这离不开从上到下达成共识的战略目标。绩效管理主要功能正是从多个方面帮助企业实现战略目标：明确战略目标并进行层层分解，通过双向沟通达成共识；根据目标制订行动计划，在执行过程中，管理者对下属进行及时辅导与反馈；阶段性地回顾、总结与评价，分析差距，明确原因和改进计划；绩效考核结果应用于员工的晋升、奖金、培养和淘汰，激励员工的同时优化人才结构。绩效管理的诞生，就是为了企业战略的执行。团队绩效强调超越考核，走向更加全面的过程管理，是绩效管理本质的回归。

目标重构：打造组织能力

目标重构，就是让绩效管理的目标不仅仅定位在短期业绩的提升上，而是看向更远的未来，打造助力企业可持续发展的组织能力。

总结前文对于绩效管理的认知误区，可以发现一个共同点：将绩效体系作为解决某个具体难题的工具，忽视了其打造组织能力的目的和功能。

杰克·韦尔奇（Jack Welch）曾说，“如果组织变革的速度比环境变化还要慢，那么这个组织将走向末路。”如何确保组织的变革速度能够跟上外部环境的变化?《哈佛商业评论》发表的一项研究认为，关键在于“战略一致性”。“战略一致性”是指把所有商业因素（包括市场战略和公司组织方式等）统一调配，以实现公司的长期目标。通常情况下，一个公司的长期目标一般不会轻易改变，但是战略和组织结构却很容易有所变化，这就使得战略和组织间的“一致性”往往飘忽不定。企业需要解决的两个关键问题是，战略能否有效地支持公司长期目标的实现？组织能否有效地支持公司战略的执行？对这两个问题的回答可以用图 2-2 所示的矩阵展示。

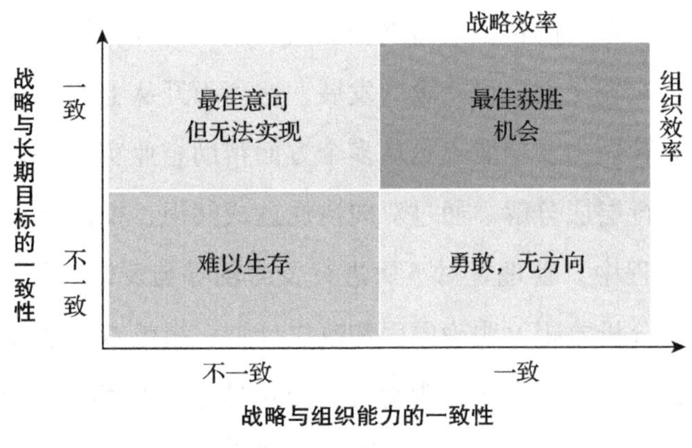

图 2-2　战略实现的有效性矩阵

如图 2-2 所示，很多企业即使战略制定得再精妙、再能够体现组织的长期目标，但如果没有组织能力的支撑，最终也无法实现战略，更不要说实现组织的长期目标了。商业机会从来不会缺少，缺少的是有足够的组织能力将这些机会转化为实实在在的业绩成果。

只有那些战略与长期目标高度一致，且组织能力与战略保持高度一致的公司，才能取得最佳获胜机会。这种高度一致的要求，不仅表现为优秀的财务业绩，还表现为更积极的工作氛围、高于平均水平的员工敬业度、对公司价值观的高度认同，以及更少的内耗。作为战略执行工具，绩效体系的核心目标是塑造组织能力，使其与战略保持高度一致。如果企业的战略重点是“创新”，那么企业要考虑的是现有组织结构、人才队伍、管理机制等是否能够实现创造性合作、风险承担和知识共享，绩效管理体系应该通过目标分解能力、人才发展能力、员工激励能力和行为导向能力，让组织快速具备支撑创新的能力。

主体重构，让绩效管理从主体上倾向蚂蚁军团而不是个人英雄；定位重构和目标重构，让绩效管理为蚂蚁军团发挥最大的战斗力形成团队化作战的机制。当实现三大重构的时候，一个团队、一个组织就脱离了对于个人英雄的依赖，蜕变为一个具有强大战斗力的蚂蚁军团。

团队绩效模型

在传统的绩效管理体系中，即便超越了单纯的绩效考核，在其流程中也仅仅覆盖了绩效计划、绩效实施、绩效考核和绩效反馈四步骤（如图 2-3 所示），而在实际操作中，管理者对于绩效考核的重视要远超其他几项工作。

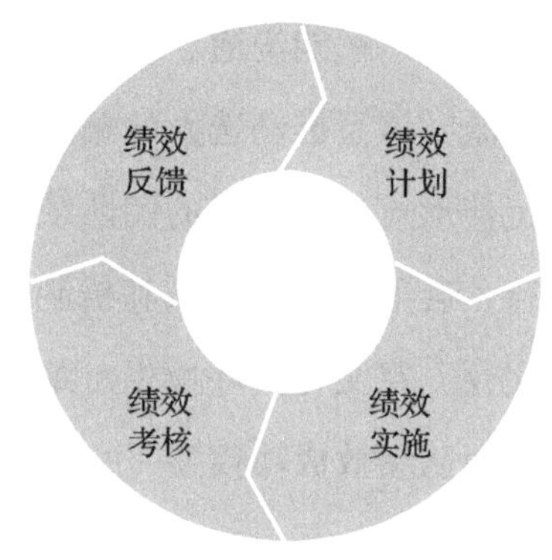

图 2-3　传统的绩效管理模型

在前文我们给团队绩效所下的定义中提到，“团队绩效就是公司全体员工把公司目标、团队目标（而不是个人目标）的实现作为首要任务”，要实现它，“公司对员工的激励要以公司目标和团队目标（而不是个人目标）的实现作为首要依据”，但远远不止这一点，团队绩效的达成有更广泛的领域。重构绩效，其实是对传统绩效管理体系的扩展，是将绩效管理的起点从目标设定扩展到选人，终点从单次改进扩展到持久的文化转变，过程则是从考核扩展为持续的赋能与改进（如表 2-1 所示）。

表 2-1　传统绩效向团队绩效的转变

维度	传统绩效管理	团队绩效管理
选人	不做人员选择，基于原有人员做绩效，认为绩效考核能够让员工做出行为改变	通过精准选人打造先公后私的团队，坚信绩效在选人的时候就决定了
战略	重指标分解，不重整体目标，过度看重个人业绩导向而非公司战略	重战略共识，所有管理者、员工都对整体目标的达成承担责任
沟通	重精细的结果考核，忽视过程中的赋能式沟通	由“业绩—奖金”转向“赋能—改进”，强调通过赋能激活个体和组织的内在动力
评价	强调评价的量化，只用业绩评价员工	从业绩、素质两个维度做人才盘点，基于人才盘点结果打破不合适人的“铁饭碗”
激励	强调基于业绩的个人导向激励	强调与公司整体目标关联的“利出一孔”的激励
文化	没有强调文化的作用，自然形成了竞争而非协作的文化	强调团队协作的价值，塑造同舟共济的文化

团队绩效模型的要素

作为对传统绩效管理的重构，团队绩效扩展了绩效管理的边界，也是对传统绩效管理循环的系统升级。在团队绩效管理中，由选人开始，到战略共识、赋能沟通、双维度人才盘点，再到利出一孔的激励，以有竞争力的激励体系推动选人的精细、精准，开始形成新一轮的运转，所有的这些工作形成一个升级的团队绩效循环。更重要的是，以上这些经过多轮的运行，会形成一个体系和机制，配合文化落地的举措，会塑造出同舟共济的文化，在文化的环境中，最终形成团队绩效的良性、持续运转体系，这就是团队绩效成功模型（如图 2-4 所示）。

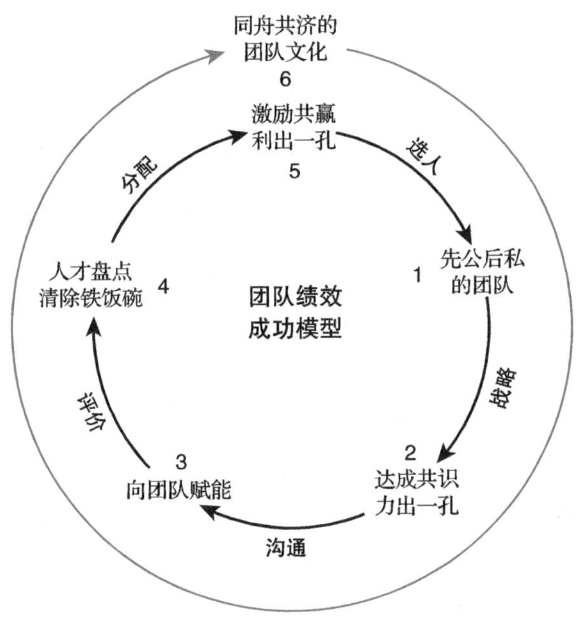

图 2-4　团队绩效成功模型

通过选人打造先公后私的团队

绩效的高低在选人时就决定了，选择人才如同选择种子，种子的好坏直接决定了产出。要实现绩效成果的最大化，需要在一开始就选择具备先公后私素质的人才。先公后私的人具备团队精神、全局意识和长远眼光，能够主动自发地推动团队目标的达成，他们能够围绕公司目标深入思考自己的工作应当如何开展。

对于任何一家企业来说，当具备更多先公后私的团队成员时，团队会持续关注组织目标的达成情况，积极制定发展战略，并通力合作、高效执行，这样的团队会形成强大的组织能力，确保目标和战略的实现。正如吉姆·柯林斯（Jim Collins）所言，“如果你有合适的人在车上的话……他们会因为内在的驱动而自我调整，以期取得更大的成功，并成为创造卓越业绩的一部分。”

达成战略共识，确保力出一孔

团队绩效本质上是通过激发团队的力量完成整体目标，为此企业家需要大胆讲出心中的愿景，并与中高层在实现这个愿景的战略路径上达成共识。企业应通过战略目标分解，形成部门目标责任书、个人详尽的工作计划，使全员达成共识，所有部门及员工都能承接战略目标，为此承担责任。

全员战略共识，对外可以强化“为客户创造价值”的意识，对内能够强化“团队相互协作”的意识。微软CEO萨提亚·纳德拉（Satya Nadella）对员工提出三问，可以用来追踪和强化员工工作与战略的衔接程度，形成持续的共识：

- 我如何利用公司已有成果提升个人或团队工作效率？
- 我自己做了什么？
- 我帮助别人或团队做了什么？

让更多的管理者和员工参与到战略制定和目标分解的过程中，能够塑造员工基于组织目标开展工作和评价贡献的能力，能够持续提升组织能力，让组织能力与战略保持一致性。

通过沟通向团队赋能

“组织的目标不应当再是追求效率，而是让自己获得持续适应的能力。这要求组织模式和精神模式有巨大的变化，还要求领导层持续努力地为这样的变化创造适宜的环境。”“领导者的角色将不再是‘指挥与控制’的宏观管理者，其作用将是创造一个更为宽松的环境。”《乔布斯传》作者沃尔特·艾萨克森（Walter Isaacson）在为《赋能》一书写的推荐序中，建议组织从追求短期成果向塑造组织能力转变，而领导者应从指挥控制向赋能转变。

绩效管理的重构方向之一，就是由“业绩—奖金”模式向“赋能—改进”模式转变。这种转变，要求管理者投入更多的时间向团队赋能，通过赋能激活个体和组织的内在动力——通过“发展面谈”向员工个体赋能，帮助员工改进和提升能力，实现组织的长期发展；通过“欣赏式复盘”向团队赋能，激发组织中“积极的能量”，围绕组织目标共同探索问题的本因，总结经验，寻找差距与改进点，不断提升解决问题和应对挑战的能力。

通过沟通向团队赋能，既能持续传达组织战略目标的要求，又能减少组织中可能存在的信息不对称，以及由此造成的信任缺失，激发组织成员的内在动机，提升团队的凝聚力和战斗力。

用人才盘点消除铁饭碗

实施团队绩效的一个主要顾虑，就是担心有员工跟着吃“大锅饭”。传统绩效管理模式中，之所以特别看重绩效考核，也是希望通过最大程度地量化考核，精准衡量每个人的业绩，以规避“大锅饭”现象。

在团队绩效模式中，不是不要考核，而是通过素质、业绩双维度的人才盘点来代替单维度的业绩评价，对员工的评价更加精准、合理。通过人才盘点，让优秀的员工脱颖而出，得到更快的晋升，那些不能达到用人标准的员工，则会被调整岗位或者被淘汰。打破铁饭碗是避免大锅饭的最好方式，对优秀人才的激励效果比奖金激励更加有效。

激励共赢，利出一孔

传统的绩效—奖金挂钩方式，因具有个人利益导向，不利于组织整体目标的达成，甚至会因为对于个人利益的过度强化而与整体目标背道而驰。

绩效管理能够实现激励共赢，其前提是“利出一孔”。利出一孔这一中国古人的智慧，因被华为在人才激励方面反复提及而为人熟知。但在团队绩效中，利出一孔还有更广泛的含义——以团队整体目标达成作为激励的首要依据。而团队绩效的核心要求，就是基于团队目标的达成进行激励。

用“345”薪酬体系（给“3”个人，发“4”个人的薪酬，创造“5”个人的价值）提升激励效果，强化整体价值导向，强化指标设置及奖金激励的团队目标导向，用合理的规则消灭“利出多孔”，再配合以全面激励体系，这就是实现“激励共赢，利出一孔”的全部秘密。

塑造同舟共济的团队文化

文化的价值无须特别说明，团队绩效方案的落地只能保证一次的成功，只有塑造同舟共济的团队文化，才能够保证团队绩效持续良性运转。

同舟共济的团队文化的要素包括目标共识、信息共享、信任充分、执行闭环和优胜劣汰。以员工对目标共识的认同感来达成公司一致的理性行为，形成巨大的向心力和凝聚力；以信息共享降低信息不对称造成的组织内耗，强化团队整体力量；以授权、透明式管理创造相互信任的团队氛围；建立跟踪反馈机制，形成执行闭环，确保高效的组织行动；建立优胜劣汰的人才管理机制，保持组织活力。

以六大要素构建起团队绩效模型，是团队绩效成功的关键一步，能够保证我们做“对的事情”，要把事情做对，还需要我们在六大要素方面采用最合理的方法。这些方法来自于知名企业的实战经验，或者来自于知名管理学家对众多企业管理经验的总结（如表 2-2 所示）。

表 2-2　能够促成团队绩效的方法

要素	能够促成团队绩效的方法	观点来源
选人	选择具备全局意识、团队协作和长远眼光的人，打造先公后私的团队	《从优秀到卓越》 《聚焦于人》
	淘汰个人主义、本位主义的独狼	阿里巴巴
战略	全公司各部门为其目标做出的贡献要最终体现为对整个企业有所贡献，并阶段性地进行战略回顾	彼得·德鲁克
沟通	将奖励分配谈话与员工发展谈话分开，以做到真正为员工赋能	谷歌
评价	对优秀人才的要求是又“红”又“专”	通用电气
激励	去掉名目繁多的单项奖、二次分配和过度使用的提成	《聚焦于人》
	高水平的薪酬，搭配高固定低浮动薪酬结构	奈飞
	将公司整体目标的完成作为启动股权激励的安全阀	《股权金字塔》
文化	打造高组织凝聚力的团队共赢文化	《团队核能》

团队绩效的价值

实践证明，按照团队绩效的模式和要求进行绩效管理，将为企业带来一系列价值。直接价值体现在人才的培养、知识的沉淀、团队的协作和组织的自我优化方面；进而实现打造团队文化，促进组织整体目标达成的间接价值；最终，以企业长期目标的达成作为团队绩效终极价值。具体如图 2-5 所示。

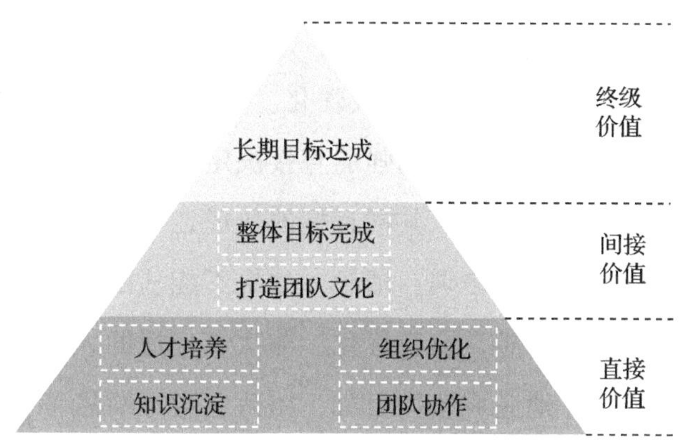

图 2-5　团队绩效的价值

团队绩效的直接价值

团队绩效能够促进人才培养。团队绩效管理方式下，对员工的评价除了业绩维度，还要重点关注人员的素质能力，通过人才盘点过程，牵引员工不断提升自身能力，实现成长和发展。此外，团队绩效注重在绩效实现过程中对员工个人和组织的赋能，通过持续的发展面谈和组织复盘，弥补短板，增强能力，培养出更多的经营管理人才。

团队绩效能够促进知识的沉淀。在为团队整体目标达成而努力的要求下，组织能力的提升是一项长期而重要的任务，需要团队成员长期的贡献，这离不开团队知识的不断积累和团队成员之间的知识共享。在团队绩效的促进下，团队成员能够心往一处想，力往一处使，能够克服个人绩效模式下的狭隘思维，将自己掌握的知识和工具贡献出来，供他人学习和使用，长此以往，团队的知识能够沉淀下来，转化为团队的能力。

团队绩效能够促进团队协作。对于任何企业来说，团队整体目标从来都不会轻易达成，而单个人的力量总是有限，任何心系团队整体目标的成员，都能理解通力合作的重要性，在团队其他成员提出需求的时候，及时给予支持和帮助。走出个人绩效的误区，克服狭隘的个人和小团队利益的束缚后，团队协作的氛围将越来越浓厚。

团队绩效能够促进组织的自我优化。任何团队都难免存在胜任能力弱的成员，而团队成员能力的强弱直接决定了团队业绩的好坏。在团队绩效模式下，所有人聚焦于共同目标的达成，对于少数跟不上团队步伐的成员，团队先是给予培训、辅导，如果不能从根本上弥补差距，团队成员会以长远利益为重，自行优化、淘汰不合适的人。自我优化机制一旦形成，为了更好地完成整体目标，团队也会不断思考如何将更优秀的人才纳入到团队中，如此的引优、汰劣，使团队的整体能力不断提升优化。

团队绩效的间接价值

团队绩效能够打造团队文化。在团队绩效模式下，避免了传统个人绩效模式带来的内部过度竞争、彼此设防等内耗行为。在着眼于团队目标实现的基础上，内部氛围逐步向合作共赢、资源共享、相互补位的优质团队文化发展，同时，良好的团队文化也能反作用于管理方式，使管理更趋于柔性和灵活性，降低对过于细致、复杂的绩效考核的依赖。

有了合适的人，有了清晰的战略并进行了有效分解，有了工作计划的层层落实，有了目标达成过程中的赋能沟通，有了业绩和能力素质维度的全面评价机制和基于此的分配机制，以及团队文化的支撑，组织的整体目标的实现将变得更加容易。

团队绩效的终极价值

通过对绩效管理模式的重新构建，企业得以培养出优秀人才，对组织做出持续的优化，进行了大量的知识沉淀，也形成了能够良好协作的团队。同舟共济的团队文化让企业具备持续的自我完善能力，组织能力得到了有效提升，企业的长期目标实现有了扎实的基础。

成功的企业都在践行团队绩效

一个企业的成功是综合因素发挥作用的结果，并不能简单归结为某个方面的原因，但总结那些成功企业的管理实践，我们发现，这些企业的管理模式总有些相似的特征，这些相似之处往往带着团队绩效的影子。

OKR：谷歌的团队绩效

谷歌不仅在经营上是很多企业的标杆，其内部管理的模式也为众多企业所效仿。2006～2017 年，他们的净利润复合增长率在 20% 以上，保持 10 年以上的高盈利，与谷歌的绩效管理模式不无关系。谷歌绩效管理，核心的特色是其只定目标不做考核的 OKR（objective and key result，目标和关键成果）模式，该模式特别注重员工对于高目标的挑战、过程中的跟进赋能，这是最能体现团队绩效的特色所在。

谷歌的绩效管理体系如图 2-6 所示。

图 2-6　谷歌的绩效管理体系

谷歌在组织架构设置上就体现了团队绩效的理念。谷歌原首席人才官拉斯洛·博克批评了太阳计算机系统公司每个单元都自负盈亏的“行星”结构——这样的结构导致每个业务单元各自为政，“自扫门前雪”。与之相反，谷歌坚持按职能划分部门，“我们认为，以业务或产品线为基础的组织结构会造成‘各成一家’的局势，从而对人员和信息的自由流动形成扼制。每个部门自负盈亏的措施看似有利于衡量业绩，却会使各业务部门的领导者把自己部门的盈亏置于企业整体利益之上，从而对部门的发展方向造成误导。”谷歌在组织架构上就扼制了个体利益高于整体目标的情况存在，确保团队绩效的整体目标导向。

谷歌对人才选择的重视程度和严格程度众所周知，体现了团队绩效“先选人再激励”的理念。在谷歌的招聘标准中，有很重要的一项叫作谷歌范（googleyness），内涵包括享受快乐、谦逊、尽责心、接受模糊性。谷歌每年会收到上百万份简历，录用比例不到百分之一。谷歌招聘工作法是，“资源有限的情况下，将人力资源费用首先投入到招聘上。”“出色的招聘工作不仅在于聘请到名头很大的人、顶尖的销售人员或最聪明的工程师，而且在于搜寻到在你所处的组织的环境下能够成功的最优人才，在于找到能使周围每个人都更加成功的人才。”

在战略与目标管理方面，谷歌最大的特色莫过于通过 OKR 进行绩效管理。“谷歌的绩效管理总是以目标设定为起点”，要让目标众所周知，且目标要有野心。谷歌 OKR 的制定从愿景出发，导向战略和年度目标，并逐层细化。为了支撑年度目标，需要设定季度目标和要达成的关键结果，强调从公司级的 OKR 逐层形成部门和个人的 OKR，每一层都向上看齐，以支撑整体战略；基于公司战略目标，鼓励从下而上地主动提出有一定挑战的部门和个人 OKR。在执行过程中，常常需要将 KR（关键结果）细化成一项项具体的任务，通过完成任务，从而最终实现目标。每个季度结束后，对目标的执行和达成情况进行评估，落脚点是团队如何改进以获得更好的结果，而不仅仅是考核个人业绩。

OKR 的实施流程如图 2-7 所示。

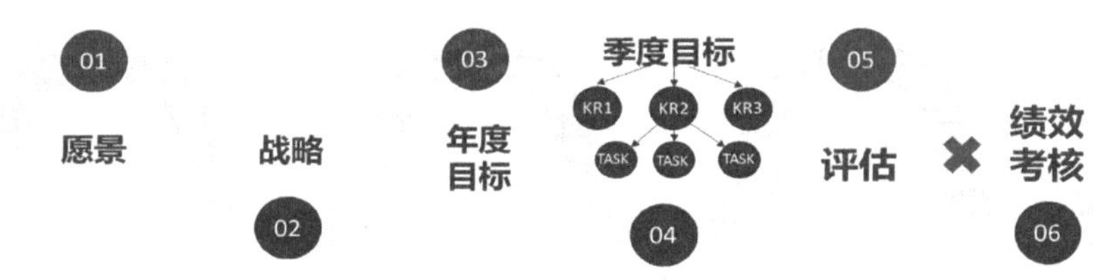

图 2-7　OKR 的实施流程

在沟通与赋能方面，OKR 的实施过程强调持续回顾与总结。OKR 的每个负责人要在总结会议上阐述整个执行过程，包括目标内容、设定原因、工作成果、遇到的问题、解决方案、最终结果、经验总结、下一步建议和自我评分。这个过程也可以进行目标的调整和优化。通过沟通、总结与分析，不断优化提升完成挑战性目标的能力。同时，谷歌将奖励分配谈话与员工发展谈话分开，集中资源对员工的成长赋能。

在考核评价方面，谷歌将年度绩效考核和月度绩效回顾，以及对员工个人的评价结合。一方面，通过业绩评价来评估员工的实际绩效和行为，给予及时和适当的奖励或惩罚；另一方面，通过能力评估为人才的进一步开发寻找依据。业绩评价体系由目标设定、自我评估、同事评估、校准会议、绩效面谈这五个重要部分构成，实施年度评估、半年度组织回顾和月度个人面谈回顾。谷歌能力评估标准包含六个方面，分别是谷歌范、解决问题、执行力、思想领导力、新兴领导力和存在感。谷歌重视对经理人的 360 度评价，以了解员工对管理者管理能力的评价和反馈。

为保证 OKR 执行的过程不出现畸形，确保结果是真实的，谷歌拒绝将其作为绩效考核工具，且不与任何物质激励直接挂钩。但这并不代表谷歌不重视人才的激励，为了充分激发各类人才的工作积极性和创造性，谷歌设置了包含奖金、薪资待遇和公司股票期权等在内的一系列激励机制。

谷歌以其企业文化的三大基石——使命、透明和发声的权利，支撑公司的持续良性成长。谷歌文化的一个核心理念是：“如果你相信员工，就不必害怕与他们分享信息。”谷歌赋予员工 20% 的工作时间来从事自己热爱的项目，哪怕该项目并不在公司的核心任务或使命范围内，工程师和项目经理每周有一天的自由时间去折腾自己喜欢的创意。以上种种，都成为支持团队绩效的文化基础。

OKR 工具已经受到国内外企业的热烈追捧，究其原因，在于 OKR 所具备的诸多方面的优点：

- 抓住主要矛盾，找出对企业发展真正重要的事。
- 让团队成长的迭代周期更短。
- 让团队中每个人都有清晰的目标感。
- 让每个人对目标的理解都是一致的，从而同心协力。
- 让企业变得更加主动，避免被竞争者牵着鼻子走。

作为目标管理工具，OKR 能带来巨大的价值，是走向团队绩效的表现形式之一，也是企业重构绩效的重要方向。

活力曲线：通用电气的团队绩效

通用电气除了其在商业上的成功外，还因盛产 CEO 而知名。虽然其历史上只有九任 CEO，却为商业界培养出了 155 位 CEO。这一切源自通用电气有效的人才选拔和培养体系，而其绩效管理的“活力曲线”在选拔人才方面起到了重要作用。

通用电气的人才评价，从价值观和工作业绩两维度上设定标准，借助九宫格的工具进行人员定位，在业绩上又对员工进行强制分布，同时也会强调对员工的坦率沟通和及时反馈。

通用电气人才评价体系示意图如图 2-8 所示。

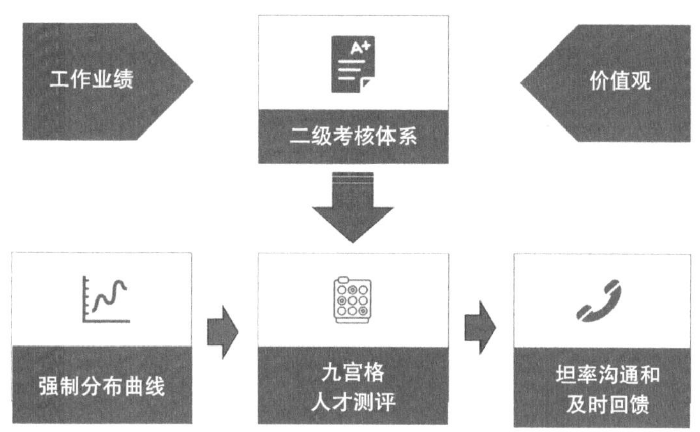

图 2-8　通用电气人才评价体系示意图

通用电气对员工评价的标准可以称为又“红”又“专”，其中“红”是针对公司价值观的评价——在价值观评价和有意的塑造活动中，将其融入每个通用电气人的血液和日常工作中。价值观评价是为了衡量员工的行为举止与公司的价值理念是否一致。这种有意的价值观塑造活动包括新员工入职培训、年度的人才评价等。“专”则是针对另一方面的考核——工作业绩维度。各部门会在年初制定出符合本部门实际，且具体、可行的绩效目标，将其传递至每位员工，让员工以此为基础制定自己的个人目标，并与部门负责人充分沟通、修改并确认这些目标。值得一提的是，通用电气的绩效目标制定和实施过程中的调整都很方便，也让年终考核结果比较有说服力，并且操作起来比较方便。

通用电气进行人才管理的基础工具是九宫格，对于管理人员，他们在成长价值观和业绩两个维度的表现将会体现在一个 3 × 3 的九宫格上，对内部人才进行综合的评价（如图 2-9 所示）。

通用电气基于正态分布原理，按照 20% 的优秀人员、10% 的较差人员和 70% 的合格人员的比例进行强制分布，并对落后的 10% 员工进行强制淘汰。通过这样的方式，通用电气一直保持着人才的活力，所以其正态分布的曲线被称为活力曲线。虽然受到了很多的诟病，但活力曲线事实上为通用电气的人才团队打造做出了巨大的贡献，正是这种打破铁饭碗的形式，让通用电气的员工始终保持着激情与活力。

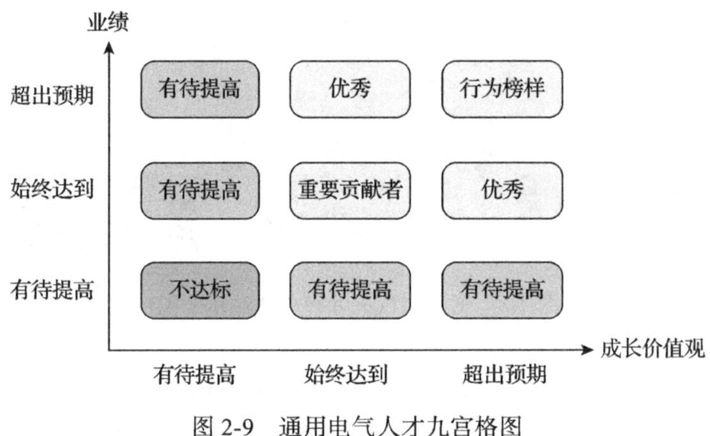

图 2-9　通用电气人才九宫格图

通用电气活力曲线图如图 2-10 所示。

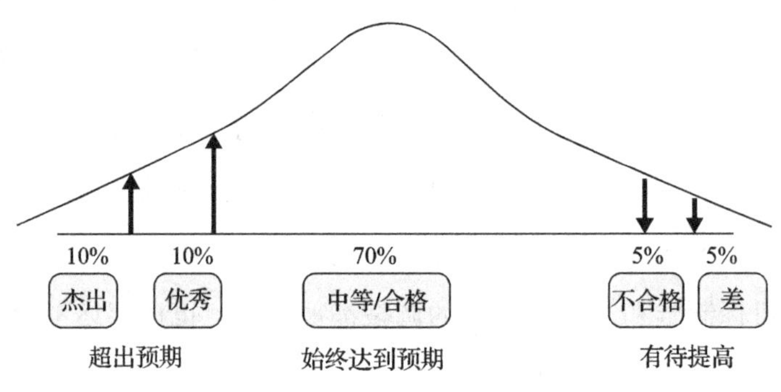

图 2-10　通用电气活力曲线图

对通用电气来说，绩效管理并不仅仅是人才评价和活力曲线，而是一个完整的管理系统，通过持续不断地沟通将各个环节完整地衔接起来，并在沟通中对团队不断赋能。

通用电气绩效管理周期示意图如图 2-11 所示。

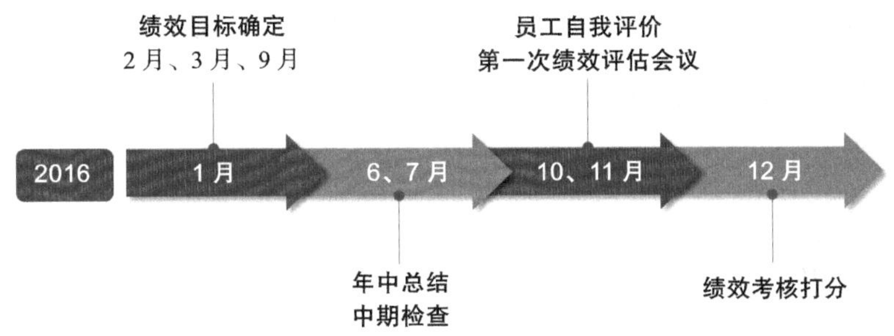

图 2-11　通用电气绩效管理周期示意图

持续沟通的内容包括员工的主要职责、年度目标、经理对员工的成功期望、目标完成情况、所需资源支持以及下一阶段的发展计划等。技术的发展让通用电气的经理们能够越来越便捷地进行随时随地的沟通，现在他们能通过一款叫作“PD@GE”（意为“在 GE 的绩效发展”）的应用软件，更频繁地得到员工的工作反馈。通过这套系统，员工会基于一份具体的短期工作目标清单，与上级讨论工作的进展并征求反馈意见。而到了年底，经理们与员工的谈话更加重要，因为他们会更多地扮演教练的角色，指导员工如何最好地完成自己的目标。

通用电气的绩效管理落地离不开其文化上的塑造，其文化最突出的特点莫过于优胜劣汰。杰克·韦尔奇因为在任期间一直坚持使用活力曲线对员工进行及时的调整，而称为“中子弹杰克”。对于优秀的员工，除了加大物质激励外，会以充分的信任和授权实现更强的激励效果，将坦率与公开体现得淋漓尽致，上上下下的管理者和员工都可以在任何层次上进行沟通与反馈，每个版本的价值观的更新，都凝结着通用电气几百位管理者的智慧。

利出一孔：华为的团队绩效

2018 年华为的销售收入为 7212 亿元，同比增长 20.5%，这样的增长速度即便跟很多中小规模的快速成长型企业相比较，都是出类拔萃的。营业利润也保持了多年的持续稳定增长，其在营收与盈利能力上的稳定表现在全球范围内都可以成为标杆。

华为 2013～2018 年营业利润增长情况如图 2-12 所示。

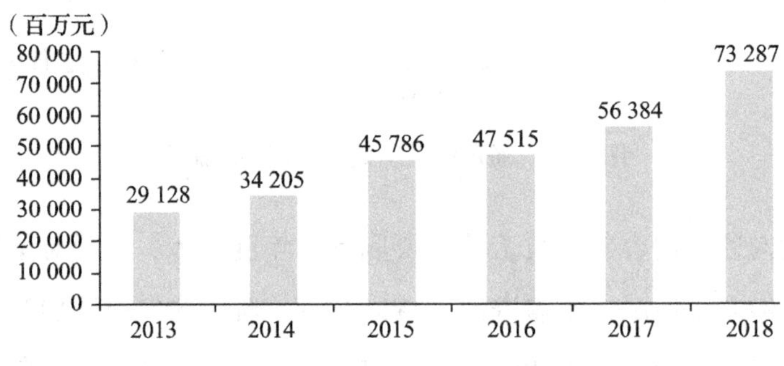

图 2-12　华为 2013～2018 年营业利润增长情况

华为持续多年的稳定增长，与其内部的价值创造、价值评价和价值分配为主线的绩效管理体系密切关联。华为的绩效管理，以被人熟知的“利出一孔，力出一孔”为特色，以激励上收入来源的“一孔”，强化贡献上的“力出一孔”。利出一孔，恰恰是团队绩效在激励上的精髓所在。

对于内部的绩效管理定位，轮值董事长郭平说道，“在坚持责任结果的基础上，从单一强调‘个人有效产出’，到同时考虑‘为客户创造价值、对他人产出贡献、利用他人产出的贡献’的牵引。”郭平倡导“学习谷歌军团的做法，组建突击队”“优化个人绩效导向，全营一杆枪”。

在选人、用人标准方面，华为充分实践了团队绩效的理念和要求，一方面，对干部的要求是有责任感、有使命感、有敬业精神与献身精神、忠诚于公司、贡献突出，以这样的管理者组建起先公后私的团队；另一方面，对于不符合标准的人，华为也会基于人才盘点结果，坚决予以调整，“没有奋斗意志、没有干劲的干部，我们还是要从各级行政管理岗位上调整出来”，将末位淘汰作为人员管理的一个基本准则。2019 年 1 月 18 日，任正非连续签署新年 006 号、007 号总裁办电子邮件，对当前环境下，华为人力资源战略重心工作进行了规划，为持续激活组织，将加大自我改革和队伍“换血”力度。

对于向团队赋能的问题，任正非专门提到过对于干部要改变简单粗暴对待下级的作风，“各级主管要通过学习，提升管理能力，改变自身行为，善用沟通、倾听等管理方法，对员工取得的工作业绩要给予及时肯定。要在主航道上，激发员工的主观能动性与创造性。”“我们应该向西方学习，干部与下属的沟通还是很重要的。不是说你要提拔谁了，才去沟通一下。你日常做决策的时候，多听听别人的意见，实际上就是沟通。”

在激励机制方面，华为是“利出一孔，力出一孔”的提出者，也是坚定的践行者。早在 1996 年，任正非就旗帜鲜明地提出，“任何时候都要以公司利益和效益为重，个人服从集体。任何个人的利益都必须服从集体的利益，将个人努力融入集体奋斗中。”2012 年年底，华为企业 BU 和消费者 BU 均取得了巨大增长，但没能完成总体销售额目标，因此公司颁发了一项特殊的表彰——“从零起飞奖”，包括徐文伟、张平安、陈军、余承东、万飚在内的获奖人员 2012 年年终奖金为“零”，而华为董事会成员包括郭平、胡厚崑、徐直军、孟晚舟，以及任正非和孙亚芳也全部放弃了年终奖。

力出一孔，利出一孔

我们的 EMT（executive management team，经营管理团队）宣言，表明我们从最高层到所有的骨干层的全部收入，只能来源于华为的工资、奖励、分红及其他，不允许有其他额外的收入。这从组织上、制度上，堵住了从最高层到执行层的个人谋私利——通过关联交易的孔，掏空集体利益。20 多年来我们基本是利出一孔的，形成了 15 万员工的团结奋斗。我们知道我们管理上还有许多缺点，我们正在努力改进，相信我们的人力资源政策，会在利出一孔中，越做越科学，员工越做干劲越大。

如果我们能坚持“力出一孔，利出一孔”，“下一个倒下的就不会是华为”。如果我们发散了“力出一孔，利出一孔”的原则，“下一个倒下的也许可能就是华为”。历史上的大企业，一旦过了拐点，进入下滑通道，很少有回头重整成功的。我们不甘倒下，那么我们就要克己复礼，团结一心，努力奋斗。

除了消除可能出现的“利出多孔”，华为从多方面保证“利出一孔”的激励机制，包括用高于市场水平的薪酬吸引和保留优秀人才，较高的固定薪酬比例保证激励性，奖金分配严格与整体目标相关联，以长期目标实现为基础的股权激励机制等。

“华为文化的真正内核就是群体奋斗。”在这样的文化中，既强调了奋斗，又强调了群体，这是典型的支持团队绩效的文化。通过每年的战略研讨会，企业强化了管理层对战略目标的共识；在奋斗中，强调了团队间的信任、信息共享与执行的闭环，并坚持每年 5%～10% 的强制性淘汰。在这样的文化中，团队绩效能够生根发芽，结出果实，组织能力也获得持续提升。

小结

重构绩效就是让企业走出绩效过度的旋涡，从追求短期目标转向追求公司长期、可持续的发展。绩效管理的主体要从个人转向团队，定位上要让绩效回归到战略执行工具的本质，目标上要关注组织能力的打造。要真正实现团队绩效的成功，需要以团队绩效模型为指导，做对的事情：选择合适的人打造先公后私的团队，将愿景和战略转化为全员奋斗的目标，并在过程中通过发展面谈和欣赏式复盘为团队赋能，通过素质、业绩双维度的人才盘点优化团队，打造“利出一孔”的分配激励机制，并坚持塑造同舟共济的团队文化，系统地重构企业的绩效管理，打造组织能力。

那些成功的企业，都在用自己的行动践行着团队绩效的理念，也从团队绩效的落地实施中获得了管理的红利。

关键发现

- 企业要从依赖个人英雄转向依赖蚂蚁军团。
- 绩效管理要从对个人的关注转向关注团队。
- 绩效管理本质上是战略执行工具。
- 团队绩效通过打造组织能力来实现组织的长远发展。
- 团队绩效的成功，要从选人、战略目标、赋能、评价、分配、文化等方面进行全方位的推进。

Performance Reconstruction

第三章——先公后私的团队

第5级经理人具备一项关键的品质：公司利益永远是第一位的，公司的成功高于个人的财富和名誉。

——吉姆·柯林斯

吉姆·柯林斯曾在《从优秀到卓越》一书中提到，“卓越的管理者首先确定的不是要将车开往何处，而是首先考虑请合适的人上车，让大家各就各位，让不合适的人下车，最后才决定开往哪里。”当我们考虑实施团队绩效的时候，当我们希望追求团队绩效最大化的时候，首先考虑的不是如何实施团队绩效，而是谁是实施团队绩效的理想成员。

绩效高低在选人的时候就决定了

换人让企业走上发展快车道

五象科技是一家工业机械零配件生产制造企业，最近几年发展速度明显放缓，订单量下降。对于原因，大家一致认为有两个：一是现有产品的交付及时率低，生产跟不上；二是没有亮眼的新产品，在市场上被竞争对手步步紧逼。

公司创始人吴平将重点放在如何做绩效考核上，投入大量精力，但收效甚微，甚至加剧了员工的抱怨。我们在做访谈的时候，了解到真实情况：

“其实生产跟不上是个老问题了，只是原来生产量不大，没那么突出。说白了，还是人不行，现在的生产经理是个老员工，完全凭经验，生产计划做得很乱，更别说精益生产了……”

“我们公司研发投入挺大的，研发团队其实人才济济，也有新技术出来，但是就是不贴近市场，这个研发总监从外面来的，对谁都看不上，不愿意跟销售团队了解客户的需求。”

跟吴平明确提出两个管理者的问题时，他并不惊讶，因为他很清楚两个人的情况。因为对人员调整下不了决心，于是寄希望于用“考核”来管控，用绩效管理制度来激励。

两个月后的战略研讨会上，生产经理与研发总监都不愿意为交期问题和新产品问题承担责任，也没有提出太多改进办法，因此与其他部门产生了激烈的争执，这让已经纠结很久的吴平下定决心考虑人员调整的问题。

虽然没有马上可以接替的合适人选，但做出调整决定后，事情反而变得简单了。生产经理沟通后仍然留在公司，带领一个小团队负责一个生产车间，由熟悉生产流程的工艺负责人接替他负责公司生产管理；研发总监主动离职，由技术出身的销售副总分管研发工作，提拔了一位研发主管负责协调日常事务，强化研发与销售部门的联系。

做出人员调整后，相应管理举措也顺利开展，生产效率快速提升，通过新产品需求调研确定了两个研发项目。生产管理和新产品研发上的一个个成果显而易见，客户订单在几个月后开始逐步增加。

五象科技的困境在很多企业内都发生着，只是有的企业选对了方向，而有的企业仍然在迷途中徘徊。

选人就像选种子，绩效高低在选人的时候就决定了，优秀的人才会比平庸的人创造出更加优良的业绩。乔布斯提出，最优秀人才和其他人之间存在着巨大的差距，他认为，“最好的和最差的出租车司机搭载你穿越曼哈顿，二者的差距可能是 2∶1，最好的司机 15 分钟就能把你送达，最差的可能得半小时。”

选择合适的人比制定科学的绩效管理工具更加重要。然而，大多数企业只希望通过建立一套完善的绩效管理体系来提升员工绩效，关注点局限于日常事务的管理，试图用管理手段去解决人的问题，反而要花更多的时间解决不合适的人带来的问题。

团队绩效需要先公后私的团队

选人如此重要，以至于要实现团队绩效，首先要做的不是设定目标或设计评估机制，而是选择有利于实现团队绩效的“种子”，打造支持团队绩效实现的团队。

阿里巴巴“中供铁军”的打造

阿里“中国供应商直销团队”（亦称中供铁军）成立于 2000 年 10 月，是推销阿里巴巴 B2B 业务的销售员，通过电话、上门拜访等方式，开发、服务客户。该团队培养了国内 O2O 战场的众多 COO，号称中国电商的“黄埔军校”。

在组建之初，阿里巴巴宣称，招募直销员的原则是：企业文化第一，价值观第一，然后才是能力。马云认为，价值观比销售经验重要，“你可以带来客户，也可以带走客户，如果你不能接受阿里巴巴的价值观，不能和阿里巴巴的团队配合，即便你能带来100万元的销售收入，阿里巴巴也不要。”

中供新进的销售岗位员工都要接受新人入职培训，马云将其命名为“百年大计”。受训阶段，新员工会在文化价值观、产品知识以及销售技能三个方面接受全方位培训和学习。培训体系最明显的一点，就是价值观在整个培训体系中的比重很大。马云和关明生主讲公司使命、方向和价值观，彭蕾主讲公司发展历史，孙彤宇和李旭晖主讲销售技巧。

怎么保持他们的冲劲儿呢？通过建立彻底的分享机制，即老帮新、主管帮员工、上司帮下级，不但传授经验技巧，而且给资源、带上门，创造了一个良好的团队氛围，同时个人产生了对企业的归属感。

阿里巴巴的这个早期销售团队之所以被称为“中供铁军”，就是因为其团队整体的凝聚力与战斗力。这样的团队在构建之初，就以价值观作为选人的标准，并且在构建起团队后既有明确目标的引导，又有对于内部分享、帮扶的要求，让所有成员既充满冲劲，又能快速掌握必备的技能。

团队绩效要求团队中的每一个人把公司目标或团队目标作为工作的首要任务，支持以团队目标实现作为首要依据的激励方式。这要求团队中成员彼此信任，资源共享，能够保持紧密合作，愿意及时给予对方必要的支持；以团队整体的利益为先，当个人利益与集体利益发生冲突的时候，能够从维护集体利益的角度出发做决策；不纠结于眼下的利益，能够从长远角度支持团队的战略规划及举措。

总结以上要求，当团队成员具备团队协作、全局意识以及眼光长远的素质时，更有利于团队绩效的实现。具体如图3-1所示。

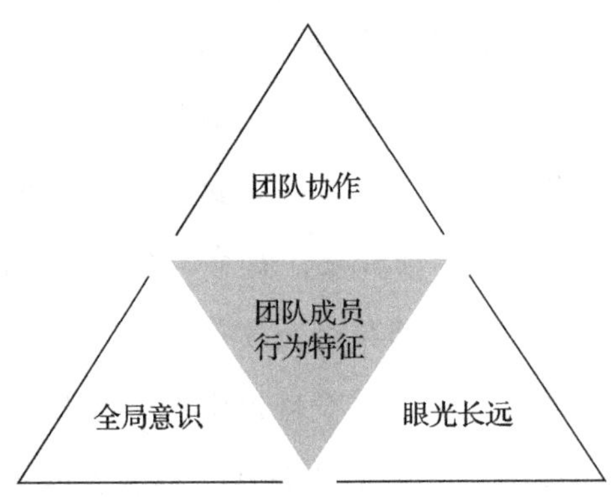

图 3-1　团队绩效需要的团队成员行为特征

行为特征一：团队协作

团队协作，是指通过团队完成某项任务所显现出来的自愿合作和协同努力的精神，在具备团队协作精神的团队中，每一个成员相互信任，随时补位，信息共享，保持紧密的合作以实现团队目标。

团队协作能够助力团队绩效管理模式的推行，提升团队整体绩效，这似乎是不证自明的道理。但在企业日常管理中，却存在很多没能做到团队协作的情况。

- "这项工作跟我们关系不大，我们提供不了什么帮助。"
- "部门间分工非常明确，我们都把自己的事情做好就行。"
- "工作需要明确到个人，大部分情况下不需要合作。"

以上是团队员工或者管理者对于协作的消极态度，如果团队存在这样的成员或意识，那么团队绩效就很难实现。

团队协作障碍导致业绩下滑

蟠龙商业银行是一家发展中的小型商业银行，依托当地多年深耕的客户资源，资产质量、经营业绩以及主要核心监管指标等均已跨入优秀商业银行的行列。然而，近几年，蟠龙商业银行存贷款业务提升出现瓶颈，客户投诉率也不断上升，客户在不断流失。

究其原因，是客户经理在团队协作上出现了问题，主要表现在以下几个方面：

（1）**补位意识较弱**。忙碌的客户经理受精力限制，无法进行细致的贷前调查时，其他较为清闲的客户经理并不会提供帮助与支持，致使业务营销、客户服务和风险管理的质量均大大下降。

（2）**不愿意分享资源**。资历较老的客户经理，掌握着大量客户资源，不愿意分享给团队成员，自己无法服务到位，出现部分客户流失。

（3）**不愿意辅导他人**。银行安排资深客户经理作为导师，辅导、培养新加入的客户经理。但资历较老的客户经理并不愿意分享自己的经验，更多是安排新人琐碎的执行工作，新员工能力得不到培养，客户开发与服务能力都有很大的欠缺。

经过调研得知，因业务发展需要，近期蟠龙商业银行的人员规模快速扩张，选人的标准没能得到有效的执行，团队整体价值观意识和能力都有明显降低。此外，公司为配合业务的快速发展，开始实施面向个人的绩效考核，客户经理从合作模式进入竞争模式。

有团队的地方就有协作的要求，而团队绩效要求团队中的每一个人，把公司目标、团队目标作为工作的首要任务，相互配合、相互成就。团队成员更多聚焦自己的利益，忽视团队整体的目标，不愿辅导他人成长、不愿分享自己的资源，就无法形成紧密的合作。此时，达成的是个人目标或小团队目标，而不是公司或大团队的整体目标。

极端情境下的团队协作

在9·11事件中，美国多个部门发挥了团队协作的巨大力量，采取了非常成功的营救措施。

在这次紧急任务中，纽约市、华盛顿特区、宾夕法尼亚的消防、急救和警务人员一起工作，建立了家人般的信任。他们在争分夺秒的救援中团结一致，为着共同的目标“保护他人的生命和自由”，在极度危险的情况下，相互监督自己的同伴担负起责任，并随时进行补位，提供自己的帮助，因为他们知道，假如任何一位成员没有尽到自己的责任，都会造成生命的损失。最终，成千上万的人成功地从纽约世贸中心及华盛顿的五角大楼撤离。

在极端情境下，似乎更容易达成团队的协作。但团队协作并不必然在极端情境下发生，重要的是能够明确标准，选择那些真正有团队协作意识的成员，让他们组成高效的团队。

以分级行为描述形式，形成团队协作的画像，可以有效识别员工是否具备团队协作意识。表 3-1 对应的行为分级描述对团队协作的行为特征做了较为全面和直观的解释，也能更好地帮助区分团队协作的高绩效行为和低绩效行为。

表 3-1　团队协作行为描述

分级	行为描述
待发展（0～1分）	猜忌他人，不愿分享，较少协助他人完成团队工作
合格（2～3分）	信任他人，愿意分享，愿意协助他人完成团队工作
优秀（4～5分）	开诚布公，主动分享信息和资源，主动协助他人完成团队工作
卓越（6～7分）	正面地影响团队，营造高效的合作氛围，提升团队凝聚力

行为特征二：全局意识

全局意识，是指能够从团队整体的利益出发，站在全局的角度看问题、考虑解决方案并做出决策。相比于团队协作，全局意识似乎是一个更高阶的要求，但是在团队绩效管理模式中，需要具备全局意识的成员，需要团队表现出全局意识的特征。但缺乏全局意识的表现在企业中却很常见。

“会议中大家几乎从未达成过一致的意见，没人关注公司整体的目标，都在为自己的局部利益争吵，不愿意为公司目标的实现而牺牲个人或本部门的利益，整个会议进度缓慢……”

“大家思考问题的角度都是单向的，站在自己的角度上，却看不到公司现状的全貌。”

整个团队无法从团队整体目标出发，不愿为团队利益做出个人牺牲，必然会降低团队运作的效率，影响团队目标的实现。当缺少“团队整体”意识的时候，所谓的团队绩效也就无从谈起了。

无人承担的指标

横林公司又到了确定下年度绩效指标的时候。

不知道哪里出了问题，交期成了公司的新挑战，因不能按时交付，公司的订单量明显受到影响。公司在考虑是否需要设置一个新指标——交货及时率，但在讨论这个指标的时候，销售部、采购部、生产部及设计部吵得不可开交。

生产部：“我们不能背这个指标，只要采购产品到货、设计部将设计图稿给到位，我们生产肯定是百分百及时，每次延误都是因为采购物品不到，或者设计部给到的图纸过晚。”

设计部：“我们根据商务提供的信息进行图纸的修改，客户提出修改需求，我们也没办法控制，这不能作为我们承担责任的理由吧?”

采购部：“这个指标我们部门也没办法承担，现在考核我们肯定是0分，明摆着是扣分，现在靠我们采购的力量这个问题解决不了，销售人员和客户签订交付日期的时候从未考虑过采购的周期，只为了拿到单子。”

商务部：“签订合同时确定这个周期我们是考虑过的，竞争对手能做到比我们更短周期的供货，为什么我们不能？我们把订单拿回来，交付还要我们来负责吗？”

横林公司四个部门所争论的，本不应该是一个指标承担的问题，而是一个公司层面的发展问题，交货及时性得不到有效提升，会直接导致公司整体业绩的下降。一旦各部门脱离了公司价值这个全局，开始站在自我的利益上思考，就成了这样的局面——互相推卸，避之唯恐不及。缺乏全局意识无法实现团队目标，事实上，没有哪个部门或个体能够脱离其他部门和他人而独立存在。

具备全局观念的团队成员，能够在个人工作和整体目标出现矛盾时，思考自己的工作对于整体目标的意义，愿意调整自己的目标甚至牺牲个人利益确保团队目标的实现。他们具备集体利益为先的视角，易形成利益共同体的心理。

表3-2对应的行为分级描述，能够帮助我们对全局意识的行为特征有更加全面和直观的认知，也能帮助区分哪些是具备全局意识的员工。

表3-2　全局意识行为描述

分级	行为描述
待发展（0～1分）	对企业战略目标理解不够明确，通常只为自己或所在部门的利益考虑
合格（2～3分）	对企业战略目标有基本的了解，并以此为基础安排工作，能将企业看成一个整体
优秀（4～5分）	对企业战略目标有准确的理解，并以此为出发点，安排各项工作；决策时能从整个公司通盘考虑；能顾全大局，愿意为整体目标做出贡献
卓越（6～7分）	一直从组织整体的角度考虑问题；对企业战略目标了然于胸，并有详细的实施步骤；倡导团队间精诚合作，为企业无私奉献自己

行为特征三：眼光长远

眼光长远，是指不局限于一时的利害得失，而是从长远价值的角度考虑问题、做出决策。具备长远眼光的人，不过于纠结眼前的利益，他们愿意为长期价值而付出更多；具备长远眼光的人，他们对内外部环境保持敏锐的洞察，清醒面对市场变化，能够支持甚至参与制订企业长期战略规划。

相比于团队协作与全局意识，眼光长远在企业发展中的价值与难度似乎都进一步加大了。事实上，在企业的管理中，也确实存在众多眼光短浅的认知与行为。

“如果不把员工的工作与月度绩效挂钩，恐怕大家都不会好好干。”

“我们投入太多时间在做内部管理、培养人，我们还是要先做业绩，业绩好了再考虑这些事吧。”

“现在挺好的，为什么要牺牲大家的利益，进行转型或者变革呢？”

整个团队中成员只顾及眼前利益，不愿意考虑未来，不愿意参与战略的制定与规划，不愿意面对市场的变化，不愿意接受因变化而导致自己眼前的利益受损。这些缺乏长远眼光的人，与团队绩效管理模式的落地是背道而驰的，难以推动团队绩效的持续提升。

推进困难的区域轮岗

新坊公司是一家电子元器件研发、制造和销售公司，公司近些年积极拓展海内外市场，与众多优质客户建立起稳定的合作关系，业务辐射至东南亚、欧洲、美国等地区。

为提升公司业务拓展综合能力，公司决定实施区域销售经理的区域轮岗。通过让销售经理接触多样化的客户，加强他们对其他地区业务的了解，学习针对不同地域客户的销售及服务技巧。

从短期看，让销售经理们去面对一个陌生区域，会导致个人及公司整体业绩的波动。从长期价值看，培养熟悉多区域业务的销售团队，能够增强公司的业务拓展能力，同时也能够通过新人员的加入，让每个区域的市场空间得到再次挖掘。

轮岗实施过程并不顺利，多位管理者从短期利益的角度提出反对意见。

“美国市场我做了这么多年，非常熟悉了，现在换个新人来，会影响业绩的。”

“东南亚市场一直没有太大起色，浪费了那么多人力、物力，何必再调换一个人去开发呢？”

“培养人的价值是很难看得见的，但眼前的收益影响会很快显现。”

因众人的反对，区域轮岗工作一拖再拖，直到拓展新市场时，没有能力突出的市场开拓人才可派，才认识到之前工作的缺失。

企业为了应对变化的市场环境，常常需要在决策时选择有益于长远的战略。利于长期目标的团队绩效，短期可能会影响部分人员的利益，因此团队需要由具备长远眼光的成员组成。当团队成员缺乏长远眼光时，就很容易因眼前的利益而犯错，不能顺应市场环境的变化，最终会损害组织能力。

20 世纪 90 年代，在微软管理层普遍忽视了互联网发展的价值时，公司的三位程序员，以长远的眼光看到了互联网的未来发展趋势，于是利用内部电子邮件宣传互联网的重要性，最终引起比尔 · 盖茨的重视，让微软不至于在互联网时代掉队。可见，能够做到眼光长远的很可能只是普通员工，或者是在某个领域有所专长的专业工作者。但在内部管理中，企业会对层级较高的管理者提出更高的要求。在企业实现目标的过程中，如何取舍就是战略上需要决策的事项。作为团队的领导者，需要跳出日常琐事的束缚，以更高、更远、更广且更有落地性的方式去思考和决策，这就需要领导者拥有更为长远的战略眼光。团队成员具备长远的眼光，能够更好地理解战略，执行效率将会大大提升，而这些成员也因此拥有更多的机会发展自我。

通过学习表 3-3 中的行为描述，可以对眼光长远的行为有更全面和直观的认知，能够更容易筛选出那些具备长远眼光的人才。

表 3-3　眼光长远行为描述

分级	行为描述
待发展（0～1 分）	只顾眼前私利，无法针对市场变化支持团队未来战略规划及目标
合格（2～3 分）	能够兼顾长短期利益，关注市场变化，支持长远战略目标和路径
优秀（4～5 分）	愿意为了长远价值而牺牲短期利益，对市场变化较为敏感，根据外部环境灵活调整目标及规划
卓越（6～7 分）	以长远利益为先，精准把握市场，基于长远目标高效推进战略转型

打造先公后私团队

团队协作、全局意识、眼光长远三大行为特征，与先公后私者的特征有诸多契合之处。所谓先公后私，是指先集体后个人，先考虑他人和集体利益，以集体利益为重，在一定条件下个人利益服从集体利益。

先公后私的人会表现出两大行为特征：

- 利他——使别人获得方便与利益，尊重他人利益。
- 心怀远大目标——心中有超越自我，为他人为集体谋利益的远大志向。

先公后私的人是利他的且集体利益为先，更愿意为了集体价值最大化而与他人或其他团队协作，先公后私的人也更愿意从全局、从更高层面去考虑问题，承担整体的目标与责任。先公后私的人心怀远大目标，更有可能超越当前的利益之争，将眼光放长远，为了未来的整体价值而放弃眼前的私利。

先公后私人的精准画像如表 3-4 所示。

表 3-4　先公后私人的精准画像

素质一：把长远利益和公司整体利益放在第一位	
1	重视长远利益，当公司面临短期利益而有可能损害长期利益，并且短期利益对个人是有利的时候，能够坚守长期利益，不向影响短期利益的行为妥协
2	维护公司整体利益，当公司利益与局部利益出现冲突时，即使个人利益会因局部利益改变而获益，也会从维护公司整体利益出发做出正确的决策
素质二：公司的成功高于个人的财富和名誉	
1	为了追求卓越，坚持选用卓越的人才，不任人唯亲
2	将雄心壮志倾注到公司上，为团队的成功培养接班人，当遇到比自己更优秀的人时，能主动让贤并提供条件让接班人带领团队持续取得更大的成功
素质三：令人折服的谦逊	
1	不以自我为中心，经常发现和赞美他人做出的贡献，不会因过强的自我意识而影响工作的开展
2	不以过往的贡献向公司提出额外的利益诉求
素质四：永不放弃的决心，做应该做的事情	
1	为了使工作走向卓越，甘愿做任何事情
2	为了追求卓越，树立远大的目标，并持之以恒
素质五：成功时看窗外，失败时照镜子	
1	当一切都很顺利的时候，从窗口向外看，把功劳归于自身以外的因素，如果找不到特定的人或事，就把功劳归于运气
2	当不顺利的时候，会朝镜子里看，检讨自己，承担责任，而不是埋怨运气不好

总结先公后私人的画像，可以找到其与团队协作、全局意识、眼光长远这三个行为特征更好的关联点（如表 3-5 所示）。

表 3-5　先公后私画像与团队绩效团队行为特征对应表

先公后私画像	团队绩效的团队行为特征
素质一：把长远利益和公司整体利益放在第一位	团队协作 全局意识 眼光长远
素质二：公司的成功高于个人的财富和名誉	
素质三：令人折服的谦逊	
素质四：永不放弃的决心，做应该做的事情	
素质五：成功时看窗外，失败时照镜子	

选择先公后私的人，就更有可能表现出团队协作、全局意识、眼光长远这三大行为特征；让一群先公后私的人组建成先公后私的团队，才更有可能成功实施团队绩效管理模式的转型。

坚决执行达成共识的目标，打造先公后私的团队。吉姆·柯林斯在《从优秀到卓越》中提到，“一方面，在寻求最佳解决方案上，他们会争论不休，坚持己见，甚至有暴力倾向；另一方面，一旦有了决定，他们就会服从决定，绝不计较个人得失。”在做出决策后，不打折扣地执行已经做出的决策，所有的团队成员都会以最终决策作为行动的指南。一旦构建起这样的文化，就更容易将先公后私的个体组建成先公后私的团队。团队负责人需要做的，是构建与强化执行目标共识的机制，营造执行目标共识的氛围。

建立多方共同决策机制，打造先公后私的团队。面对重大的决策时，充分听取成员的建议，收集充分的信息，以做出最合适的决策。让团队成员参与决策的讨论，听取每个人的建议，不仅能够激发个体主人翁意识，积极为团队出谋划策，而且，团队成员多角度的建议更有利于提升决策的准确性。团队负责人需要做的，是在团队的决策机制中，强化多方参与，并调动起团队成员参与决策、提供辅助信息的动力，让每个成员在团队中体现出价值。

创造知识共享氛围，打造先公后私的团队。鼓励内部的信息和知识的分享，创造机会让成员之间加强信息、知识、技能方面的交流。不论是通过共享平台、分享会还是专门的内部培训，任何一种知识的分享都可以帮助抹平内部的“技能洼地”，让新人更快地融入团队，团队内部的协同性有明显的提升。团队负责人需要做的是为知识的分享提供机会，推动所有的团队成员积极分享。

淘汰“独狼”

“功臣”带来的烦恼

顺威装饰是一家集设计、施工于一体的建筑装饰公司，成立十年，已成为当地龙头企业。在外人看来，顺威装饰是一家很有发展前景的企业，然而公司创始人张明却正在为面临的用人问题苦恼。

“一批老销售，让我们在管理中伤透了脑筋，不知道咋管理！”张明如此诉说。

“第一个是销售总监李亮，说是总监，其实大客户的销售还是我和我们副总来做。因为他有一些历史贡献，所以给了个职位，希望他能带带队伍。”

“他销售上还是有经验的，但管理上不愿投入，从来不带新人，拜访客户都是自己去。我跟新人聊，得到的信息是，除了安排任务外，他没跟下属做过其他交流。”

“下面的好几个老销售员，不知道是不是受他的影响，工作风格跟他一样，各干各的，不带新人，资源牢牢攥在自己手里，但这些资源哪是他们的资源啊！”

“确实都做出过贡献，现在好像都把自己当‘功臣’了。但是你知道其他员工怎么议论他们吗？这还是我的助理告诉我的——哪是啥功臣，都是‘独狼’。”

很多企业家或管理者都面临着跟顺威装饰一样的烦恼，他们的企业中或团队中存在着“独狼”，给公司、团队的发展带来了危害，却不知该如何处理。

“独狼”的特征

所谓“独狼”，是指那些将资源攥在自己手上，不愿意团队协作，喜欢单打独斗，只关注眼前利益的人。具体表现为：不愿意承担公司赋予的管理责任，不愿意辅导新人，不愿意分享经验……

“独狼”将追求私利作为动力的源泉，不愿培养下属，其行为特征与先公后私的人表现出的行为特质恰恰相反（如表 3-6 所示）。

表 3-6　“独狼”与先公后私员工特质对比

对比维度	“独狼”特质的个体	先公后私的个体
动力源泉	追求私利	为公利他
合作方式	独立作战	团队协作，共同作战
追求利益方式	立足眼前，追求短期利益	着眼未来，追求长期利益
培养他人	关注个人成长	关注个人和他人共同成长，乐于提供帮助

阿里巴巴将每年的人才盘点中“业绩尚可、价值观低”的人员称为“野狗”，这类人员虽然业绩不错，也能看到做出的贡献，但不认同公司价值观，甚至做出违背公司利益的行为。他们的存在不但无法为团队增值，反而会破坏团队的协作，与“独狼”可以归为一类。

如果说先公后私者是企业的资产，能够促进团队绩效的实现，那么过于强调个人主义的“独狼”则是企业的负资产，不仅不能促进团队业绩的提升，还会给公司带来较为负面的影响，削弱团队协作。企业只有把“独狼”剥离出去，并对先公后私的人加大激励和培养，才能使企业资产保值和增值。

“独狼”易于生存的情境

很多企业为了一时的发展，明知“独狼”危害巨大，却没有加以控制，甚至还为“独狼”创造了易于生存的环境，这是企业需要注意并加以规避的。以下几种情况下的企业，尤其需要警惕“独狼”的存在。

创业企业求生存。很多企业在创业时期，为了生存，设置了各种面向个体的业绩奖励方式，却没有配套的规范机制，这是企业内“独狼”行为开始出现并得到强化的起点。这个时期，企业所有激励资源都向带来业绩的个体员工倾斜，通过设置提成、市场开拓奖、客户续签奖等方式，让那些拿到业绩的人能够获得高薪、晋升和荣誉，甚至不惜给出股权。在这样的环境中，强化的是为了高薪、高回报的个体业绩最大化行为，而不是公司整体利益最大化。“独狼”为了自己短期的利益，不惜以不正当的方式获取业绩，甚至做一些有损公司品牌形象的事情。越是极端依赖“独狼”的企业，越是难以走出创业的艰难期。

抢占市场份额。在与竞争对手激烈竞争、抢占市场份额的关键时期，企业也会对“独狼”有更大的包容度，或者是忽略“独狼”的危害。与创业期类似，这个阶段的企业为了快速扩大市场规模，也会设置很多个体导向的激励机制，寄希望于抢占市场后再做调整。但实际上，“独狼”带来的危害可能远远大于抢占市场带来的价值，这样的抢占市场模式本身就是不可持续的。

企业没能塑造组织能力。如果企业没有搭建起先公后私的销售团队、研发团队、生产运营团队，企业的增长往往就依赖于某个拥有某种特长的个体；如果企业没能构建起自我成长的能力，就只能依赖于短期的个体激励去刺激成长；如果企业没有构建起团队自我优化的机制、文化，那么与价值观不匹配的人和行为就更容易出现。所以，在过了创业生存期、市场抢占期之后，企业如果没能塑造组织能力，就更容易被“独狼”伤害。

坚决让“独狼”离开

淘汰“独狼”，不是一个技术性问题，而是认知与决心的问题。

企业家或管理者在面对这个问题时，最常有的纠结是：

“我知道他是不合适的人，但是他的职位暂时没有合适的人能够接替，他离开了对企业运作会造成损失。”

“虽然价值观不符合，确实也很难跟同事协作，但毕竟他还在贡献业绩……”

对于这种用人上的纠结，吉姆·柯林斯早就给出了答案，他认为，秉持先人后事观点的标杆公司在选人用人上严格遵循着几个用人原则。

原则一：宁缺毋滥。

原则二：一旦发现换人之举势在必行，就当机立断。

原则三：如果发现某人非要严加看管，那你一定是用错人了。

原则四：卓越公司人员的去留有两个极端，合适的人在车上待得很久，不合适的人匆忙下车。

面对“独狼”，应当坚持宁缺毋滥原则，宁愿由合适的人来兼任他的职位。

（1）上级向下兼任空缺岗位，积极寻找合适继任人选。

（2）下级或平级人员扩大工作职责，上级带教培养胜任能力。

卓越公司都在坚持淘汰不合适的人，引进合适的人，保持组织的活力。

马云曾在湖畔大学的课堂上提到，为了保持一致的价值观，阿里巴巴曾在一个大年三十的晚上“狠心地”开掉了一名高管。马云对此的回应是，开除人，“心要善，刀要快”。

华为创始人任正非强调：“注重个人成就感的人，不能当干部。”对于干部来说，更重要的是把自己的部下源源不断地培养成“英雄”，而不是自己去当“英雄”，所以，领导者要淡化个人成就感。通过淡化早期引领华为发展的个人英雄主义色彩，华为逐渐发展为职业化管理的企业，组建起依靠组织能力发展的团队。为了实现这一点，任正非亲自主持高层干部的任职资格评定工作，以此让高级干部进一步认识到，个人能力是有限的，只有聚集团队的力量，才能做出更好的成绩。

一旦发现换人之举势在必行，就应当机立断，及时止损。如果发现“独狼”却没有当机立断让其离开，那么团队绩效管理模式便无法实施，团队绩效的提升也是空谈，最终会导致企业与个人的双输。

小结

绩效高低在选人的时候就决定了。我们发现实施团队绩效管理模式的团队行为特征包括：内部协作意识高，全局意识强，眼光较为长远。这些行为特征与先公后私的行为特征不谋而合，因此，实施团队绩效管理模式，需要由先公后私的人组成先公后私的团队。

企业中的“独狼”背离了先公后私的行为特征，他们更多是从个人价值的角度选择行为模式，拒绝合作，也不愿意分享知识与经验，不愿意带教新人。在企业的创业生存期和快速发展期，尤其要警惕“独狼”的存在。随着企业的发展，应该迅速塑造企业的组织能力，消除“独狼”生存的土壤。一旦发现“独狼”的存在，理性的选择应该是当机立断，请其离开。唯有一开始便做到这样，才能让企业的成长事半功倍。

关键发现

- 绩效的高低在选人的时候就决定了。
- 团队绩效管理模式的团队行为特征：团队协作，全局意识，眼光长远。
- 团队绩效管理模式的实施需要先公后私的团队。
- “独狼”是企业的负资产，需要及时将“独狼”剥离出组织。
- 淘汰“独狼”，心要善，刀要快。

Performance Reconstruction

——第四章

达成共识，力出一孔

认同的准确比绝对的精确更重要。

——李祖滨

“你了解的公司战略目标和发展方向是什么？”

这是我们在企业调研中，必然会问到的问题。一般出现的场景是，董事长总能够对战略侃侃而谈，高层管理者仅能讲出战略的小部分，中层管理者讲出的战略更少，基层几乎无法讲出企业的战略。大家对战略的理解与公司的战略存在着较为明显的差异。

彼得·圣吉（Peter Senge）提到，“即使企业的领导者已有一个十分清晰的战略，但他仍然缺乏与所有员工分享战略的机制。”

战略无法达成共识似乎成了一个普遍性的问题。

战略共识是力出一孔的必要条件

“利出一孔，力出一孔”是华为一直在强调的管理导向，也是华为在管理上的竞争优势所在。在实际的管理中，团队绩效要想有效实现“力出一孔”，需要完成两项基础工作：一是明确战略与目标，二是达成战略共识。

明确战略与目标

德鲁克在《管理的实践》中提到：

“任何一个其绩效和结果对企业的生存和兴旺有着直接和举足轻重影响的领域，都需要有目标。企业绩效要求的是每一项工作必须以达到企业整体目标为目标，尤其是每一位管理者都必须把工作重心放在追求企业整体的成功上。期望管理者达到的绩效目标必须源自于企业的绩效目标，同时也通过管理者对于企业的成功所做的贡献，来衡量他们的工作成果。管理者必须了解根据企业目标，他需要达到什么样的绩效，而他的上司也必须知道应该要求和期望他有什么贡献，并据此评判他的绩效。”

德鲁克很清晰地阐述了绩效与企业整体目标的关系，也说明了企业拥有明确目标的重要性。

从本质上说，战略就是实现企业整体目标的方案。罗伯特·卡普兰和大卫·诺顿在《战略地图》中提到：“战略不是一个独立的管理系统。将高高在上的企业使命陈述变成一线和后勤员工可执行的工作是一个逻辑上的连续统一体，战略就是其中的一环。”他们提出战略地图和平衡计分卡的概念，有效明确战略目标及战略路径。

每年设定战略目标，通过每年一次的战略会议，研讨公司发展战略与目标，成了很多企业的必选动作，为很多企业取得成功做出了贡献。

达成战略共识

战略共识比战略本身更能够帮助达成目标。很多企业认识到战略目标的重要性，但是在设定战略方向与目标时，往往误入歧途：追求方向与目标的绝对精确。

我们一直坚持并不断地向企业家和管理者传递这样的观点："认同的准确比绝对的精确更重要。"战略工作最核心的部分，不在于战略制定有多么精确，而是如何让公司全员达成共识。对战略的共识，需要让每个员工都清晰了解公司的战略及目标，知道对自己的工作要求，以及自己的工作与公司战略、目标的关联。

战略不是董事长脑海里的想法，战略的关键是将董事长的想法转化成战略共识。为了能够让战略成为每个人的日常工作，在制定战略目标的时候要让更多的人参与进来，让更多的人表达自己的观点；在战略传播的过程中，要让大家从尽可能多的渠道接收到战略的信息，从而凝聚更多人的共识。一个明确的、经过充分沟通的战略，能够指导员工在做决定时，清楚应该选择做什么与选择不做什么。只有如此，战略在执行过程中才能很好地落地——战略执行不是自上而下的命令，而是充分的沟通过程。

有效的战略沟通，能够让不同层级的员工充分接收到战略信息。针对中高层管理人员及核心员工，邀请他们参与战略共识研讨会，围绕战略内容坦诚地沟通，唤起主人翁意识，在战略的顶层设计上达成共识；针对其他员工，战略信息需进一步向下传递，通过计划管理、年度 / 季度会议、战略信息载体等方式，最终将战略传递到每一位员工，让全体员工在战略执行层面达成共识。

原通用电气中国副总裁许正讲道，"战略的制定过程看起来是理性的、技术的，但实际上，它是感性的，是一个让大家达成共识、凝神聚气的过程。"这道出了战略共识的真谛。

当然，战略共识不仅仅局限于战略目标。在从战略目标确定到落实至全员行动的过程中，需要对企业的愿景、使命、价值观、战略规划、优势和差距、关键任务举措、衡量指标等内容达成共识。

开好战略共识研讨会

开好战略共识研讨会，让中高层真正参与每一个环节，群策群力发挥团队智慧，弥补少数人在战略洞察方面的不足，最终达成一致的认知并执行，这是共识的核心。

阿里集团学术委员会主席、湖畔大学教育长曾鸣曾在接受采访时说道，

“企业大的战略方向还是要由领导者确认。然而在现在快速变化的环境中，战略共创给我们提供了一个最好的共同学习的平台，它让各个业务部门对市场的反应更灵敏。可以说，战略共创是每年阿里战略制定方法的一个非常重要的补充，它不拘泥于传统的战略规划流程，它可以让核心团队快速聚焦到最重要的问题上，让组织的反应更快，特别是推动一些重要的战略变革的时候。”

战略共创，过程比结果更重要。企业高管需充分参与战略规划、分解全过程，保证对战略目标及执行方式理解一致。同时，高管进行战略研讨，能够培养中高管战略思维，让中高层主动深入思考企业的使命、愿景，梳理企业未来发展方向，完成企业发展的顶层设计，制定系统的落地措施，让企业在未来的三到五年内有明确、清晰的发展路径。

一场全面的战略共识研讨会，涉及对市场环境的分析、对自身优劣势的盘点及对未来的规划等。战略研讨会一般安排在每年10～12月，企业的中高层参与会议。我们将会议过程总结为八步——市场洞察、发现优势、共启愿景、明确战略、寻找差距、关键举措、确定指标、指标分解（如图4-1所示）。

在实践中，聚焦于对战略达成共识，结合企业实际情况，每一场研讨会并不必然完整实施这八个步骤。综合考虑可提供的研讨时间、企业管理层对于企业优劣势的理解等，有些步骤可以省略，有些步骤也可以后续单

独沟通讨论。

图 4-1　战略共识研讨会八大步骤

战略共识研讨会小贴士

组织一场战略共识研讨会，首先要对参加人员进行筛选。一般参加研讨会的人员，为公司的高管与各部门、事业部负责人，对企业发展影响较大的企业核心业务人员、技术人员，总人数20～40人为宜。

确定下来人员，接着是对参与人员进行分组。分组原则是，尽量将不同部门、不同业务单元的人员分为一组，将老员工与新员工进行交叉组合，每组6～8人。每组选择组长1名，负责讨论的引导及记录整理。组长原则上不能是本组最高级别的管理者，目的是让参与者忘掉职位，全身心投入到研讨中，平等发表自己的看法和见解。

战略研讨会一开始就向全体参会者提出“敞开心扉”的要求，并宣讲研讨期间的一些基本规则。

（1）充分投入：研讨期间上交手机，研讨期间不随意走动、外出。

（2）人人平等：所有人暂时抛开自己的职务，平等地发表意见。

（3）全局意识：所有思考都应当以公司长期的、整体的利益为重，抛开本部门和个人的利益。

（4）建设性想法：鼓励所有人发表建设性的、可落地实施的建议和想法。

（5）思维聚焦：聚焦在方案内容本身进行讨论。

（6）见解无专利：他人发表意见时不打断、不质疑、不跑题、不反对，鼓励综合数种见解或在他人见解的基础上进行发挥。

当然，申明规则的方式，对于彻底打开心扉还不够，在开场时很好地“破冰”、调动气氛非常重要。主持人或引导者可以选择一个轻松的热身话题，帮助打开心扉，活跃现场气氛，让参与者处于一种轻松的状态。

第一步：市场洞察

VUCA 时代，企业需要在变化中抓住机会，这对外部市场的洞察愈发重要。马丁·里维斯（Martin Reeves）等人的研究表明，成功做到将战略与商业环境相匹配的企业与没做到的企业相比，其股东总回报高出 4%～8%。

因此，战略共识研讨会第一步是向外看，分析企业外部环境。

市场洞察环节，核心在于让中高管对外部环境进行分析、研讨，收集不同视角的意见，最终达成统一的认识。对企业面临的宏观环境动态、行业趋势、竞争态势等基本数据的收集、甄别与分析，是形成市场洞察的基础，但不是市场洞察本身。洞察是基于一个人对于该行业发展的历史与关键事件的深刻理解，形成的对于未来的精准判断。这种判断基于完备而准确的信息，更基于一个人的洞察力与判断力，对于做出判断的人有极高的要求。通过团队研讨的方式，可以弥补个体在洞察方面的不足，同时能够有效培养中高管的市场洞察力。具备市场洞察力的管理者，能够发现别人忽略甚至从未看到过的机会、优势，促进组织持续审视外部环境，调整战略方向，以应对不可预知的挑战。

为了提升市场洞察的精准度，也让管理者有更为结构化的辅助思考工具，迈克尔·波特（Michael E. Porter）等战略专家及波士顿咨询集团（BCG）等机构提出了五力模型、波士顿矩阵等工具。很多企业还会总结本公司进行市场洞察的工具，华为的“五看三定”模型就是其中的代表。“五看三定”模型中的“五看”就是对外部环境的分析、研讨及洞察。

华为“五看三定”

华为的“五看三定”模型是一套系统的战略管理方法，对企业战略的制定具有重大的价值。华为连续十几年在战略上成功抓住业务机会点，与敏锐的市场洞察力密不可分。

通过“五看”，输出战略机会点：

- 看行业趋势。
- 看市场/客户。
- 看竞争。
- 看机会。
- 看自己。

通过“三定”，输出机会点业务设计和中长期战略规划：

- 定控制点。
- 定目标。
- 定策略。

“五看”具体解释如表 4-1 所示。

表 4-1 “五看”具体解释

五看	具体内容
看行业趋势	政治、经济、文化、社会等方面的变化与趋势，对企业未来的影响是什么
看市场 / 客户	客户是谁，客户买什么，需求是什么
看竞争	我们的竞争对手会有什么样的发展战略，它的定位是什么
看机会	我们在客户领域有什么样的投资机会
看自己	我们自身的优势与内在的不足有哪些

通过表 4-1 我们可以清晰地看到，聚焦于“五看”中的看行业趋势、看市场 / 客户、看竞争、看机会、看自己，可以系统梳理外部环境，通过共创研讨方式，收集不同视角和层级的声音与建议，形成精准的市场洞察。另外，“看自己”能够帮助深入剖析自己，明确自身对应于未来发展与外部环境的资源禀赋。在我们的战略共识研讨会中，一般会在发现优势、共启愿景、寻找差距等环节系统地审视内部环境。

第二步：发现优势

洞察外部环境，可以理解为企业发挥自身禀赋的空间，确定企业可以“冲锋”的边界；而“看自己”，理解自身优劣势，则是确定企业可以“冲锋”的资源和本钱。战略应该是两者——边界与资源禀赋的有机组合。

因此，战略共识研讨会的第二步是审视内部，发现企业目前的优势。

发现优势环节的核心，是通过共创的方式，找出自己在哪一方面相较于竞争对手更为突出，能够创造超出竞争对手的收益。与此同时，中高层管理者通过研讨的方式共同寻找出企业优势，能够帮助中高层建立对公司未来持续发展的信心，从而激发持续奋斗的事业雄心。

企业优势通常包括成本优势、资源优势、技术优势以及产品优势等。但在组织中高管研讨时，无须设定范围，避免使思维受限，在该环节一般我们会采用团队列名的方式讨论企业优势。

团队列名法是一种有效的共创研讨方法，先让大家充分思考、发表观点，并将观点记录在专门用的白纸上，然后小组内部进行初步讨论、确定，筛选出小组内认为最重要的6～8条项目。在各小组张贴并分享完本组的讨论成果后，每一位参与者需共同对现有讨论结果进行合并汇总，从讨论出的众多项目中，选择自己认为最重要、最符合实际的项目。根据大家的选择，确定3～5项选择最多、被大多数人认可的项目，作为最终的结果。

在发现优势环节使用团队列名方式能够让参与者充分投入到讨论中来，吸纳所有人的观点，最终通过多轮投票与筛选，凝练出3～5条大家共同认可的优势。

企业发现优势成果示例如表4-2所示。

表4-2　企业发现优势成果示例

序号	优势
1	持续20年的品牌影响力
2	完善的加盟商管理体系
3	丰富行业经验的精英团队
4	广泛优质的商场渠道资源

第三步：共启愿景

战略共识研讨会第三步是基于市场与公司自身的优势、禀赋，畅想未来，共启愿景，确定企业未来发展蓝图。

马克·利普顿（Mark Lipton）在《愿景引领成长》一书中提到：

“在众多战略规划失败的案例中，导致一个企业未能成功地实现快速增长的部分原因是组织过于依赖战略规划，而缺乏一个强有力的‘成长的愿景’。”

长期的战略源于愿景或者企业家的远大抱负，企业家需要将心中美好的愿景公之于众，让员工清晰了解鼓舞人心的愿景，实现思想和行动上的统一，从而能够适应多变的市场环境。

然而，中国的企业家们似乎更热衷于一心投入到公司当前的事业中，并没有勾画企业未来的愿景，更不要说公之于众了。这跟中国人表达上的含蓄个性有关系，也与很多企业家对于务实的追求有很强的关联。

藏在董事长脑中的愿景

2014年，在一个200多位企业家参会的论坛上，在其中一个互动环节，主持人邀请大家主动分享自己企业的愿景。问题提出来的1分钟里，现场的200多人无一人举手。沉默持续着，主持人再次询问有没有人主动分享时，一位女性企业家站了起来，打破这漫长的沉默。

“我叫周平，是一家以互联网积分为主营业务的公司创始人，其实我的脑海中一直有着明确的企业使命和愿景，今天想借此机会和大家分享。我们公司的使命是致力于为人类创造美好生活，企业的愿景是成为全球积分联盟领导者。我期望用10年的时间将企业规模做到20亿元，真正成为这个领域数一数二的企业。在这么多人面前分享我的蓝图还是需要点勇气的，因为作为一家年度销售额不足2000万元的小公司，提出这么宏大的愿景和使命，乍一听会让人感到痴人说梦。但正是这样的使命和愿景，支撑着我把业务逐渐做大，我坚信，我们的愿景一定能成为现实。”

话音刚落，全场响起了一阵热烈的掌声。

主持人紧接着抛出了第二个问题：“非常感谢周总的分享，我为您这种分享的勇气和雄心点赞。那您跟员工分享过您对未来的畅想吗？”周平停顿片刻：“您这一问，倒是难住了我，我其实很少分享我的愿景，在公司内部也没讲过，因为我认为他们并不会理解我的想法，我怕他们认为这只是一个狂妄的口号……”

在这个案例中，在座的200多位企业家并没有对周平遥不可及的愿景产生怀疑，反而报以热烈及肯定的掌声。这些企业家是真心表达鼓励和钦佩，甚至还有一些羡慕——不是每个人都有勇气这么做。从不完全的统计看，中国企业家对于未来的畅想、对于愿景蓝图的分享，不是太多了，而是太少了。

企业家敢于坦诚公布愿景已经迈出了成功的第一步，紧接着是邀请企业的中高层参与企业使命愿景的共创研讨，激发大家的主人翁意识，唤起与企业并肩作战的使命感和责任感。

战略共识的研讨中，引导大家用一幅画和几句话描绘盼望、期待、向往的目标和景象，是在愿景上达成共识的关键。

摩提工房：感性与理性并存的共启愿景会

摩提工房的董事长苏悦是一位在日本生活多年的企业家，凭借着敏锐的商业嗅觉，及对零售和餐饮行业发展潜力的洞悉力，将日本甜点引入中国，创立“摩提工房”品牌，填补了中国市场在这个领域的空白。经过多年沉淀，摩提工房构建起品牌知名度、全国近千家店铺的市场覆盖率及渠道等优势，摩提工房不断创建一个个自有品牌，从摩提工房、西树泡芙、和米堂，发展到拥有小宫山、诗立方、清潭洞炸鸡、T&C 扒房、彦悦山等十几个品牌，扩张速度很快，品类也越来越丰富，成为中国大型休闲食品连锁和加盟企业。

创业维艰，苏悦从创业初期便下定决心，既然创业，那么就要把企业做大做强，希望能够把充满幸福感的美味带给全世界，让每个人品尝到摩提工房食品的瞬间愉悦感。但是，忙于工作的苏悦，一直没有同自己的团队分享过内心深处的美好愿景。在访谈中，我们发现，摩提工房的高管团队对公司发展保持乐观的态度，但对公司未来蓝图却没有明晰的概念。

在战略共识研讨的共启愿景环节，苏悦和公司的中高层管理者分成三组，按照下面的要求，尽情发挥想象：

“如果我们齐心协力，如果我们全力以赴，如果我们希望的所有外部环境都令我们满意，如果我们希望的所有内部条件都具备，那请尽情想象我们的摩提能取得怎样的快速进步、怎样的优异成绩，成为怎样的优秀而伟大的公司，我们每个人会体现怎样的价值。请将盼望、期待、向往的目标和景象，画一幅图，用几句话描绘出来。”

发挥想象本身就足够令人振奋，在场的中高层管理者投入到热烈的讨论当中，天马行空描绘着摩提未来的宏伟图景。

“我们希望摩提在 2018 年 12 月 31 日前成为中国市值最高的轻餐饮企业。”

“我们希望摩提在 15 年后能够成为世界连锁餐饮集团，公司主打的三个品牌产品响彻世界。”

“我们希望摩提在 2099 年登陆各大星球，成为宇宙级最强餐饮集团。”

三位小组组长激情澎湃地表达小组成员对于未来的畅想，现场的气氛非常活跃。这样的讨论让苏悦始料未及，他从未想到过大家对摩提有这样的远大抱负。在各组展示完自己的愿景后，苏悦按捺不住激动：“今天我也想分享一下我对摩提的愿景，我们是一家提供多品牌产品的轻餐饮公司，我们的食物本身就是美好的代名词，我一直希望能够通过我们的努力不断提供不同的美味，让顾客对我们的食物恋恋不忘，带给消费者甚至全人类幸福……”

有了感性的畅想，接着是将想象中的画面落在理性的文字描述上。现场，大家开始细细打磨对于使命和愿景的表述——一轮轮的创意、推翻、再思考、再推翻。现场几位 90 后年轻人模拟目标客户，提出了他们的想法，借助他们的创意，确定了摩提工房对于使命和愿景的表述。

摩提工房愿景和使命如图 4-2 所示。

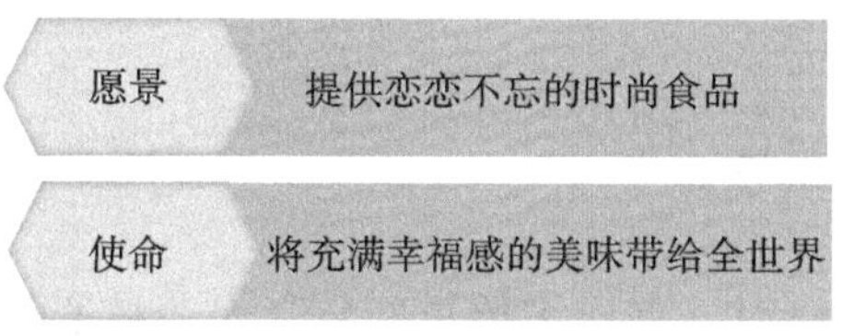

图 4-2　摩提工房愿景和使命

每次共启愿景的环节，都需要创造平等开放的场域，在这里，大家没有老板和员工之分；在这里，大家都是企业的主人；在这里，大家可以尽情畅想未来；在这里，大家都可以为公司的使命和愿景的理性表述献计献策。

第四步：明确战略

战略共识研讨会第四步是明确战略，确定企业未来的战略选择与目标。

陈春花曾在一次访谈中提及："决策跟执行必须合一。如果一项决策管理层认为是必须要做的，那么必须先和董事长达成共识以后才能去做。决策跟执行是不能分离的，如果分离，是管理的错误。"对战略规划达成共识，将扫除战略落地执行过程中的众多阻碍，有效推动战略目标的实现。

明确战略环节是基于内外部环境，通过共创方式，思考企业选择做什么业务和不做什么业务，结合企业的使命愿景，确定企业未来五年的发展规划，以及下一年的战略主题和目标。因涉及业务的选择和目标的设定，在该环节时常出现不同业务部门管理者之间的博弈，会出现争吵、质疑、辩驳。针对这样的情况，企业领导者无须太过紧张，团队共创本身就需要思想上的碰撞，甚至是激烈的碰撞。为确保会议顺利达成共识，并最大程度具备科学性、指导性，企业高管层和参与研讨人员在研讨前需要先思考企业战略规划和框架。

重新定义核心业务

企业在制定战略时，首先需要重新定义企业核心业务。克里斯·祖克（Chris Zook）提出："一个企业如果不了解自己的核心业务，它就无法了解其业务差异化的根源，也不知道如何实现盈利。"博士伦的发展路程可以解释核心业务变化对业务持续增长的影响。

博士伦公司：逐渐失去竞争力的核心业务

作为一家欧洲眼镜进口商，博士伦公司于1853年在美国创建成立。公司苦心经营，稳步发展，经过120年的发展，1973年销售额达2.35亿美元，成为眼镜行业领头羊。20世纪70年代中期，博士伦使用新技术推出软性隐形眼镜，充分发挥其专利的作用，并在80年代竞争中成功占领行业40%的市场份额，股价从1973年每股3美元增长到1991年每股56美元，位居隐形眼镜行业第一。

然而，为了应对日益竞争激烈的市场，公司的管理层将注意力从核心业务上分散出去，将资金投入到电动牙刷、皮肤膏药和助听器等与核心业务隐形眼镜不相关的业务领域，致使资源和管理注意力分散，隐形眼镜业务下滑，每股股价跌到不到33美元。博士伦隐形眼镜业务被强生和视康公司赶超，市场份额落到16%，排名行业第三。

面对日益下滑的业绩，新的管理层立即采取了大刀阔斧的措施，重新确定了公司业务的重心。博士伦于1998年重申了公司的使命——“世界的眼睛”，重回到原来的核心业务。公司聚焦于隐形眼镜核心业务，除了购进生产眼科药品及专用眼科手术器械的多家公司以外，还推出一系列新型隐形眼镜产品。结果博士伦很快在全球不少市场稳固了隐形眼镜领导地位，股价也从低谷开始攀升，但是以前的基础、时机和奖金已经失去，新的竞争者已经牢牢站住了脚。

克里斯·祖克在《回归核心》中指出，对企业而言，最大的威胁或许是在定义核心业务范围时的错误，这种错误可能会导致过早脱离核心业务，投资于不该涉及的业务领域，从而使核心业务陷入危险境地。所以无论如何，对核心业务需要有尽可能清晰的界定。

在组织大家对核心业务进行研讨的过程中，可以借助以下思考点（如表4-3所示）展开，重新审视业务范围并达成共识。

表4-3　定义业务范围思考点

序号	思考点
1	业务范围是稳定的还是变化的
2	哪些领域是该不惜一切代价去保护的
3	哪些领域不具有战略性的地位
4	哪些领域未来最可能产生利润
5	哪些领域利润可能减少
6	企业差异化能力和赢得竞争能力的真正源泉是什么
7	为了适应未来的竞争，不断变化的业务边界要求公司核心能力做怎样的变化

确定业务组合

明确核心业务后，需要分析业务的优先性及重要性，以确定业务组合。波士顿矩阵（如图 4-3 所示）是在业务组合分析时经常使用的工具，从业务的市场占有率及市场增长率两个维度做出区分，采取不同的应对策略。

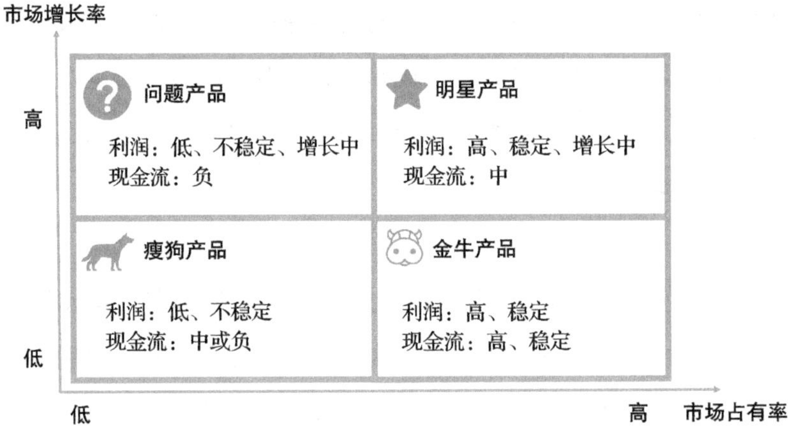

市场增长率

高

问题产品
利润：低、不稳定、增长中
现金流：负

明星产品
利润：高、稳定、增长中
现金流：中

瘦狗产品
利润：低、不稳定
现金流：中或负

金牛产品
利润：高、稳定
现金流：高、稳定

低

低　高　市场占有率

图 4-3　波士顿矩阵

当然，对业务组合的分析、研讨工具有很多，但研讨的核心需聚焦在让不同业务部门负责人从公司整体利益的角度审视当前业务，弱化本位导向。

制定五年发展战略

参与者需要对标愿景，共创企业未来战略规划。以企业的当前状态为起点，可以将未来五年企业的发展定义为起步阶段、发展阶段、盛兴阶段三个阶段。基于之前讨论确定的战略定位、业务组合及其协同效应，明确产品、客户、市场、区域选择等，及每个阶段的发展目标。

企业三步走战略框架与未来五年目标如图 4-4 所示。

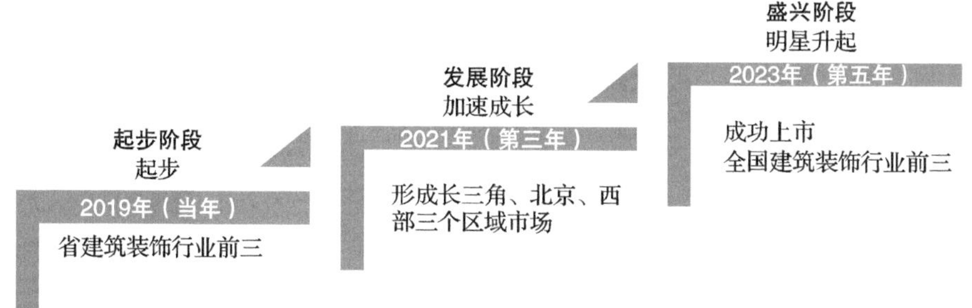

年份	2019	2020	2021	2022	2023
利润（万元）	2000	4000	6000	8000	10 000
销售额（万元）	10 000	20 000	50 000	70 000	100 000

图 4-4　企业三步走战略框架与未来五年目标

起步阶段，聚焦企业核心业务。捍卫核心业务的生产力，让核心业务持续创造利润贡献，围绕“采取什么措施扩展与防卫，以确保利润率”这一主题思考起步阶段的战略举措及目标是什么。

在发展阶段，聚焦成长业务。随着核心业务能量释放，企业可以围绕核心业务，进行相邻扩张，针对未来 1～3 年市场增长和扩张机会点，思考如何投入资源、采取什么措施建立新业务。

在盛兴阶段，聚焦新兴业务。这时需重新定义核心业务，围绕核心业务继续开发新的市场，持续发现市场增长和扩张机会点，不断验证业务模式，提升能力和价值，思考如何对未来机会做选择。

鼓励不同业务部门负责人发表看法，从各个业务板块的实际审视战略方向是否符合企业发展方向，战略目标是否合理，通过研讨达成共识。

明确下一年战略主题

最后，基于三阶段战略规划，明确下一年战略主题及目标（如图 4-5 所示）。经历共创的研讨过程，作为公司领军人的一把手，对企业战略主题及目标已经有了清晰的定位，结合前期思考的战略规划和框架，可以引导大家对下一年战略主题及目标进行讨论。

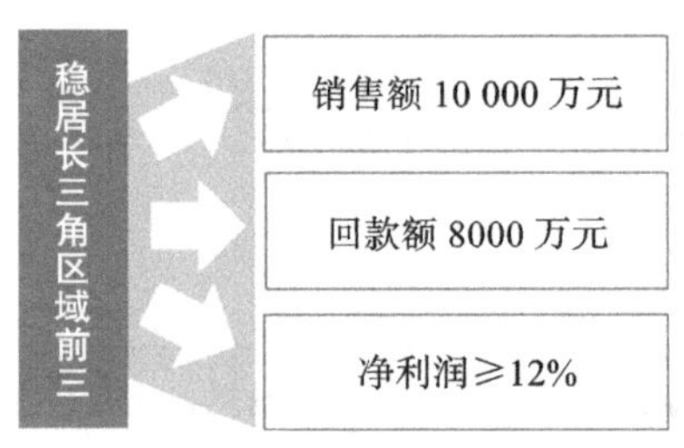

图 4-5 企业战略主题及目标

过程中，要强化企业领导人与中高层管理者之间的互动和沟通。企业的领导人需要充分听取大家的建议，解释目标的合理性，帮助他们理解其中的意义，促进达成共识。同时，还需要给予充分信任，提出对他们的期望，激发斗志。

第五步：寻找差距

战略共识研讨会第五步是寻找差距，审视企业现状与战略目标之间的差距，为制定战略举措提供方向。

华为使用的 BLM（business leadership model，业务领先模型）为很多人所了解，该模型对差距分析做了特别的强调，“战略是由不满意激发的，而不满意是对现状和期望业绩之间差距的一种感知。”企业需对实际业绩与期望业绩的差距进行分析，识别可以弥补差距的机会，集中力量解决关键业务问题。

将“为了实现当年的战略目标，我们存在的差距是什么”作为主题，使用团队列名的方式，让各小组充分思考、讨论，写出观点，然后汇总、分类，罗列多数人认可的问题，针对每类问题，提炼出弥补差距的任务（如图 4-6 所示）。

1-人才管理	2-客户服务	3-市场推广	4-部门协作	5-内部流程	6-核心产品	7-企业文化	8-技术体系
人才结构不合理	客户满意度不高	产品无包装	存在部门壁垒	流程监管不到位	公司缺乏通用产品	工匠精神缺乏	研发团队弱
人才流动较大	专业能力弱	公司知名度和宣传不够	公司凝聚力弱	行政流程烦琐	成熟产品较少	办公环境差	
缺少复合型人才	需求可控性较弱	市场开拓能力不足	协作意识差	文案多，会议多	产品稳定性差		
公司缺少狼性		市场广度不够		流程与制度落实不力			
员工积极性不高				紧急事项多，对计划冲击大			
培训体系不完善							
人才培养制度不健全							
缺少大师							

图 4-6　企业差距提炼

通过集思广益的方式收集弥补差距的任务，能够覆盖方方面面的需求。但企业资源有限，任务对于战略目标实现有轻重缓急之分，企业需将资源聚焦于关键任务。“重要紧急矩阵”是很好的确定任务优先级的共识工具。

研讨中，所有参会者对罗列出的任务从重要性和紧急性两个维度做选择，各自选择自己认为最重要和最紧急的三项任务。之后集体进行投票，根据票数将所有任务填入该矩阵（如图 4-7 所示）。企业实施任务的路径应该是从右上往左下逐步推进。

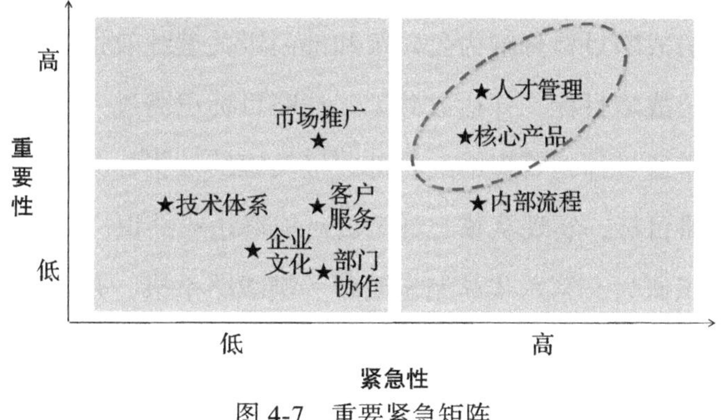

图 4-7　重要紧急矩阵

这个环节，鼓励大家各抒己见，能够让领导层从不同角度审视问题，而各自选择、投票的过程，本身就是达成共识的过程——帮助明晰企业存在的主要问题有哪些，应对的关键措施有哪些，资源倾斜的方向是什么。当对这些问题达成共识后，能够为制定关键战略举措提供方向和思路。

第六步：关键举措

卡普兰和诺顿认为战略成功执行需要三个要素：

突破性成果＝描述战略＋衡量战略＋管理战略。

如果你不能描述，那么你就不能衡量；如果你不能衡量，那么你就不能管理；如果你不能管理，那么你就不能获得。

战略落地的关键是实现全员共担战略目标、达成共识，从而实现力出一孔。这需要借助三个有效的工具：战略地图、平衡计分卡、计划管理。

借助战略地图，能够从财务、客户、内部运营、学习成长四个维度帮助企业描述战略、澄清战略，明确各核心战略举措之间的逻辑关系。

借助平衡计分卡，能够将战略地图中的举措分解成可衡量的目标，明确各个部门指标、目标值及行动方案。

借助计划管理，能够有效将指标落实为全员的行动，实现全员目标统一，并持续跟踪员工目标的完成。

在战略共识研讨会最后三个环节，需要采用战略地图、平衡计分卡工具将公司的战略目标分解为公司级和部门级关键绩效指标，实现所有管理者共担公司战略目标，并达成共识。战略目标仍需进一步下沉至基层员工，所以还需通过计划管理继续将部门级关键绩效指标分解至员工，全员共担公司战略目标，实现从核心到全员对战略达成共识。

战略共识研讨会第六步是制定明年关键战略举措，并以战略地图的方式呈现。

战略落地实施中最大的难题之一，是执行者对于战略的理解不一致，其中一个很重要的原因是大家使用不同的“战略语言”，战略地图的价值在于能够统一战略的语言。通用的战略地图可提供可视化的架构，以四个层面（财务、客户、内部运营、学习）为核心绘制因果逻辑关系图，呈现公司在各个环节上的关键成功因素，让战略转化为企业各个部门都能够理解的语言，最大限度地保障公司内部对战略理解的一致性。

在这一环节，各小组从四个维度分别帮助梳理和澄清公司的战略重点与举措，围绕财务指标确定关键的非财务驱动因素，梳理出关键内部流程目标以及支持关键流程所需的无形资产，使人力资本、信息资本、组织资本等无形资产与战略协调一致。研讨过程中，激发公司管理者对战略执行方法、路径进行思考，最终通过讨论、筛选等方式达成战略共识，画出战略地图（如图 4-8 所示）。

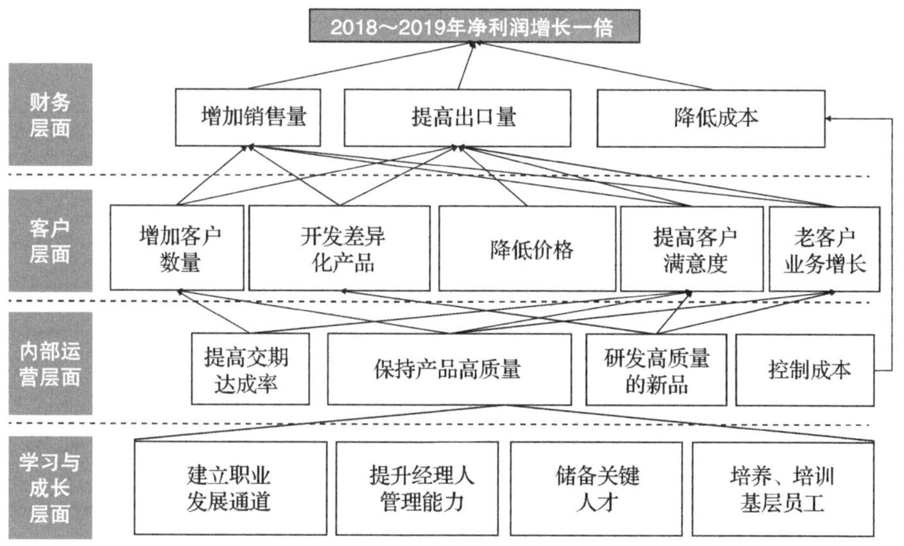

图 4-8　战略地图示例

第七步：确定指标

战略共识研讨会第七步是制定公司级关键绩效指标，即确定指标。

战略地图是企业战略描述的一个集成平台，主要作用是澄清战略路径并统一思想，而平衡计分卡是对战略地图的量化展示，可以对企业战略目标进行量化分解，并细化为团队及其成员的绩效指标，使其能够被衡量。它提供了一个框架、一种语言，以传播公司的愿景和战略，促使个人、组织、跨部门的行动方案一致。它利用衡量指标使企业能够在财务和非财务、短期和长期、结果和动因、硬性指标和软性指标之间达到平衡，以实现共同的目标。

在确定指标环节，主要围绕战略地图的年度战略举措，细分出关键的绩效指标。制定关键绩效指标，需符合 SMART 原则，使得指标具体（specific)、可度量（measurable)、可实现（attainable)、与职责相关（relevant)、有时限（time bound)，使其能够被有效衡量落地。同时，在分解关键绩效指标的时候，为聚焦企业战略目标的实现，我们往往会将关键绩效指标控制在 8 个以内，选取对业绩目标实现影响较大的关键指标作为年度公司级关键绩效指标（如表 4-4 所示）。

表 4-4　公司级关键绩效指标示例

维度	序号	战略举措	评价指标	目标值
财务	1	销售额	2019 年全年销售额	5 亿元
	2	净利润	2019 年全年净利润	0.5 亿元
客户	3	提高客户交付及时率	客户交付及时率	100%
	4	提高客户满意度	每月客户投诉件数	＜1
内部运营	5	提高产品合格率	质量成本损失	≤0.3%
	6	提升库存周转率	库存周转率	≥6
学习与成长	7	建立人才激励体系	绩效管理体系落地	4 月 30 日
	8	降低人才流失率	人员流失率	≤25%

在这个环节，往往开始出现一些不同的声音：有的人认为目标设定太高，有的人认为指标设置不够全面，等等。认为目标设定高，跟利益相关，大家在这个环节就开始思考考核的问题；认为指标设置不够全面，跟对于“战略目标”“关键绩效指标”的理解不到位有关。这两个问题，都需要研讨解决，需要跟大家讲到，“对于目标值的设置，应该有野心、较

激进，令人感觉略紧张而不舒适”，需要重申“是目标导向，而不是考核导向”，也需要公司在考核、激励方面树立起可信赖的形象，还需要让大多数有极强目标追求的参与者起到引导作用。对于指标设置不够全面的担心，通过重申战略聚焦来解决，并且确保下一步的指标分解能够覆盖到各个方面的主要任务。

第八步：指标分解

战略共识研讨会第八步是制定部门级关键绩效指标。

通过平衡计分卡将公司级关键绩效指标、目标值确定下来之后，需要利用指标分解矩阵，将绩效指标分解至部门，这也能有效解除指标不够全面的担忧。通过现场讨论确认每一个指标的主要负责部门以及辅助负责部门，将所有部门的工作与公司战略关联，也让各个部门之间的工作有效关联。具体做法，就是现场大家一起对之前讨论的公司级关键绩效指标需要由哪些部门承担责任进行明确，并用符号在表格中注明。具体如表 4-5 所示。★代表负责部门，▲代表辅助部门。

表 4-5 绩效指标分解矩阵示例

维度	序号	战略举措	评价指标	目标值	营销部	采购部	生产部	质量部	财务部	人事部
财务	1	销售额	2019 年全年销售额	5 亿元	★		▲			
	2	净利润	2019 年全年净利润	0.5 亿元	▲	▲	▲		★	
客户	3	提高客户交付及时率	客户交付及时率	100%	★	▲	★			
	4	提高客户满意度	每月客户投诉件数	＜1	▲	▲		★		
内部运营	5	提高产品合格率	质量成本损失	≤0.3%		▲	★	★		
	6	提升库存周转率	库存周转率	≥6	▲	★	★			
学习与成长	7	建立人才激励体系	绩效管理体系落地	4 月 30 日	▲	▲	▲	▲	▲	★
	8	降低人才流失率	人员流失率	≤25%	▲	▲	▲	▲	▲	★

对指标责任归属的讨论，其核心并不仅仅在于指标的分解落实，探讨的过程也能够让各部门负责人意识到团队协作的重要性。对部门与部门之间的相互配合展开讨论，能够有效地减少部门壁垒，有利于团队绩效落地。

以上是战略共识研讨会的八个步骤。

研讨会的结束，不代表绩效指标分解的结束。各部门负责人在认领各自的年度绩效指标之后，还需在会议结束后的一周内，带领团队整理本部门的目标责任书初稿。再通过公司高层与各部门对指标的反复沟通，最终敲定各部门的目标责任书，实现对部门承担目标从上到下的共识。之后，在专门的签约仪式上，由公司经营负责人与各部门负责人签订年度目标责任书，将目标由共识转化为承诺，真正实现力出一孔。

共识实战：从军心不稳到众志成城

2018 年的一次私董会上，夏坊集团董事长张源找到笔者咨询关于企业经营管理的问题，表达了对企业近几年发展中暴露出问题的担忧。

得益于较好的政府关系和资源，夏坊集团的经营一直处于稳健状态，但是整个产业受制于宏观经济状况，企业经营情况与经济周期同步，这在一定程度上导致企业需要“靠天吃饭”。尤其在最近几年，公司的盈利状况受到宏观经济严重影响，利润持续降低。这让公司高层意识到企业必须要转型，但是对于企业未来究竟走向何处，高层之间的意见无法达成统一。每个高层都有独立负责的业务板块，都希望自己的业务得到重视，没有人能够站在集团整体发展的角度去思考问题，每一次会议都成了“邀功”会。业务发展的状况如此，再加上互相的争执，出现了军心不稳的情况。

通过跟张源的深入沟通，我们发现，对于企业未来的发展方向，张源基本已经考虑清楚，但是他不想直接告诉高层最后的结论，不希望将自己的想法强加给高层，担心这样会打击他们的积极性，抑制大家的创意，让高层觉得自己更多的是执行，而不是参与制定战略。张源更希望大家能够一起思考，为企业发展出谋划策。我们肯定了张源的思考，也提出建议：很多企业的战略不能很好地执行，一个重要原因就是大家在战略上没有达成共识。我们认为当务之急，夏坊集团需要组织一场战略共识研讨会，中高层需要全程充分参与会议内容的研讨，在思想上达成共识，力出一孔。张源在听完我们的建议后，肯定了战略共识研讨会的重要性，但是也面露难色，表达了自己的担忧：类似的会议内部已经组织过多次，但是每次都事与愿违，担忧这一次又无功而返。经过我们的多次沟通，张源最终愿意再尝试一次，并由我们来全程组织、引导。

精心准备的战略共识研讨会

为了确保战略共识研讨会的效果，张源多次与我们电话沟通，针对会议的每个细节和流程都进行了反复的推敲。尽管如此，张源仍不放心，在会议开始前 1 个小时，约我们提前碰面，给我们再次仔细介绍各个高管的特点，希望我们关注各个高管的参与度。能感觉到张源的焦虑，我们告诉他在会议上，多倾听，尽量减少他的身份对参与者的影响。

早上 9 点，夏坊集团战略共识研讨会正式开始。来自三大事业部的 18 位管理者参与本次会议，我们将来自不同部门的参会者交叉分组，以促进多元化、多角度的分析和讨论。在开始研讨之前，我们强调了会议的规则，其中最重要的原则就是“人人平等”，即在今天的会场上，所有的人都暂时抛开自己的身份和职务，所有的人都是 CEO，所有人的思考都应该站在公司一把手的角度。

第一个共识：人才是未来集团发展的核心竞争力

为了营造轻松开放的会议氛围，我们在会议开始引入暖场环节——认识你我。我们要求每位参与者画出能代表自己的动物，并写上自己最喜欢的人生格言。大家纷纷分享自己画出的动物以及最喜欢的人生格言。整个环节充满欢声笑语，参会人员开始卸下自己的负担，短短20分钟，现场的气氛进入轻松愉悦的状态。

在这样轻松愉快的氛围中，会议进入了正题。

首先，各个小组在20分钟内思考并讨论“夏坊集团在过去发展得益于哪些优势，或在发展过程中积累了哪些优势”。任务刚公布，现场每个人都全身心投入到讨论中去，有些同事直接站了起来，在白板上写写画画，表达自己的看法。随后，要求每个组对自己的成果进行分享。在分享的过程中，大家纷纷提出了自己理解的公司优势：“我认为集团的优势在于我们有一群能力较强的专业团队”“我认为集团的优势在于我们的品牌知名度”……可以感受到大家对于公司充满骄傲与自信。在分享结束后，我们引导所有的小组对优势进行整理汇总，提炼出夏坊五大优势，同时组织现场的所有人员对这五大优势进行投票排序，最后总结出夏坊集团三大优势，分别是资源背景、行业内的业绩积累（口碑）、专业人才优势。紧接着，我们引导各位管理者转变思考角度，从回顾过去转换到展望未来，思考哪些优势是夏坊集团的持续发展所需要具备的。根据投票结果，我们发现三大优势仍是专业人才优势、行业内的业绩积累（口碑）、资源背景。只不过这三大优势的重要性排序发生了变化，未来需要越来越凸显人才在企业的优势，而“资源背景”这一优势的重要性将在未来的发展中逐渐削弱。这一环节，经过多轮讨论与投票，大家对“人才是未来集团发展的核心竞争力”这一观点达成了共识。

夏坊集团“寻找优势”讨论成果如表4-6所示。

表 4-6 夏坊集团“寻找优势”讨论成果

序号	优势	过去	未来
1	专业人才优势	11	16
2	行业内业绩积累（口碑）	12	15
3	资源背景	16	10
4	稳定的核心团队	9	7
5	企业文化	7	5

注：表中数字为票数。

第二个共识：“降本增效”是集团迫在眉睫的战略主题

大家就集团优势在轻松的讨论中达成共识，此时整个会场充满正能量。趁着大家处于一种心态开放的状态，我们立即将大家的注意力聚焦到战略上。尽管高管意识到业务聚焦的重要性，但由于直接关联自身利益，想在这方面达成一致有一定难度。针对现状，围绕克里斯·祖克的回归核心战略观点，通过理论加案例的方式，我们详细讲解了战略聚焦核心业务这一原则。我们将企业发展利害关系与理论直接关联，展开分享，在过程中逐渐获得了现场参会者的认同。一位管理者站了起来，表达了自己的支持：“现在团队内部都纷纷意识到战略需要聚焦，现阶段的资源虽然有些分散，但是这也是一个试错的过程，现在已经经历过了一段时间的摸索，也应该回归到核心战略上，集中力量干大事。”

紧接着，讨论的焦点从理论转移到夏坊集团内部。为了理清集团现有的业务组合和各项业务的定位，我们借助波士顿矩阵，对现有的业务进行审视。新拓展的两大业务板块，在经过两年的运行之后，刚刚实现盈亏平衡，这两个业务的定位为“问题产品”，未来发展的重点是提升市场占有率。对于集团起家的主营业务——电力能源开发的定位，高管们的意见出现了分歧。管理者们纷纷发表自己的观点：

“从市场占有率和市场增长率来看的话，集团的起家业务应该归属于

‘金牛业务’。”

“我认为不是，根据波士顿矩阵对每个产品类别的现金流和利润的描述，这块业务更像是‘瘦狗业务’！”

激烈的讨论使得现场产生了十足的火药味，我们发现讨论到这里暴露了夏坊集团一个潜在的问题——大家一直以为不用担心的业务板块，却面临着盈利能力的问题。新成长的业务板块未实现完全盈利，而主营业务的利润却在持续降低，这也意味着集团各个业务板块的利润都不理想。分析到这一步，大家表情开始严肃起来，面对集团未来生存和发展的压力，大家都参与进来，讨论的热情迟迟不见减退。这时候，我们向大家抛出一个问题：“既然现在利润如此不理想，未来我们应该如何解决？”没有答案，或者没有统一的答案，这又引发了针对这个问题的新一轮讨论。在经历几分钟的议论后，人群中突然有人回答道：“降本增效。”听到这个回答，我们跟所有人确认：“大家觉得是降本增效吗？是不是做好降本增效就能解决或缓解当前的问题？”所有人纷纷点头表示赞成。

此刻，一直保持沉默的张源面部表情慢慢舒展了，显然他对于大家从集团发展角度冷静思考目前的困境，主动提出“降本增效”的观点非常欣慰。

第三个共识：“降本增效”具体措施的重要紧急矩阵

在明确“降本增效”这一关键战略主题之后，我们引导大家思考采取什么样的措施做到降本增效。为得到具体有效的措施，发挥团队共创的优势，我们采用团队列名的方式，收集所有人的建议并且归类整理。参会者在我们的引导下，对所有解决措施进行多轮讨论后，将其归为七大类。具体如图 4-9 所示。

薪酬绩效	人员精简	股权激励	组织与流程	市场拓展	人才引进培养	财税成本
改变工资结构：高固定、低浮动	同类管理岗位合并	员工参与持股	加强各子公司间业务协作	寻求相关政府政策支持	培养优秀项目经理	政策研究，合理避税
优化提成方案	减少管理人员配置	股权激励合伙人制度	组织流程优化	加大品牌宣传	加强专业技术队伍建设	加强审计监督
战略目标分解至全员	淘汰不合适人员	优化股权结构	组织扁平化，减层级	业务外包，拓宽渠道，强强联合	应届毕业生培养	注重提升财务管理
实施团队绩效	减少后台管理人员	实施员工分享计划	加强集团管控	拓展外部合作机构	引进并留住人才	工程物资采购成本

图 4-9　夏坊集团降本增效讨论成果

为了明确这七大措施的实施顺序，我们带领大家从重要性和紧急性两个维度进行选择，每个维度每个人最多只能选择3个，最终定位大家认为最为重要、最为紧急的任务。根据选择结果，结合重要紧急矩阵，发现薪酬绩效、股权激励、市场拓展成为最重要、紧急的工作。选择结果在重要紧急矩阵中呈现出来后，大家纷纷站到前面细致观看、思考、拍照，有些人开始互相交流，现场再一次陷入热烈的讨论中。一位事业部负责人说道："这个分析太好了！结果跟我们的预期差不多，但是以前只是心里有数，并没有这么清晰地呈现出来，今天让我们清楚哪些事情更重要，哪些更紧急，而且今天还是团队一起来把事情弄清楚了，是大家共同的智慧。"这位负责人说完之后，人力资源负责人也补充道："薪酬绩效、股权激励确实是人力资源明年最重要的工作，我们现在已经着手开始准备了。"在座的管理者纷纷点头表示赞同。张源这时候站出来激动地说道："这就是团队的智慧！"这个环节之后，整个会场正能量爆棚，能感受到大家蓄势待发的激情。

夏坊集团确定任务优先级讨论成果如图4-10所示。

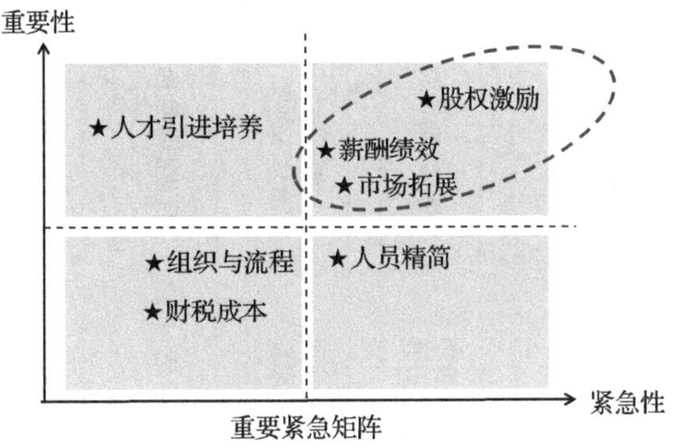

图4-10　夏坊集团确定任务优先级讨论成果

第四个共识：2019年集团战略地图

研讨到这里，耗费心神和体力的讨论、争吵已经让大家初显疲态，但是热情依然高涨。紧接着的是下一个环节：集团愿景、未来五年战略目标及 2019 年战略主题的研讨。对于集团愿景的讨论，各个小组开始“脑洞”大开，充分发挥自己的想象力，畅想集团的愿景，集团大厦、全国第一、集团的飞机场等都通过图画描绘出来，对于未来的壮志雄心已被充分唤醒。

畅想未来后，将视野拉回到不远的将来：开始进入到 2019 年的战略地图研讨。

首先，围绕问题“明年集团的战略目标是什么，具体的财务目标是多少”，财务部负责人、各事业部负责人和董事长张源共同敲定了各业务板块明年的营收和利润目标。在财务目标的基础上，我们带领大家借助战略地图、平衡计分卡工具，从财务、客户、内部运营和学习与成长四个维度，分别呈现出集团的重点工作和目标。在四个维度的内容初见雏形的时候，从自上而下的分解、自下而上的支撑两维度，回顾战略地图，确保战略地图的合理性。此时，每一个小组发表观点时已经开始纷纷自发地认领工作任务：“销售额肯定是我们部门负责，争取明年实现目标。”某事业部销售部的部门负责人认领任务的同时兴奋地承诺完成的时间。某位销售管理者还在现场调侃道，明年必须搞定 ×× 客户，如果完不成就带着市场负责人去老板家负荆请罪。这时，张源脸上面露喜色，回应道：“你有这样的决心，我们有这样的团队，一定可以完成的！”

夏坊集团 2019 年战略地图如图 4-11 所示。

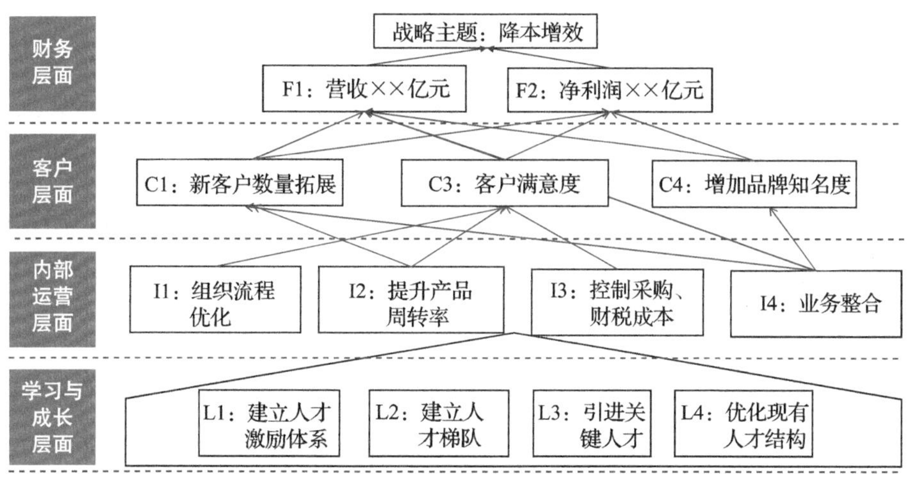

图 4-11　夏坊集团 2019 年战略地图

在确定了年度的战略地图之后，再向大家提问："如果明年完成战略地图的目标，未来五年持续增长会如何？"

通过类似的提问，引发大家思考，这时候，在座的管理者也纷纷表示目标要冲刺能达到，不能定得太高。最后通过讨论，确定了集团未来五年的战略目标："稳居省内电力综合服务前三"。当把五年战略目标讨论结果呈现在屏幕上时，大家纷纷自发鼓掌，算是对自己和团队的鼓励，也是对2019年战略关键举措以及未来战略目标上达成共识的肯定。

夏坊集团五年战略目标如图4-12所示。

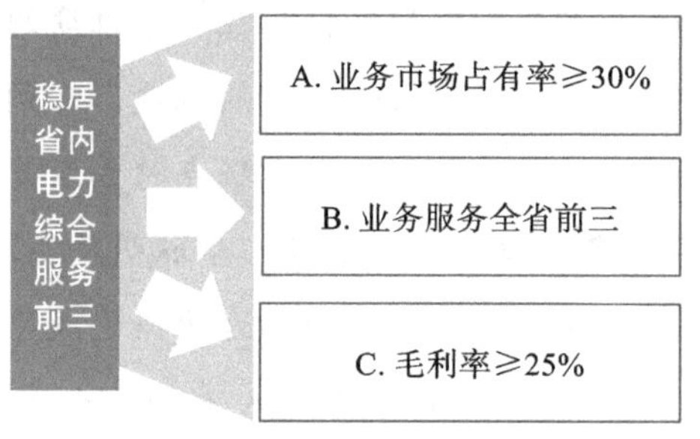

图4-12　夏坊集团五年战略目标

研讨进行到这里就接近了尾声，在最后结束的环节，参与者表达了对这一天研讨会议的感受——受益匪浅。一方面，共识会议让未来要做的事情更加明确；另一方面，这样的会议形式让全员参与了进来，有了众志成城的感觉。另外，这种研讨是非常好的形式，未来可以用在内部会议上。张源在总结时也表示，今天的结果出乎意料，他自己在整个过程中通过聆听大家的观点也学习到了很多。同时，他希望未来能够通过更多这样的会议，让团队参与进来，启发全员去思考，凝聚团队的共识，真正做到"众志成城"。

后续的工作，就是我们帮助将研讨形成的战略举措、指标整理出来，现场明确各个部门指标、目标值及行动方案，各部门自行认领回去完善，通过一周的反复沟通，最终敲定各部门年度目标责任书。

夏坊集团邀请中高层管理者参与战略共识研讨会，群策群力，凝聚大家的智慧，最终达成共识，实现从军心不稳到众志成城。然而战略不是中高层管理者的战略，而是整个公司的战略，需要基层员工了解并执行。战略研讨达成共识后，还需采取多元化的措施保证基层员工理解战略，实现从核心到全员对战略达成共识。

用计划管理实现全员共担

要真正落实全员共担公司目标且达成共识，需要将计划管理作为手段。

相比于全员 KPI 覆盖形式开展的绩效管理，用计划管理来落实组织的目标更加柔性一些，可以规避因绩效过度分解而导致的高管理成本。计划管理是一个包括计划制订、辅导、执行、总结与反馈的过程。这一过程强调上级和下级的及时沟通与互动，它的自由度处于全员 KPI 和 OKR 之间，围绕部门的目标责任书，给予员工充分的自由度去撰写每月的工作任务，激发内在的驱动力。同时，上级的及时辅导、跟进也帮助员工紧密围绕组织目标，保证员工对战略目标理解的正确、一致。

计划管理实质是公司整体目标的落地工具。在咨询实践中，我们通常建议用月度计划落实绩效指标。月初，员工依据部门的目标责任书，在上级的指导下，自行撰写本月的工作计划；月末，上级辅导员工总结回顾本月工作计划，并以此为依据作为绩效改进的方向。计划管理可以帮助达成全员共识，也可以帮助评估员工绩效表现，还可以帮助员工持续改进。

月度工作计划示例如表 4-7 所示。

表 4-7　月度工作计划示例

序号	季度指标	工作任务	完成时间	目标成果	配合目标实现的行动计划	完成情况	自评分	上级评分
1	招聘到岗率	关键岗位招聘	7 月 30 日	录用 2 名销售人员	当月初试销售人员 5 名，至少录用 2 名			
			7 月 30 日	录用 1 名技术负责人	当月初试技术负责人 5 名，录用 1 名			
		招聘制度完善	7 月 10 日	内推制度完成并公开，易企秀推广	内部推荐制度完成，并制作易企秀在公司发布			
			7 月 30 日	招聘题库建立	招聘表单的优化			
2	关键人才保留	人才库的建立与维护	7 月 15 日	重点人员人才库建立	与部门负责人沟通确认重点人员名单			
			7 月 30 日	全员 360 度反馈落实	360 度反馈跟踪落地			
			7 月 25 日	月度回访招聘库人员	拒 offer 人员建立人才库，月度回访			
		领导力培训	7 月 30 日	完成内部导师确定，课程主题确定	确定内部导师和课程大纲			
		企业文化建设	7 月 30 日	微信文章高质量更新/周	每周微信文章编辑更新，每天群内天气预报温馨提示发布			
注：依据工作计划完成情况，按 1～5 分打分，其中 5 分代表“卓越”，4 分代表“超出期望”，3 分代表“符合期望”，2 分代表“需要改进”，1 分代表“不合格”								

员工签字：　　　　　　　　　　时间：

在制订月度工作计划的时候，需要特别注意以下三点：

（1）理解一致，达成共识。上级领导需向员工解释公司、部门目标的含义及重要性，以保证员工对于战略的理解准确、一致。

（2）目标一致，以终为始。一切计划以公司战略目标及部门业绩目标作为出发点，保证公司、部门、员工在计划目标上的一致性，以支撑企业目标的实现。

（3）具备挑战性。所有的任务设置符合 SMART 原则，且具备一定的挑战性，挑战性的目标可以激发员工更好的表现。

借助计划管理，能够有效地将公司级和部门级关键绩效指标转化为全员的行动，实现全员共担目标，真正实现力出一孔。

用 6W1H 做实战略共识

卡普兰和诺顿在《战略地图》一书中提到，“当我们把一些组织的战略地图挂在会议室的墙壁上时，与会代表会利用他们喝咖啡的休息时间研究每一张地图，甚至包括与他们毫不相干的组织的地图，还时常描绘出草图并在上面填上一些关键目标。”战略研讨能够保证中高层对于战略达成共识，计划管理实现全员共担公司目标，战略的传播能够为基层员工理解战略保驾护航。在公司醒目位置张贴战略地图以清晰传达战略是一个有效的方法，员工在日常工作中随时看到公司的战略地图，可以保证他们熟知公司的战略重点，在思想层面凝聚共识。

张贴战略地图是战略宣传工具中较为醒目的一种，我们还需要思考更多的方法。运用 6W1H 工具，可以从原因、内容、传播者、接受者、时间、地点、方法七个方面（如表 4-8 所示），思考如何全方位将战略传递出去，实现全员对战略的理解和认同。

表 4-8　战略共识落地——6W1H 工具

维度	内容
Why	保障全员对战略拥有统一准确的理解，达成共识，实现力出一孔
What	愿景、使命、价值观、经营的原则和理念、战略目标、业务组合、市场选择、区域选择、经营策略、未来发展规划、里程碑的目标、关键战略举措等
Who	公司总经理、经营班子成员、中高管、部门负责人、人力资源部门所有员工等
Whom	全体员工
When	对内：年会、战略共识研讨会、月度 / 季度 / 年度经营分析会、绩效面谈、例会等
	对外：大型对外产品发布会、客户来访、对外的报道及采访等
Where	内部：信息栏、会议室、培训室、员工区走廊、网站等
	外部：公共区信息栏、招聘简介、媒体报道等
How	公司标准化 PPT 、宣传视频、文化墙等

- Why：我们为什么要做战略共识？
- What：哪些内容需要形成战略共识？
- Who：哪些人负责传播战略有关信息？
- Whom：哪些人需要接受战略有关信息？
- When：什么时间能够有效传播战略有关信息？
- Where: 什么地点能够有效传播战略有关信息？
- How: 采取什么样的载体能够有效传播企业战略有关信息？

战略共识离不开必要的宣传。战略共识的内容不仅包括企业的愿景、使命、价值观、战略目标、关键举措等，还包括企业的经营理念、业务组合、市场选择等信息。中高层管理者作为战略共识的主要参与者，他们不仅是战略的接受者，也是战略的传播者。他们可以通过参与战略共识研讨会为形成战略共识贡献力量，作为战略传播者，他们也有责任将战略通过年会、经营分析会、例会、文化培训、对外社交等场合传播出去，让员工准确地理解公司的战略。战略传播可以用简单易操作的工具，如 PPT、视频、图片等呈现在员工随时看得见的地方，如信息栏、会议室、培训室、员工走廊、网站等。通过全方位的战略信息暴露，保障战略全方位传播到基层员工，强化全员对战略的理解与认同。

绩效管理全周期传播战略共识

绩效管理全周期路径图，可以帮助我们更好地确定在何时、何种场合宣传企业的战略信息，实现从核心到全员的战略共识，也让我们明确全年绩效管理的工作安排。

绩效管理全周期路径图，呈现了每一个绩效管理的重要时间节点、事项。战略信息可以自上而下传达，中高层在每年战略研讨会、业绩责任书签订会议等场合对公司的战略达成共识。随后，中高层可通过季度绩效责任书的撰写、月度工作任务书的撰写、绩效面谈、经营分析会、绩效复盘等重要工作将公司的战略逐步传播至全员，实现全员对战略达成一致理解，工作紧密围绕企业的战略目标，力出一孔。

绩效管理全周期路径图，与其说是一个绩效管理的路径，不如说是战略共识的路径，通过全年的各个节点事件，让绩效管理的动作落地，也是让公司战略目标落地，通过一个个具体的工作，真正助力企业力出一孔。

绩效管理全周期路径图如图 4-13 所示。

小结

认同的准确比绝对的精确更重要，战略目标的落地与实现需要全员对战略达成共识。为了能够让战略成为每个人的日常工作，企业需要对战略保持清晰的自上而下的沟通，让关键人员参与进来，凝聚更多人的共识。一个明确的、经过充分沟通的战略能够让员工在工作中明确选择做什么与不做什么，让战略在执行中更好地落地。

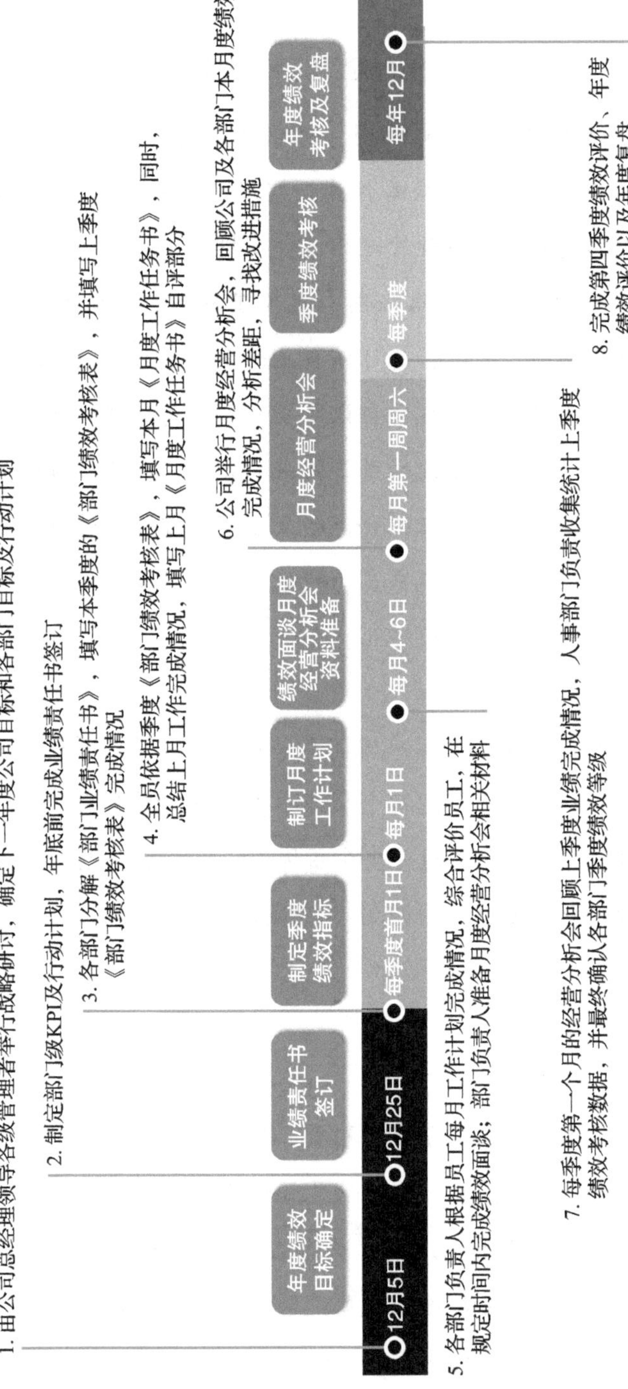

图 4-13　绩效管理全周期路径图

针对中高层管理人员及核心员工，可以采用战略共识研讨会，围绕战略内容，邀请他们充分参与战略研讨，唤起主人翁意识，帮助在战略顶层设计层面达成共识；针对基层员工，战略信息需进一步下沉，通过计划管理实现全员共担公司整体目标，同时，采取多样化的方式在不同场合传播战略信息，确保战略传递到每一位员工，力出一孔。

关键发现

- 认同的准确比绝对的精确更重要。
- 战略的制定是感性的，是达成共识、凝神聚气的过程。
- 战略研讨过程比结果更重要，战略共识研讨会有助于达成共识。
- 战略地图让战略转化为企业里各个部门都能够理解的语言。
- 要真正落实全员共担公司目标且达成共识，需要将计划管理作为手段。
- 6W1H 工具能够帮助企业自上而下沟通战略，凝聚全员共识。

Performance
Reconstruction
第五章——

向团队赋能

如果你想激励别人，你就得沟通。沟通对激发动力是不可或缺的。

——索尔·盖勒曼

在企业中做绩效管理培训时，我们经常会做关于绩效管理时间分配的小调查：

在绩效管理循环的绩效目标设定、绩效跟进与辅导、绩效评估、绩效结果应用等四个环节，耗费你时间最多的是哪个环节？

得到的答案，大多是“绩效评估”，事实上四个环节都很重要，而最被忽视的是“绩效跟进与辅导”。在战略共识达成以后，绩效管理的最重要工作是过程沟通辅导，而不是评估。沟通辅导是为员工和整个团队赋能，是塑造组织能力、持续提升绩效的根本手段。

从“业绩—奖金”转向“赋能—改进”

德勤：驱动绩效而非评估绩效

在德勤2015年进行的调查中，58%的受访高管认为，他们目前的绩效管理方式既无法激发员工积极性，也无法提高员工的业绩。

每年年初，6.5 万多名德勤员工都会定下个人目标。一个项目结束后，每位员工的主管会根据目标完成情况给他们打分。主管还会对员工的表现进行点评。这些评估被纳入年终考评，绩效小组将组织评价会议，对每一位员工这一年来的表现进行评价，而且此次的评价结果将影响员工的年终奖金。

统计德勤花在绩效管理上的时间后，他们发现每年有 200 万工时用于绩效管理，包括绩效目标的沟通设定、填表、开会辅导和设计打分标准。在进一步分析所耗费时间的具体去向时，德勤发现管理者对绩效评估的时间占了最大比例。

随着新需求的出现，德勤逐步意识到这不是最佳的绩效管理方式。一年一度的目标过于“批量化”，而现实目标是动态的，关键是对员工的未来业绩提升事实上比年终打分更有价值。为此德勤对绩效管理进行了一系列改革，改革的重点放在如何促进员工今后表现上，而非评估过去。从回首过去变为放眼未来，德勤把管理者花在评分上的时间转到了员工提升业绩和职业发展上。具体做法主要是要求管理人员经常（每周一次）和他们的所有下属沟通近期工作。这些简短沟通能让管理者心中有数，无论是下一周工作、优先审议选项、近期工作反馈，还是提供进程修改意见、指导或重要信息，都尽在掌握。这些沟通还让管理者清楚了解了每名组员未来的动向及原因，明白优质工作的标准是什么，以及各组员在近期如何能发挥出最佳表现。

大部分企业像做出改变前的德勤一样，过度关注绩效评估，忽视了过程的跟进辅导。华为将人力资源管理活动分为价值创造、价值评估、价值分配三部分，价值创造是最终的目的，价值评估与价值分配只是手段。在很多企业，过度地关注评估与分配的结果，导致大家忽视了创造价值的工作，没有将主要精力放在客户的需求以及员工自身的成长等方面，跟进辅导不够。

前文中，我们总结的传统绩效管理模式是“业绩—奖金”式的，即对绩效结果进行考评，基于考评结果兑现或扣除奖金，然后进入下一个循环，再考核，再兑现奖金。在这样的模式中，考评、兑现奖金就是绩效管理的全部工作，过程的辅导、改进反而被忽视了。事实上，这种模式并不总能提升绩效——员工动力越来越难以因为奖金的兑现或扣除被调动起来，其绩效表现也没有得到很好的反馈，因此员工不知道如何提升自己的工作成效。

阿里集团学术委员会主席、湖畔大学教育长曾鸣指出：未来组织最重要的功能不再是管理或激励，而是赋能。这意味着组织的逻辑必须发生变化，对于组织中的人才，管理者需要做的是营造合适的氛围和支持环境，充分发挥他们的创造力。在这样的背景下，绩效管理需要能够让员工拥有清晰的目标，让员工认识到自身优势并充分发挥，持续改善员工的业绩。这样的绩效管理模式，我们称之为“赋能—改进”式的绩效管理。所谓“赋能”，就是管理者通过沟通等方式激活个体和组织的内在动力，关注工作过程，给予及时的反馈、指导以实现短期目标，并面向未来帮助改进、提升员工能力和组织能力以实现组织长期发展。

“业绩—奖金”与“赋能—改进”的差异如表 5-1 所示。

表 5-1 “业绩—奖金”与“赋能—改进”的差异

“业绩—奖金”	“赋能—改进”
金钱驱动	内在动力驱动
关注个人业绩	关注能力提升
关注短期利益	关注长期发展
侧重结果的评估	侧重过程的跟进
面向过去	面向未来

“业绩—奖金”模式的假设是员工动力来源于外部，如金钱、惩罚等；“赋能—改进”模式基于内在动机，相信员工有获得成就的内在驱动力，管理者更应该关注的是给予认可、赞赏，以及在需要时给予针对性的指导和经验分享。正如吉姆·柯林斯所说：“如果坐在你车上的人是合适的人，他们会自己激励自己。”

“业绩—奖金”模式关注个人成果，“赋能—改进”模式关注能力提升。天外伺郎在《绩效主义毁了索尼》中提到的“上司不把部下当有感情的人看待，而是一切都看指标，用评估的目光审视部下”，是典型的“业绩—奖金”模式下的绩效管理，过度关注了个人成果，让索尼丢失了它的激情团队。“我很想提高自己，可是我从来不知道领导对我的工作满意还是不满意，也不清楚公司希望我在哪些方面提高”，这是在“业绩—奖金”模式下的怨言。这些公司的管理者需要更加关注员工的能力提升，为组织真正注入发展的动力。

“业绩—奖金”模式关注短期利益，“赋能—改进”模式关注长期发展。短期可量化的业绩总是容易被人看到，甚至能够给人带来很强的兴奋感。但让这种兴奋感持续，甚至构建持续令人兴奋的回报机制，这是“赋能—改进”模式才能做到的事情。“赋能—改进”模式的成果与其说是业绩提升，不如说是培养了一个个更加成熟、更加匹配岗位的优秀人才，这些人才与好的模式一起构成了组织持续进步的推动力，让个人和组织的长期发展不再艰难。如果说“业绩—奖金”模式是在“报时”，“赋能—改进”模式就是在“造钟”。

“业绩—奖金”模式侧重结果的评估，“赋能—改进”模式侧重过程的跟进。从我们追求的目标来看，结果当然要比过程更重要，但从达成结果的推动力上来说，没有过程的跟进很难有好的结果。在“业绩—奖金”模式下，用单次结果的评估刺激员工，以期下次获得更好的结果，其隐藏的逻辑是对本次结果的放弃，以及对于结果评估产生的效果的过度自信。而

“赋能—改进”模式则敬畏过程中的每一项工作，期望通过过程的跟进，每一次都能有期望中的结果，直至获得理想的长期成功。

通用电气更频繁的绩效跟进

2015年，通用电气将绩效管理模式做了升级。经理们通过一款叫作“PD@GE”的应用，更频繁地得到员工的工作反馈。员工会得到一份具体的短期工作目标清单，经理会经常与员工讨论工作进展情况，员工也可以随时征求反馈意见。

每年年底，经理们依然会与员工谈话，不过他们那时会更多地扮演教练的角色，指导员工如何最好地完成自己的目标。

伟大的公司总是能够在不断的自我革新中前进。通用电气以对员工的严格考核和末位淘汰的活力曲线闻名，但他们对于绩效过程的跟进同样重视，并不断升级，让管理者成为“教练”，真正做到对员工的赋能，让“赋能—改进”成为绩效管理的主导力量。

“业绩—奖金”模式面向过去，“赋能—改进”模式面向未来。对业绩的评估本身就落在对过去工作成果的回顾上，如果只是将这种回顾与奖金等激励手段对应，那么它的影响力或者关注点，就停留在了过去。如果能够将回顾的出发点与落脚点都延伸到未来，那么它的价值将得到放大，也契合了绩效管理的终极目的——提升组织业绩、塑造组织能力。反思过去，面向未来，致力于改进与提升，就契合了“赋能—改进”模式的基本要求。

落地“赋能—改进”模式的方式有很多种，如授权、提供成长机会、提供学习平台等，在团队绩效实现的过程中，最常用也是最有效果的赋能方式是发展面谈与欣赏式复盘。

发展面谈为个人赋能

所谓发展面谈，就是上级领导与员工针对本周期内的员工表现及成长情况，结合员工个人发展计划进行面对面的交流与讨论，从而指导员工绩效持续改进及个人持续成长的一项管理活动。区别于单纯的绩效面谈，发展面谈的目的是给员工赋能，帮助员工改进。而其带来的价值，不仅是助力个人发展，更能够帮助构建组织能力，推动组织的良性发展。具体如图 5-1 所示。

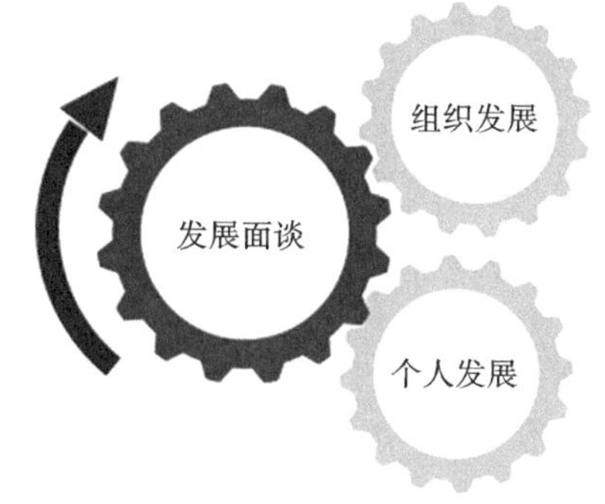

图 5-1　发展面谈助力个人与组织发展

顺丰创始人王卫曾经说过，“很多离职员工所需要的东西并非公司给不了，而是公司并不知道他想要什么。这就很可怕。”发展面谈的一项重要职能，就是去了解员工到底“想要什么”。发展面谈的内容不仅是谈工作、谈复盘，更要谈心、谈优势、谈差距、谈发展、谈需要的支持，谈心和谈员工成长为主，谈工作完成情况为辅，最终目的是促进个人和组织的共同发展。具体如图 5-2 所示。

图 5-2　发展面谈内容

1 小时撬动 167 小时

发展面谈带来高度敬业

锦华公司有两个销售团队，一个是谢亚军带领的梦想队，另一个是李亚男带领的挑战队。这两个团队工作内容完全相同，团队成员的整体素质也没有太大的差别，但是团队表现出的状态和取得的业绩却有很大差距。

挑战队的成员个个都是有才华的员工，他们熟知自己的工作内容。但团队负责人李亚男不太相信她的团队，对团队成员的工作管理得面面俱到，她从来不允许她的团队成员自行决定行动方案。李亚男极少与团队成员进行面对面交流，几乎所有信息都是通过邮件或者信息系统传递。团队中没有无障碍沟通的氛围，没有信任，没有动力，也没有一种为团队和组织奋斗的使命感。

梦想队则不同，这个团队的管理者谢亚军信任并且尊重他的团队成员，他经常和自己的下属进行面对面交流。他鼓励他们自己寻找解决方案，鼓励他们在解决问题时不惧怕犯错误。他经常会通过提问的方式引导下属思考，不断提升下属思考能力及自行找到解决方案的能力。整个团队充满活力，成员能够自由地与同事讨论他们的想法，甚至是个人生活中的问题。谢亚军也会关注团队成员的困扰，并提供一些有价值的指导，这些行为帮助团队建立起相互理解与充分信任的氛围。

看起来谢亚军的表现并没有太多特别之处，但就是在看似寻常的行为中，做到了对于员工的赋能。那些绩优的团队管理者总会经常与团队成员进行卓有成效的沟通。这些沟通能够让管理者对工作的优先级、风险点、团队状态等做到心中有数，基于这些信息提供指导，可以让下属清楚接下来的工作思路，明白被期望的工作标准是什么，以及如何能表现最佳并提升绩效水平。更重要的是，这些沟通能够营造自由、轻松、互相信任的氛围，让员工充满能量去工作。

我们经常在培训中用 1 比 167 这个数据对比，来形容发展面谈给员工带来的能量。按照每月工作时间 21 个工作日，每天工作 8 小时，员工总工作时间就是 168 小时。如果管理者能够花 1 小时时间真正地从员工的角度出发，与员工谈近期的感受、能力现状、未来的发展目标以及他的提升计划等，让员工感受到管理人员真诚的重视，那么员工在剩余的 167 小时里，都将以饱满的热情投入到工作中，保持高绩效状态。具体如图 5-3 所示。

图 5-3　1 小时撬动 167 小时

1 小时的发展面谈的流程一般是从开场、上期业绩及成长回顾到下期改进与发展计划，再到上级绩效评价与发展建议。在每一个环节中都有一些细节与事项需要面谈者注意，让面谈真正发挥价值。发展面谈流程如图 5-4 所示。

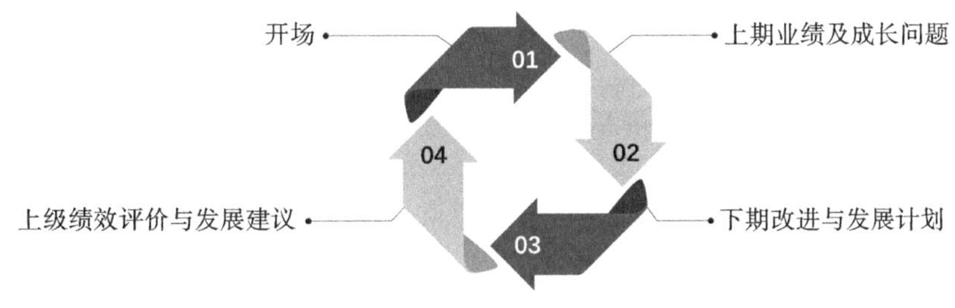

图 5-4　发展面谈流程

环节一：开场

作为发展面谈的导入环节，开场在整个面谈时间中的占比很小，但是开场决定着一场面谈的整体氛围与基调。面谈者需要创造和寻求舒适的、开放的气氛，使被面谈者心情放松，保障自由轻松的交流。一旦氛围凝重，被面谈者可能会不够坦诚甚至会有所抵触，削弱面谈的效果。

建议面谈者提前与被面谈者预约时间，并准备好足够舒适的面谈环境。

环节二：上期业绩及成长回顾

此环节是对上一工作周期的总结，由面谈对象简要总结重点工作完成情况、能力素质的变化以及自己的感受。这时候不需要上级过多评价，而是以倾听为主，通过提问的方式引导下属进行思考与阐述，并予以鼓励和肯定。

在面谈中肯定和提问是十分关键的技巧，决定着面谈的质量和效果。

环节三：下期改进与发展计划

下期改进与发展计划包括工作计划和个人提升计划，是基于原计划的完成情况、个人发展情况及存在的问题，确定针对性的改进举措。制订下期改进与发展计划时需要结合公司与部门发展计划，要注重与原计划的关联性，注重计划的可执行性，明确时间节点、操作方式、成果要求等。

环节四：上级绩效评价与发展建议

绩效评价与发展建议是发展面谈的总结环节，这个环节的关键在于明确员工的贡献、优势与改进点。

在这个环节，面谈者在完成之前环节的倾听后，开始表达自己的想法。首先，面谈者需要针对面谈对象的回顾与分析给出评价，包括成绩和不足、优势和劣势、发展建议。对于工作及业绩，需结合目标及衡量标准进行评价，肯定员工的贡献及成长，结合具体的事例来回顾工作的瑕疵与不足，并对员工需要改进的地方给出明确而具体的建议。面谈者给出的发展建议越具体越好，并与员工讨论所需的资源和支持。

发展面谈小贴士

1. 面谈准备

- 提前通知下属谈话的目的和预算时间。
- 充分掌握下属的实际工作表现和业绩、习惯和发展愿望。

2. 面谈的地点安排

- 不宜安排嘈杂的容易产生压力的环境。
- 应安排安静的、不被打扰的空间，这样容易做到心平气和。

3. 面谈的位置安排

- 如图 5-5 所示，面谈者与面谈对象尽量避免如 A 所示的对立式座位设置。

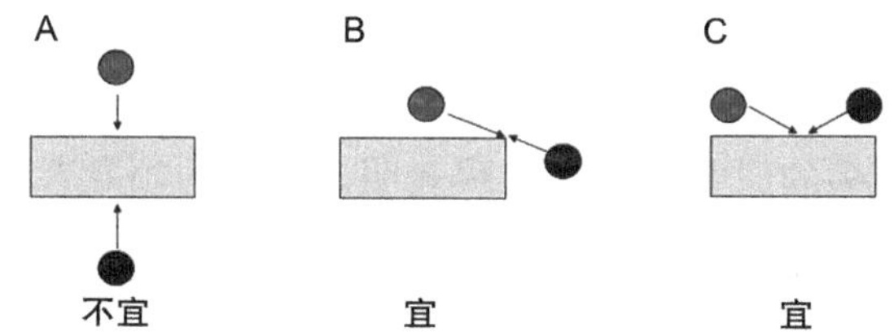

图 5-5　面谈座位安排示意图

4. 避免面谈者易出现的五种角色

（1）审判官：倾向于批评下属的不足，发展面谈演变成了批评会。

（2）一言堂的长辈：面谈者一言堂，不给下属发言的机会。

（3）老好人：评价宽松，发展面谈成走过场，让下属感觉面谈没有实际作用。

（4）挑战者：对员工要求过高，不考虑员工实际情况，不做公正合理的判断。

（5）报复者：以个人好恶作为评判标准，拼命揪住“小辫子”不放。

准确的自我定位与发展面谈流程，能够让发展面谈具备撬动更高价值的基础，但真正发挥发展面谈的作用，还需要掌握一些技巧，让面谈成为管理者赋能的有力工具。

让提问成为赋能法宝

杜邦公司前董事长兼首席执行官贺利德（Chad Holiday）曾说：“我发现，当别人向我提问时，我都会精神振奋。我好像进入了一个不同的情境里，我一整天都在努力做同样的事情。我总是在提问，很少下结论，除非了解了对方的能力、关注点以及是否具备开放的心态等，直到那时，我才会进行下一步。如果不提问，我可能就会低估相应的情境和难题，漏掉一些关键事项。”

最近越来越多的研究及组织实践表明，成功的领导者都善于使用提问的领导方式，并且能够营造鼓励提问和回答的积极氛围。他们认为提问不仅可以获取信息，还能够引起人们的注意，激发新想法，引导人们探索新思路和新方法；更重要的是，提问还能够增强自信心。卓越的领导者能够通过提问鼓励员工全身心投入工作，增强团队协作，激发创新思维，从而赋予员工能量，高效解决问题。

一位父亲的每天四问

一位父亲对孩子的教育方式比较独特，他并没有花大量的时间辅导女儿做功课，而是每天回来后都跟女儿聊十分钟，每次只聊四个问题。这四个问题是：

（1）学校有什么好事发生吗？

（2）今天你有什么好的表现？

（3）今天有什么收获吗？

（4）有什么需要爸爸帮助的吗？

看似简单的四个问题，其实是在给孩子赋能，每个问题都有它的价值。问学校发生的好的事情，是希望了解女儿的判断力与观察力，也引导其对这个世界的敏锐感知。问女儿好的表现，是希望帮助女儿回顾自己感到自豪的行为，并强化这种行为。问女儿的收获，是让其总结、回顾在生活中、学习中获得了什么，体会收获的价值感。问女儿需要的帮助，则是确认女儿成长与生活中的需求，同时给予女儿内在的安全感，确保其需要时随时能够寻求支持。亲子关系虽然相比于职场关系有差异性，但这位父亲却在做着一个领导者应该做的事情：以提问和倾听，代替指令与要求，通过正确的方式引导对方发挥最大潜能。

相比于这位父亲，很多管理者还没有意识到提问的价值。正如领导力大师诺埃尔·蒂奇（Noel M.Tichy）所说，“很多管理者在与员工的日常互动中，他们通常不是发号施令，就是对别人的观点或表现品头论足。这是在关闭学习的大门，他们这种只说不问的领导方式事实上让组织氛围更加沉闷，变得越来越迟钝，员工与组织渐行渐远，越来越没有活力。在这样的组织里，几乎没有什么知识的共享和传递，大家都默认智慧属于高层，高级管理层以下的每个员工都应该不必思考。”

当然，很多管理者即便是用提问的方式去沟通，其问的方式也存在很大的问题，没能起到赋能的效果。下面的问话方式是有些管理者经常用到的：

- 你为什么没有完成？
- 你哪些方面做得有问题？
- 你为什么没有提前想到？

- 你为什么不提前沟通？
- 你怎么会犯这么低级的错误？

这些问题站在管理者的角度，其目的并不是获取信息，而是指责，常常会给员工带来消极情绪，打击下属的积极性，是“负能”而不是赋能。

要真正赋能，激发下属思考，提高下属积极性与参与度，管理者需要在提问的方式上接受专业的指导。当然，管理者自身的意识转变最为重要。下面的赋能式问题可以供管理者参考。

帮助总结收获与优势

- 到目前为止，你对自己哪项工作最满意？
- 完成这项工作，体现了你的哪些优势？

帮助分析差距

- 你是如何分析未完成原因的？
- 哪些方面你感觉是有遗憾的？
- 如果能够提前想到，结果将怎样？

帮助明确目标与改进计划

- 如果让你重新做一次本月工作，你觉得哪些地方会做得更好？
- 你想让这个项目取得什么样的结果？
- 如果你能实现所定目标，能给我们的客户带来什么价值？能给我们的公司、团队和你个人带来什么价值？

辅导发展与提供支持

- 你这段时间的收获是什么？个人发展中有哪些困惑和瓶颈？

- 要实现下一个成长目标，你还有哪些需要突破的？困难在哪儿？
- 为了更好地完成工作 / 为了更好地成长，需要我或者公司提供什么样的支持？

一个好的管理者，首先是一个好的“教练”，教练在与辅导对象的沟通中，遵循的首要沟通原则就是提问而不是给出答案。通过提问，能够引发员工的思考，鼓励他们自己去寻找答案。好的问题能够帮助下属认识到自己在整个团队中的重要作用，让下属感受到公司的帮助与支持，同时帮助下属建立积极向上的态度和自信心。管理者以开放、学习的心态对员工提出这类问题，实质就是一个赋能的过程。

3A 式表扬

美国著名管理学家斯蒂芬·罗宾斯（Stephen P. Robbins）在《管人的真理》一书中介绍说，有 1500 位来自不同岗位的人接受了一项调查，旨在发现什么是最有力的激励因素，他们的反馈是，认可，认可，还是认可！

顶级激励专家艾德里安·高斯蒂克（Adrian Gostick）在其书中介绍了全球范围内做的一次调查，调查表明，在“影响员工敬业度的因素”中，“赞赏”排在了工资的前面。调查还发现，有高达 74% 的领导者不去赞赏自己的员工。与此同时，另一项研究发现，员工认为管理者对他们工作佳绩表达的谢意是各类激励因素中最重要的。但遗憾的是，58% 的研究对象说他们的领导从来没有说过一个谢字。

为什么对于赞赏、认可的需求和供应之间会有如此大的鸿沟？

一方面的原因是管理者的意识问题。很多管理者不认为看似轻而易举的认可会有那么大的价值，或者不认为应该给予下属那么多的认可，“工作做得不好，只给他们说好听的，起不到作用”，这是有些管理者的反馈。

当然，怀疑可以被现实击破。在每一次现场培训的互动中，参与的管理者都会反馈他们在从他人的赞赏、认可中获得的价值。“当同事给予我更多认可的时候，他给我提出来的建议让我很容易接受。”“我原来以为我的有些优点，不熟悉我的同事根本看不到，但他们给我的反馈让我知道他们是了解我的，这一点让我很感动。”

另一方面的原因，是管理者没有掌握认可的正确方法。很多管理者对于下属的认可和赞赏并没能起到激励的作用，或者用模糊的语言表达赞赏、认可，或者反而给被认可者更大的压力——整体不痛不痒的认可，却挑出很多具体的差错予以指责、批评。管理者对下属的认可，不是“为了激励而激励”的形式主义，应该是真诚的、有感而发的，应该是具体而明确的，真正让下属感受到被激发的力量。

3A 式表扬（如图 5-6 所示），是一个能够起到很好激励效果并让管理者易于掌握的赋能工具。它由三步骤构成，先是描述被认可者的具体行为，之后提炼其动机或角色，最后表达认可和感谢。通过分解的步骤让认可更加具体、明确且真实可信，也让认可的力量最能够打动被认可者。

图 5-6　3A 式表扬

描述行动

认可的第一步是描述行动，描述行动时不能过于笼统，越具体越好。描述行动会让被认可者更清楚地意识到自己因何事被认可，强化其行为模式；描述行动有利于让大家知道组织想要什么样的行为，知道上级的需求，激发正向行为更加频繁地出现。

提炼动机

认可员工并不仅限于赞赏其良好行为的结果，高明的管理者还会赞赏员工行为背后的动机，提炼员工行为的动机就是寻找员工的某种优良品质与精神。动机可以与公司核心价值观结合，能够通过对具体行为的认可强化价值观认同。

表达认可 / 感谢

最后是表达对员工的认可与感谢，并对未来表现提出期望。这一步的关键是体现出真诚的赞赏与期待。

3A 式表扬示例

描述行动：小李，你三天时间完成了客户急需的一个方案，获得了客户的高度赞扬。其中两天是在假期，牺牲了自己的休息时间。

提炼动机：虽然是一名新人，但你能够给客户提供优质的服务，提升了公司在客户面前的专业形象，这让我感受到了你对我们“客户第一”这一价值观的坚守。

表达认可 / 感谢：你的行为充分体现了我们公司所倡导的精神，这一行为是我们价值观的标杆，对于你坚守我们的价值观，我需要予以表扬，对于你的付出，我代表公司对你表示感谢。

当我们用 3A 式表扬对员工和同事表达认可的时候，认可会更加真实、自然，不论是对于被认可者还是旁观者，大家都更能感受到事件和行动本身带来的力量。这样的力量会让被认可者感动并强化行为，也会让其他人更明确需要学习的行为是什么。3A 式表扬不限于发展面谈的时候，在任何情况下管理者都可以通过 3A 的形式对员工的优点或成绩进行表扬。

一次意外的“感恩会”

当我们为强达公司安排发展面谈培训的时候，是有些忐忑的——大家太业绩导向了，任何不能直接带来业绩的会议安排都被视为浪费时间。

强达公司是一家贸易公司，在细分行业属于领先者，因为受到大环境与内部管理基础薄弱的影响，正在忙于维持自己的正常增长。长期的业绩导向，让整个公司形成了一种高严格、低关怀的文化氛围，上下级之间很少进行深入交流，员工很难得有被认可的机会。

在讲完3A式表扬的内容后，我们安排参与者两两做实战练习。原计划安排两组上台做个展示，但却有更多的人举手示意希望上台，直到在场参加培训的人全部上台对自己的临时搭档当面表达了感激——3A式表扬已经演化成了表达感激的仪式。现场有互相表扬后的自发拥抱，有表达过程中的哽咽，还有互相表达感激后的双双落泪。这种场景在强达公司曾经出现过，但那是很久以前的事情了，在场的老员工都发出了感慨。

在场的总经理钟强也被深深感动，特别争取了最后发言的机会，“这是感恩的时刻，过去好长一段时间，我们只注重工作，而忽略了彼此的赞赏和交流。其实，这是我们团队变得强大的能量来源，希望我们重拾互相‘赋能’的传统，让我们能够有保持持续发展的力量。”

企业的持续增长，需要有持续的力量，而这种力量，很可能来自于被我们忽视的地方。作为团队领导者，我们的管理人员需要找到并用好能够给予员工力量的方法与工具。

AID 式辅导

帮助员工认识、改进不足是发展面谈不可回避的主题之一。反馈的本质是帮助员工改进而不是批评，最重要的是以合适的方式让员工正确认识不足、接受反馈。

这并没有看起来那么简单：有的管理者含糊表达问题，有的管理者则过于直接地指责，还有的管理者干脆回避……

一位财务管理者很委屈地抱怨自己遇到的困惑：

“我是做财务的，经常发现员工犯一些低级错误，不指出错误，他们不知道改正，我说了他们几句，积极性就不是很高，工作就没有那么卖力了，其中有个员工因为我多说了几句就离职了。我很惊讶，究竟是员工太脆弱了，还是我太严格了？下属在工作中有失误，我难道不能说两句吗？为什么一提到失误，他们就有那么大的反应呢？”

很多管理者也会有类似的难题。这与领导者的魅力和员工的个人素质有一定的关系，但多数情况下与管理者反馈的方式有更直接的关联。应该如何进行有效的反馈呢？

AID 式辅导（如图 5-7 所示）是一个能够帮助员工改进的有效方法。AID 由 action、impact、demand 三个英文单词的首字母组成，中文意思是“帮助”，管理者以帮助的心态指出员工不足能起到更好的效果。其流程是先描述不足的具体行为（action），然后说明带来的后果与影响（impact），最后让员工发表自己的看法，管理者提出要求（demand）并给予支持。

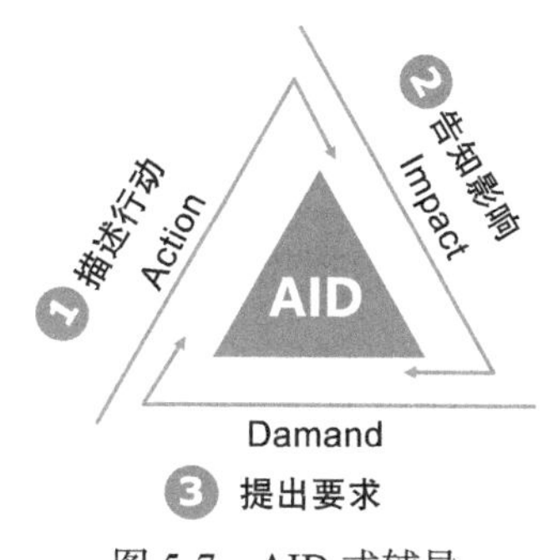

图 5-7　AID 式辅导

描述行动

针对员工的行为进行尽量客观的描述，坚持对事而不对人，描述而不做判断。这一步需要注意的是，牢记反馈的目的是改进，而不是指责。

告知影响

客观阐释员工行为造成的负面影响，最好能够用具体而量化的数字描述造成的危害。这一步需要注意的是，告知影响时可以用感性的事例说明，尽量避免加入自己的倾向和判断，以免让员工感到管理者在夸大。

提出要求

此部分内容是与员工探讨下一步的改进措施，首先可以通过提问激发员工自己思考，然后以积极倾听的态度听取员工本人的看法。最后，管理者需针对改进提出具体、明确的需求。

AID式辅导示例

描述行动："小张，分析中的两个数据错误，当时给你提出来了，没有修改就提交给了财务部门。"

告知影响："这两个数据的错误，让管理层在会议上浪费了半个小时在讨论。在发现错误后，领导现场委婉地对我们提出了批评，兄弟部门对我们的印象也受到了影响。"

提出要求："小张，你怎么看待这个问题？准备采取什么措施改进？"

"抱歉！经理，确实是我疏忽了。我准备……"

"很好，我同意你的改进意见。我还有一个建议，为了保证准确性和报告质量，每次完成报告，你可以找老同事帮忙把把关，他们有经验，也能从客观角度帮助检查可能出现的小错误。"

优秀的管理者能够帮助员工自我觉察，认识自己的认知盲点并改进，而不是一味指责。AID 式辅导，就是管理者辅导员工自我觉察的工具，既让员工意识到问题的影响，又能知晓如何改进。无论在面谈中还是在日常工作的沟通中，AID 式辅导都可以成为管理者的有力工具。

欣赏式复盘为组织赋能

针对个体的赋能可以通过发展面谈进行，而针对组织的赋能，则可以通过欣赏式复盘来实现。

复盘是围棋术语，意指对弈者在下完一盘棋后，把对弈过程重新摆一遍，看哪里下得好，哪里下得不好。“前事不忘，后事之师”“吾日三省吾身”“吃一堑长一智”等古人的智慧，都说明了做回顾、反思的重要性。美军的行动小组也实行行动后反思（after action review，AAR），通过 AAR 增强训练效果，提升执行力并培养团队协作能力。

在商业领域应用复盘最为知名的是联想，联想创始人柳传志对于复盘的概念做了简单明了的界定。

“一件事情做完了以后，做成功了，或者没做成功，尤其是没做成功的，坐下来把当时的这个事情，我们预先怎么定的，中间出了什么问题，为什么做不到，理一遍，这样下次再做的时候，这次的经验教训他就吸收了。”

联想的复盘要求团队达到四个层面的目的：

第一，知其然，知其所以然。

第二，传承经验，提升能力。

第三，不犯同样的错误。

第四，总结规律，固化流程。

除了联想，华为、万达、英国石油公司等众多优秀企业的实践都表明，复盘是帮助企业员工快速从经验中学习的结构化方法，也是增强团队协同作战能力、实现知识萃取与共享的有效途径，可以有效地推动组织能力持续提升。马云在一次内部分享中专门谈到了阿里巴巴早年加班复盘的经历，“阿里早年也加班，但是我们加什么班？加学习的班，我们 8 小时工作以后，晚上主要是复盘、学习——我们今天做错了什么，什么事情应该修复，我们应该怎么互相学习。”

复盘就是为了获得好的学习效果，追求有意义的成功。哈佛大学教授大卫·加尔文（David Garvin）曾指出，学习型组织的快速诊断标准之一是“不犯过去曾犯过的错误”。学习型组织正是善于反思与复盘的组织，它们通过复盘找到工作中内在的经验或规律，并在组织中传播。

优秀的企业希望通过复盘打造学习型组织，但现实中复盘做得不尽如人意。很多企业把复盘会议开成了“批斗会”，参与者相互找茬，习惯性防卫，现场士气低落、压抑。更糟糕的是，这种氛围内在地破坏了团队的有效协作，造成一定的内耗。造成这种局面，多数是因为会议总是只关注问题，不关注原因和改进，只关注责任，不关注整个团队的成长。

我们在《欣赏式探询催化行动学习》一文中提到，“每个组织系统中都有许多尚未开发的、激动人心的积极资源。如果将这些资源组合到一起，就能找到‘积极的能量’。通过这些积极的能量能让人们充满激情地积极参与探询组织的变革核心，进而加以整合，不仅可以使员工集中于美好事物而避开令人焦虑和沮丧的事物，还有利于激发团队智慧，给个人、团队以自由思考、想象的空间，最大程度地调动组织员工的积极性，起到事半功倍的效果。”

因此，面对组织的难题和极具挑战性的目标，培养和保持组织成员的热情十分重要，高明的做法是将欣赏式探询作为复盘的主基调。欣赏式基调下的复盘能够调动组织中“积极的能量”，激发团队的潜能，促进团队积极参与，进而为组织赋能——我们将这种复盘定义为欣赏式复盘。

欣赏式复盘，是通过营造积极氛围，重点挖掘优势和收获，完成一项任务的目标回顾、差距分析、行动计划，过程中不断调动相关人员的积极心理，通过欣赏式探寻确保其发自内心地接纳并做出改进，充分开发团队潜能，避免传统复盘过程中的负面情绪，在潜移默化中让任务责任人和复盘参与者接受，实现组织整体的学习与改进。

联想的复盘分为四步，即回顾目标、评估结果、分析原因、总结经验。也有人将其扩展为八个步骤：回顾目标、结果比对、叙述过程、自我剖析、众人设问、总结规律、案例佐证、复盘归档。上述两种都是完整的反思工作情况的步骤，但如果要保证过程的顺畅和复盘效果的达成，需要更加强调氛围的营造。

在欣赏式复盘中，我们特别强调了正向氛围的营造与对未来的展望。我们将复盘的步骤总结如下（如图 5-8 所示）：

第一步，总结收获。

第二步，回顾目标。

第三步，众人设问。

第四步，行动计划。

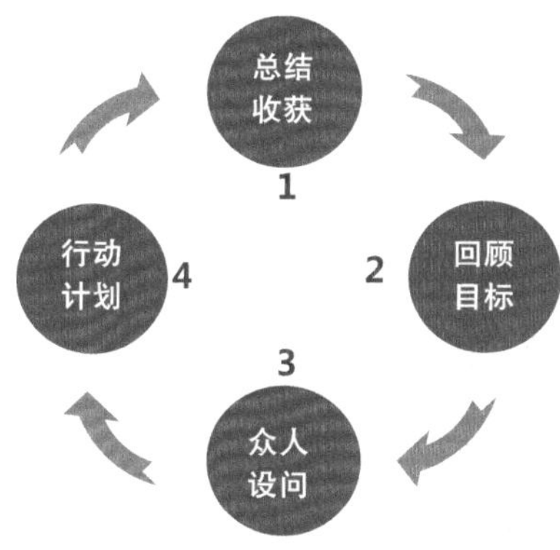

图 5-8　欣赏式复盘四步骤

欣赏式复盘把总结收获放在首位，其目的就是通过总结亮点与收获为复盘过程奠定正向、积极的基调，在这样的基调中，更容易出现欣赏而不是指责。欣赏式复盘通过众人设问的形式分析问题，提问需要具有激励性、欣赏性，以此调高参与者的积极性与参与度。

总结收获

总结收获就是总结取得的成果，总结团队所获得的成长与发展。总结收获作为第一步，能够让大家在回顾成绩中进入一个较为积极向上的状态，此时的参与者更容易打开心扉，以开放的心态面对可能的问题与差距。若一开始就盯着差距，势必会使得整个会议氛围变得沉重，降低员工的积极性与参与度，导致复盘难以进行。

总结收获可以是总结阶段性目标达成状态，也可以是某个项目、一次活动或者一件任务，可以是目标完成度，也可以是经验的积累、人才的锻炼、客户满意度提升、工作流程的优化等。总结收获的时候，可以通过回答如下问题进行总结：

（1）我们取得了哪些值得自豪的成果？

（2）我们在过程中总结了哪些有价值的经验？

（3）我们的团队获得了哪些成长？

（4）我们获得了哪些意料之外的收获？

（5）我们做对了什么能够有此收获？

取得了哪些值得自豪的成果，是总结达成目标情况；总结的经验则是在过程中总结的，可以用作以后工作借鉴的指导性信息；而团队及团队成员在完成任务过程中的成长，虽然是隐性的，但同样有很大价值，却往往被忽略；意料之外的收获是另一个容易被忽略的成果，在完成任务过程中，我们总能得到一些意外的成果，这些同样应该做出总结；最后，则是对能够帮助我们有所收获的驱动因素进行回顾，以帮助我们持续去做对的事情。

回顾目标

回顾目标是对战略共识的回顾与反思，是对目标达成情况的梳理和确认，是评估的基准，也是工作内容复盘的关键节点。在回顾目标环节，实际包含了两项工作，一是回顾当时的目标共识及设立的初衷，二是明确实际结果与目标的差异。

回顾目标，可以通过找到以下问题的答案来做出总结：

（1）我们当初的目标共识是什么？

（2）我们形成目标共识的意图或初衷是什么？

（3）我们为达成目标而制订的工作计划是什么？

（4）相比于目标共识，我们当前的完成程度如何？

（5）相比于目标共识，我们的差距有哪些？

（6）相比于原定的工作计划，我们还有哪些该做的工作没有做？

通过以上问题，能够更加清晰地认知真实目标，确定是否是真正希望达成的目标。除了对目标共识的审视外，还有对于达成目标的工作计划的审视与评估。当然，一个很重要的任务是回顾目标的达成情况，找到真正的差距所在。找到真正的差距，是分析原因并找到对应方案的基础。

对比工作成果与原定的目标共识，一般会出现四种情况：一是工作的结果超过目标，工作完成情况比预期要好，此部分工作进展需要保持；二是工作结果不及目标，完成的工作比设定的目标要差，此部分工作要重点改进；三是在最初目标基础上需要增加目标，一般是过去未考虑到的重要工作事项；四是原目标中需要删除的，这部分因形势变化而不再是要追求的目标。表 5-2 是一家企业制造工厂的目标与达成结果的对比，分别展示了上述四种情况。

表 5-2　某企业制造工厂结果与目标对比表

类别	目标	结果
保持的优势	（1）生产计划完成率 98% （2）制造成本降低 5%	（1）生产计划完成率 99.2% （2）制造成本降低 9%
需要改进的	（1）每月客户投诉件数 1 （2）库存周转率≥5 （3）质量成本损失≤0.3%	（1）每月客户投诉件数 3 （2）库存周转率 4 （3）质量成本损失 0.5%
需要增加的	（1）人均产值 65 万元	—
需要删除的	（1）每年客户抱怨总数	—

通过结果比对后发现差距，不是最终的目的，最终目的是发现背后的原因。所以，复盘不是停留在关注差距有多大，而是在出现差距的地方去提出疑问：为什么会有这样的差距？

众人设问

公司整体目标的完成需要各个部门相互配合，审视整体目标完成情况的时候，也需要从多个部门的视角展开。同样，在做部门的复盘或团队的复盘时，需要超越部门或团队本身的视角进行审视。

要找到“为什么会有这样的差距”这一问题的答案，需要主要利益相关者共同提出问题，共同发掘背后的影响因素。开展的形式，就是让所有跟主题相关的部门或人员均参与众人设问环节。众人设问可以群策群力，将整个组织的智慧发挥出来。众人设问的价值巨大，但因为涉及人员较多，需要在过程中有序地引导和控制。

针锋相对的复盘会议

锦湖公司每季度召开的复盘会议，往往会开成“吵架会”，无论目标完成好坏，都是如此。渐渐地，大家都不再期待甚至开始排斥这个定期的会议。

“为什么这样的单子也要做，营销评估过风险与利润吗？”

“为什么我们的产品交付及时比例还是那么低？”

“我们的新产品，跟客户都承诺了半年了，什么时候能通过中试？”

……

这样的问题在每次会议上都会以质问的形式被提出，众人设问成了众人质问。被提问者顶不住压力，便逃避问题，或者将一些尖锐的问题抛回给对方，以缓解自己的压力。目的是挖掘背后原因、寻求解决方案的众人设问，成了营销、研发、生产等部门互相找茬的环节，整个会议从复盘找原因演变成相互指责和质疑。

如果像案例中一样将复盘会开成“批斗会”，便无法引发真正的问题探究和建设性的解决方案，起不到集思广益的效果。如果要复盘真正起到反思、成长的目的，需要避免类似追责式的问题：

- 你们是不是哪里出现了问题？
- 为什么总是出现这样的状况？
- 为什么你们不按照大家建议的那样做？
- ……

当提出的问题倾向于追责或者归因时，作为复盘的主题责任人很难能够以客观、平和的心态做自我反思，更无法获得想要的答案。在众人设问的环节，作为回答众人问题的主题责任人，承担着巨大的压力，更需要正向的激发以获得力量。所以，需要把欣赏作为众人设问的主要基调，用欣赏性、激励性以及探讨性的问题代替指责性的问题，营造一个充满能量、相互信任的氛围。

在众人设问中，为了获得想要的答案，也为了能够营造开放、积极的氛围，大多需要采用开放式问题的形式，但在部分情境下，需要通过封闭式问题来确认信息。所以，开放式问题为主、封闭式问题为辅是设问的主要模式，两种提问方式的应用关键是“问得其所”。

众人设问问题示例如表 5-3 所示。

表 5-3　众人设问问题示例

何时使用封闭式问题	何时使用开放式问题
确认理解一致： “是不是大家都了解了季度绩效复盘的目的？”	**鼓励头脑风暴和创造型：** “对解决这个问题，你有什么看法？”
验证特定信息： “你认为需要多长时间才能完成这一改进措施？”	**引导大家吐露真情：** “其他人怎么看？”
确认达成一致： “大家是否认同这三项作为复盘主题？”	**介入：** “大家隐瞒了哪些想法和观点？”
鼓励表达不同的观点： “是否还有不同的观点？”	**促进开放与信任：** “对于保密的事情，你建议如何做？”
验证团队成员的需求： “ 大家看是今天晚上加班复盘还是明天上午？”	**鼓励安静或不情愿的人员：** “小张，你对此感觉怎样？”
确认任务或目标： “大家是否清楚了回顾目标这个环节的任务？”	**探究更多信息：** “你还能告诉我其他一些东西吗？”

如果说通过欣赏式提问可以给予参与人能量，让复盘进入一种积极向上的氛围，更容易推进复盘进程，那么逻辑严密的追问，就是找到真相的法宝。

通过层层递进的连环追问，可以看出叙述人在哪些方面考虑不周，对哪些方面认识不够，哪些方面的表述相互矛盾，可以将存在的问题充分暴露，也能够当场发现需要补充了解的知识和信息。通过追问还可以让我们始终关注最终目标，避免出现偏差。丰田公司的“5why”分析法，就是通过连续追问 5 个为什么，来探究问题背后的真正的原因，并找出解决办法。

丰田公司的“5why”示例如表 5-4 所示。

表 5-4　丰田公司的“5why”示例

提问	回答
问题 1：工厂地板上为什么有漏出的油	因为机器漏油
问题 2：为什么机器会漏油	因为机器的衬垫磨损
问题 3：为什么机器的衬垫会磨损	因为购买的机器衬垫质地不佳
问题 4：为什么购买的机器衬垫会质地不佳	因为这些机器衬垫比较便宜
问题 5：为什么会买便宜的机器衬垫	因为企业以节省短期成本作为对采购部门的绩效评估标准

如表 5-4 所示，通过对一次漏油事件的层层追问，找到了问题的根本原因，并形成了解决根本问题的方法：改变企业对采购部门的绩效评估与报酬奖励方式。

使用这种追问法，既需要确保问题问得精准，又需要参与者真正了解实际情况，给出的答案是准确的，否则很难得到正确的结论。比如，针对第一个回答，“因为机器漏油”，接下来问题如果是“为什么机器漏油不进行修理”，解决的思路就变成及时修理机器；再比如，针对“为什么机器会漏油”，如果给出的回答是“因为操作人员操作不当”，思考的方向就会变成对操作人员进行评估或培训。

在复盘中，在回顾目标并认知到差距后，能够分析到真正的原因才是达成复盘目的的根本。为找到真正原因，通过众人设问的方式，可以集思广益，借助大家的智慧去追根究底。但所有的参与人员，都需要掌握提问与追问的技巧，才能够更高效地达成目的。

行动计划

在通过众人设问的方式挖掘到差距的原因后，就需要将后续的工作落实到具体的行动计划中，这也是欣赏式复盘的特别价值——面向未来，以行动计划使复盘形成闭环。

行动计划讨论的第一步是明确需要采取的举措。针对在总结收获、回顾目标及众人设问环节中讨论的内容，可以从我们要保持的、我们要克服的、我们要开始的三方面界定对应的举措，使得目标能够有更为直接的支撑性行动（如表 5-5 所示）。

表 5-5　复盘中举措总结示例

我们要保持的优点	我们要克服的不足	我们要开始的举措
（1）生产与营销部门协作配合好 （2）员工具有精益生产意识 （3）生产计划安排 ……	（1）工艺人员的技术能力 （2）员工的自检能力 ……	（1）增加与研发部门的项目技术交流会 （2）采用 QBP 模式，部分质量人员支持分厂，提升分厂人员质量意识与技能 ……

行动计划讨论的第二步，就是将所罗列的举措落实在具体的计划中。复盘所形成的行动计划，应该与前文中介绍的工作计划格式类似，包括任务、预期成果、时间、所需资源与支持、责任人等信息。这些信息，将作为下一次复盘回顾的内容，以此形成复盘的闭环，提升组织和个人解决问题的能力。

行动计划表示例如表 5-6 所示。

表 5-6　行动计划表示例

任务	成果与评估指标	完成时间	所需资源	责任人
（1）每周组织一次与研发部门的项目技术交流会	产品报废率降低 10%	4 月 30 日	研发部协调员	王进
（2）采用 QBP 模式	各分厂具备成熟质量人员	3 月 20 日	公司高层审批	李勇

复盘的重要性已经被很多的企业所关注，众多企业的实践也表明，复盘能够帮助企业解决问题，提升业绩，改善协作，更重要的是它能强化组织能力。高效的复盘组织者需要明白如何将欣赏式的基调融入整个复盘过程中，通过各个环节的设置与发问激发组织的活力、释放团队的潜能，使整个团队的氛围积极向上，让团队的每一个个体真正地接受任务，迎接挑战，实现向个人和组织赋能。

小结

组织的战略目标的实现，不是简单地分解目标，依赖考核驱动。绩效管理应该由“业绩—奖金”模式转向“赋能—改进”模式，需要更多地向个人和团队赋能，通过赋能激活个体和团队的内在动力。

在落地“赋能—改进”模式的过程中，发展面谈是向个人赋能的重要途径。每个月拿出一个小时的时间与下属沟通收获、成长、不足及需求，使其保持更长时间的高绩效工作状态，这是发展面谈的最直观价值。发展面谈还能够让管理者走出传统的容易造成冲突的绩效面谈，更多的是谈个人成长、谈心，而不是谈绩效与差距，以此方式为员工赋能。管理者需要付出的，是一点点的时间及学习赋能的决心。

在落地“赋能—改进”模式的过程中，欣赏式复盘是向组织赋能的重要途径。复盘是将组织打造成学习型组织的重要方式，有其科学的流程与方法。但更重要的是通过优化流程与营造氛围，让复盘进入正向积极、提升改进的通道，避免成为互相指责的“批评会”。欣赏式的复盘方式，本身就涵盖了氛围营造的内容。管理者不仅需要学习复盘的流程，更重要的是提升氛围营造的意识。

关键发现

- 绩效管理由“业绩—奖金”模式转向“赋能—改进”模式是未来的方向。
- 绩效面谈要转向发展面谈，通过关注个人发展向员工赋能。
- 提问式的沟通方式是向员工赋能的法宝。
- 复盘通过帮助我们在经验中学习，让成功与失败都更有意义。
- 欣赏式复盘通过营造积极、正向的氛围，让复盘更容易达成目标。

Performance
Reconstruction

第六章——

消除铁饭碗的人才盘点

表现最差的员工通常必须走人，这样你造就一支全明星团队的可能性会大大提高。这就是如何建立一个伟大组织的全部秘密。

——杰克·韦尔奇

“团队绩效，对员工个人不做考核，能起到激励作用吗？”

“只做赋能，淡化考核，那些搭便车的员工，就跟着吃大锅饭了。”

这是在团队绩效管理推进中，企业管理者经常提出的疑问。走向团队绩效，如何做考核评价？不做面向个人的绩效考核，是不是就失去了对员工管理的抓手了呢？

团队绩效之忧：绩差员工跟着吃大锅饭

一个企业家的担忧

在一家客户企业现场，我们曾经跟企业家有过这样的对话。

企业家：“团队绩效是挺好，但对于我们现在恐怕不行。我们每个团队都有特别优秀的人才，也有比较差的，特别是销售队伍。优秀人才的业绩很稳定，其他人很难赶上他们。如果用团队绩效，就是让他们跟业绩差的同事共同承担，这对他们不公平，恐怕也会引起他们的不满。”

咨询顾问：“除了做好业绩，对于这些优秀的人才，还有其他的工作要求吗？”

企业家：“当然有啊！我们希望他们能够带带其他人，特别是新员工。如果他们能做管理，带领一个团队共同做好业绩就更好了，这也是对他们的培养方向。”

咨询顾问：“让优秀的人做一个带领团队共同提升业绩的领导者，和做一个孤身作战的销售人员相比，哪一个对于企业更有价值？”

企业家：“从长远来看，应该还是做一个优秀的团队领导者更好……”

咨询顾问：“团队绩效和强调个人绩效的管理模式，哪一个更容易让这些优秀人才投入到培养人才和带领团队上？”

企业家：“嗯。确实是强调团队绩效会更好一些，但是，这个需要时间，也要看个人的意愿……”

咨询顾问：“确实，需要考虑每个人的潜力、意愿等情况，但是我们的出发点一定是希望团队业绩最大化。任何转变，都很难找到最合适的时机，如果需要，当下就是最合适的。”

企业家：“我们的整体人才基础还比较差，短时间内重组团队也不现实，如果完全用团队绩效，恐怕有不少人会跟着搭便车的，公司的成本上升不说，还会让那些优秀人才更加不满。”

企业内管理者对于实施团队绩效有两种典型顾虑，一是担心对于那些优秀的员工不公平，引起他们不满；二是担心团队绩效纵容那些较差的员工，他们跟着吃大锅饭、搭便车。当我们判断是否该坚持某一个管理理念的时候，首要依据是它能否为企业带来持续的价值，而不是可能出现的风险，更何况这种风险是由于历史的错误做法而形成的惯性。

为什么企业家那么担心大锅饭？这背后有其历史原因，不少企业家对20世纪50年代到70年代中国集体主义、大锅饭的时代记忆犹新。在那段时间，大锅饭使得整个社会的效率极为低下。因为有了这段历史，在企业的管理中，企业家和管理者天然地对“大锅饭”有一种恐惧与排斥，对于任何可能造成吃“大锅饭”的情形，第一反应都是反对与拒绝。

没有铁饭碗的“大锅饭”

所谓“大锅饭”，就是对于一个团队的员工，不区分贡献大小、不区分表现好坏、不区分能力和素质差异，都给予无明显差异的回报，而且这种不公平回报是持续的。如何消除大锅饭现象？吉姆·柯林斯给了我们答案：一旦发觉换人之举势在必行，就当机立断。

如果能够及时让不合适的人离开，打破他们的“铁饭碗”，吃大锅饭的情况就不会出现，即使出现也不具有持续性。

打破“铁饭碗”，改善团队业绩

在星辰化工工作，对周君来说是一个不错的选择，但对于与他共事的优秀员工来说，刚好相反。

在加入公司的早期，周君做出了一些业绩，随着自身资历的积累，工作的投入度与学习新技能的热情都迅速减退，周君开始凭着自己的资历混日子。

面临行业洗牌与环境压力，星辰化工开始实施二次创业、管理升级等变革举措。当很多员工自我提升的时候，周君跟几个老员工一起，质疑并消极应对公司的变革举措。公司对他及其他老资格员工，既念及感情，又考虑到没有合适的人接替其工作，选择了包容，只要公司业绩不差都会发放年终奖金，这让周君感觉自己捧着的是“铁饭碗”。

但是，在那些努力奋斗的员工眼中，周君成了“搭便车”的代名词。因为“周君”们的存在，那些努力奋斗、积极奉献的优秀员工，有些带着遗憾离开了，有些也开始放松自己，跟着吃大锅饭。

优秀人才流失、团队奋斗激情明显减弱、外部人才很难引进，公司开始认识到问题的严重性。尽管仍然有很多顾虑，但星辰化工的高管团队终于下定决心请“周君”们离开。周君离开后，他所在的团队负责人发现，他一直认为的“整个团队较弱”“团队需要有周君这样的老员工带领”并不符合实际。当不劳而获者离开的时候，其他人的奋斗激情被重新激发出来，那些有更强奋斗激情的员工，开始起到表率作用，带领团队明显改善了公司业绩。

打破铁饭碗，不合适人员的吃“大锅饭”的现象才不会出现。打破铁饭碗最有效的手段，是让那些想吃大锅饭而没有贡献的人离开。

打破铁饭碗，做得最为知名的是杰克·韦尔奇，他以非常坚决的态度，推进通用电气每年开展人员分类与淘汰。

“每年，我们要求每一家 GE 公司为他们所有的高层管理人员分类排序，其基本构想就是强迫每家公司的领导对他们领导的团队进行区分。他们必须区分出在他们的组织中，哪些人属于最好的 20%，哪些人属于中间的 70%，哪些人属于最差的 10%……表现最差的员工通常必须走人。”

只是基于一个团队人员的强制分布，就让排在末尾的10%员工离开，会不会过于残酷？杰克·韦尔奇如此回答这个问题：

“在我看来，让一个人待在一个他不能成长和进步的环境里才是真正的野蛮行径或者‘假慈悲’。先让一个人等待着，什么也不说，直到最后出了事，实在不行了，不得不说了，才告诉人家‘你走吧，这地方不适合你’，而此时他的工作选择机会已经很有限了，而且还要供养孩子上学，还要支付大额的住房按揭贷款，这才是真正的残酷。”

通用电气利用强制的末位淘汰打造了一个更为优秀的团队，提升了组织能力，做到了很多领域的数一数二。

那些在组织能力的打造上成为标杆的企业，都引入了通用电气的活力曲线做法，华为是其中的代表。任正非早在2002年就提到过华为的用人方式，“我们还是要在各个组织结构中实行优胜劣汰，就是要把不合适的干部调整到合适的岗位上去，把不合适的员工劝退。否则我们的人均指标永远都达不到较好的水平。有人说，这样做是不是太残酷？但问题是，市场本身就是残酷的。”在七年之后的2009年，任正非进一步强调要将不合适人员的淘汰与绩效管理工作链接起来，“要逐步把不合格干部清理和员工末位淘汰工作融入日常绩效管理工作体系中，以形成一体化的工作模式，而不是独立开展的工作”。

华为每年招聘大量优秀毕业生，但近年员工总数并没有明显增长。因为华为会将那些不能也不愿持续奋斗的“坐车者”果断地请下车，每年会有5%～10%的人员淘汰。华为内部的管理者说，“为什么这么做？因为要保持压力的存在，让员工感觉‘有老虎在追着你’。”

除了从公司层面主动开展人员的优胜劣汰，当以团队绩效的方式做绩效管理，并赋予团队足够的自主权的时候，团队会自动自发地实现人才队伍的自我优化。

团队绩效对团队的自我优化

当一方商厦在三个小团队开展团队绩效试点的时候，他们面临的问题已经非常严重。一线销售员工以非正常手段争抢客户；销售经理形同虚设，没人听他们的，他们也不知道该怎么管理下属；老销售员靠着手里的客户资源，拿着高额业绩奖金，但开拓新客户能力和意愿并不强；新员工手里没资源，即便能力很强、投入很多，但业绩奖金却少得多……背后的原因可以归结为：每个销售人员都靠着自己的销售业绩拿奖金，只要有业绩就会受到公司重视。

团队绩效试点的核心内容，是取消基于个人业绩的提成奖金，员工个人奖金与团队整体业绩直接挂钩。这种改革当然会受到老员工的反对，但已然到了非改不可的地步，公司高层的态度也很坚决。在推进的过程中，公司结合员工的意见明确了实施规则。

- 三个团队的成员业绩考评主要与团队整体业绩挂钩，收入与团队整体业绩关联，只要团队整体业绩达标，就确保奖金总额不下降。
- 对三个团队的经理与员工进行评估，考察其岗位匹配程度。
- 给予团队管理者充分的管理授权，并对其进行管理能力提升的培训辅导。
- 给予团队成员一定权限，允许其向公司就管理者的管理工作提出建议。

经过一段时间的推进，三个团队开始出现不同的现象，但都体现出团队绩效带来的改变。

团队人才队伍自我优化模式如图 6-1 所示。

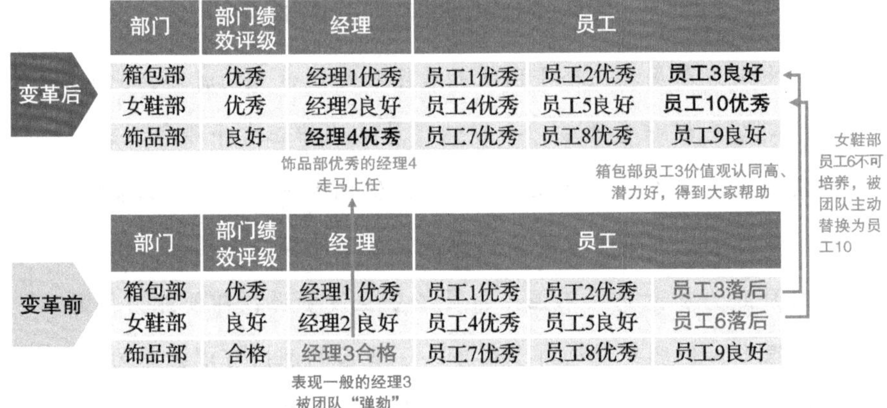

图 6-1　团队人才队伍自我优化模式

箱包部的经理和两个员工在评估中和在实际工作中都表现比较优秀，但员工 3 是新员工，虽然认同公司且潜力不错，但因缺乏经验导致业绩不佳。在推进团队绩效后，经理和两位优秀员工都开始花费更多时间去帮助员工 3，经过三个月的努力，员工 3 的表现开始有明显改善。

女鞋部的一个中等偏上的经理，带领了一个优秀员工，一个中等水平员工和一个相对落后的员工 6，在经过一段时间的帮助辅导后，员工 6 并没有表现出太强的上进心，仍然停滞不前，经理和优秀员工选择了放弃。很快，员工 6 被员工 10 替代，为了挑选这位替代人选，他们整个团队都投入了大量的时间和精力。员工 10 入职后也用实际行动证明了团队的选择是正确的。

最后一个团队是饰品部，这个团队是后组建的，为了实现业务的突破，公司选择了几位很优秀的新锐员工，但实在派不出管理人员，就选了一位对公司忠诚的老员工来担任经理。几位员工虽然都非常努力，但他们渐渐发现，整个团队的瓶颈恰恰是这位团队经理。渐渐地，团队成员开始自行沟通、协商完成团队的销售工作，不再期望经理能给什么指导，这位管理能力不足的经理也乐得清闲。直到公司出面听取他们意见的时候，几位员工才提出了他们的需求：换掉他们的领头人，再安排一位更有能力的管理者来带领他们取得更好的成绩。

团队绩效推进的过程中，三个试点团队既有对高潜力员工的帮助、辅导，也有对落后者的淘汰，还有对不合格管理者的弹劾。

激励与管理措施的导向是什么，员工的行为方向就是什么。实施以团队绩效目标达成为基础的管理措施，并对员工充分授权，将充分激发团队活力，实现团队价值的最大化。一方商厦的试点团队中，公司和团队内部在评价员工或管理者时，都不仅仅基于业绩，而是同时关注其对公司、团队的认同程度，及其未来持续贡献价值的潜力。

在第一章中提到，对于绩效结果的衡量标准变得更加多元。很多优秀员工的表现无法单纯通过业绩数据衡量，尤其当采用的是那些短期的、受外部环境影响较大的业绩指标时。打破哪些人的铁饭碗呢？以什么为标准做出评估和识别呢？不能仅仅依赖对员工单维度的业绩评价，而应在业绩评价的基础上，全面考察员工的价值观、能力和潜力，不仅要关注当下的业绩，还要关注未来持续创造价值的能力，并以此作为人才任用、提拔、培养、淘汰的重要依据。能够打破“铁饭碗”，自然不会存在“大锅饭”，而打破铁饭碗的利器就是开展基于业绩和价值观、潜力的人才盘点。

人才盘点：比业绩奖金更有力度的利器

我们将人才盘点定义为：为了使企业的人才资源更好地与发展战略相匹配，从素质与业绩两个维度对员工进行整体评价，并通过管理层评议的方式确定员工在整个团队中的定位，从而明确任用方向，给予发展建议。双维度的人才盘点，可以让企业管理者不再过度依赖绩效考核这一单维度评价模式，对人才状况有更全面、更清晰的认识。

通用电气的 C 类会议（Session C）是他们一年中的四大会议之一，是典型的人才盘点会议。通用电气通过该会议评估人力资源工作是否符合预期，审视公司的一系列目标与计划的达成情况，并识别公司发展对人才管理和组织管理的需求。杰克·韦尔奇曾这样描述 C 类会议，“我们讨论员工的经历、晋升机会、活力曲线，以及他们的优点和缺点。我们有一个规定，对每个人都要找出他的长处和短处、取得的成绩以及需要进一步改进的地方。我们用大部分时间来讨论这些需要改进的地方以及这些经理是否有培养前途。”这个过程讨论到员工的优点、不足，并从业绩和素质两个维度用九宫格的形式给予定位，最后给出晋升、任用的意见。它包含了对人才的评价、对人才储备状态的梳理，以及对人才现状能否支撑战略的检查。通用电气的九宫格定位模式，就是基于业绩和成长价值观两个维度展开评估。

马云谈人才盘点时曾经说过，阿里巴巴每年有两个最重要的会议：一个是人才盘点会议，另一个是战略会议。人才盘点会议排在战略会议前，先有人，再有事。

阿里巴巴的人才管理基础：人才盘点

阿里人才盘点的起源

戴珊是阿里巴巴创始团队十八罗汉之一，她在演讲中提到，第一个提出人才盘点的是马云。马云对人才盘点的解读是，“我们公司越来越大，桌子、椅子这种资产，每年盘一遍，为什么我们不对人盘一遍？人也是集团的资产，所以每年要盘一下，就是要看一看，到底人有没有增值。”

阿里人才盘点的价值

戴珊认为，战略到结果之间需要的是组织保障，人才盘点是衔接战略和结果之间的重要一环。人才盘点不是为过去盘点，而是为未来盘点。

阿里人才盘点的方法

阿里学习了通用电气的划分方法，应用人才盘点九宫格，以价值观为横轴，以业绩为纵轴，将员工分为明星、兔子、牛、狗和野狗五大类。具体如图 6-2 所示。

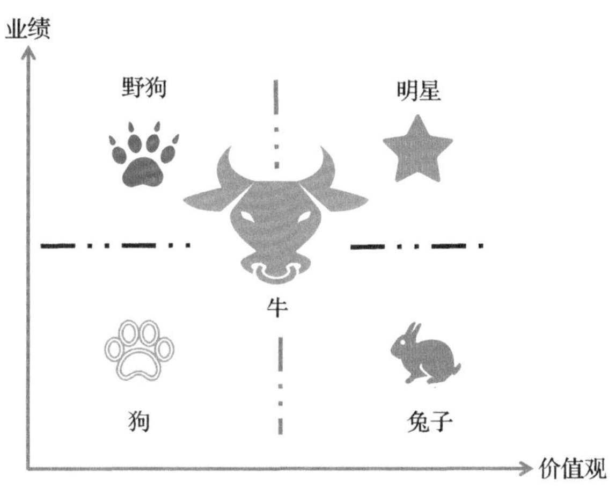

图 6-2　阿里巴巴人才评价九宫格

“明星”，公司的重点培养对象，对于这类员工，阿里会提供各种支持以及资源倾斜，并且在恰当的时机予以晋升。

“牛”，可以向明星的方向发展，阿里也会将他们往这个方向培养，让员工不断地交流和学习，提升员工绩效。

“野狗”，价值观存在问题，在确认不能矫正时，阿里会及时清理，从严、从快、公开处理。

“兔子”，阿里会给予这类员工更多机会，帮助他们提升，但这个机会并不是“无限机会”。

“狗”，对整个团队起到的是负面作用，及时发现，及时清理。

有一类特殊的“兔子”，这类员工在公司工作很多年，但因为潜力有限而难以被提拔和晋升，被称为“老白兔”，他们应该是公司关注的重点。“公司很小的时候，伤害最大的永远是野狗，但是我们已经这么大的体量了，有很完善的机制在保障他们，这时老白兔的影响反而是很大的。”那么，怎么定义老白兔呢？就是看起来兢兢业业，其实没什么产出，偶尔还会说点风凉话的员工。组织在快速发展阶段，如果这部分人在公司越来越多，会影响优秀人才的奋斗热情，他们本来可以创造更多的价值，但因为这些“老人”占据着重要位置，他们缺少能够充分发挥自身优势的机会，长此以往，员工敬业度大大降低，将严重阻碍组织能力的提升。

戴珊提到，阿里巴巴每次人才盘点之后，都会有列表，里面有业绩差的，也有老白兔，HR 体系就会跟踪这些人到底怎么样，绩效变好了没，换岗了没，也会充分讨论哪些人应该是被辞退的，哪些是应该被换岗的，哪些人应该是被降级的。这样才能确保整个组织不断地往前走。

“人才盘点是盘组织、盘文化、盘战略和落地之间的链接，既要有情、有义，也要有理。”

当整个公司从董事长、总经理到首席人才官都能够参与其中，并将人才盘点放在与战略同等重要的位置时，人才盘点就会受到所有管理者、员工的重视。如果在公司层面，能够坚定地将人才盘点的结果应用于员工的任用、激励、发展和淘汰等决策，对不合适的员工将产生极大的震慑力，而对优秀人才将产生巨大的激励效果，这种激励的力度是普通的物质激励无法比拟的。

业绩维度：公正人的主观评价

业绩容易量化，也更容易衡量，所以，即便在双维度的人才盘点中，管理者也更喜欢以量化的方式追求业绩评价结果的“客观”，以为这样就更加公正。但是，“量化”“客观”只是呈现的方式，与公正本身不能画等号，主观也不代表不公正。在人才盘点培训中，我们每次都会向管理者讲这样一句话，以说明人的判断在盘点中的重要性：公正人的主观评价比不公正人的客观评价更公正。也就是说，结果的公平与否，关键还是取决于评价者的公正性，如果没有公正的评价者，所采用的数据、方法、工具再客观，也无法保证结果的公正。

能够用量化标准衡量员工业绩，让结果一目了然、方便对比，固然很好。但我们需要认识到，对人的评价，多数情况下是不易量化的，我们需要接受“不可量化”这种常态，而不去为了量化扭曲考评的模式与结果，陷入绩效过度的误区。

业绩评价的两种方法

在设定了部门的目标责任书和个人的工作计划后，可以结合部门目标责任书与个人工作计划对员工的业绩进行评价。但在评价中，需要体现团队绩效，所以员工业绩维度的评价会受所在部门整体业绩的影响。

基于部门业绩的个人业绩配比如表 6-1 所示。

表 6-1　基于部门业绩的个人业绩配比

员工等级 / 部门等级	A	B	C	D
A	≤20%	—	10%	≥10%
B	≤10%	≤30%	—	≥10%
C	≤5%	≤20%	—	≥15%
D	0	≤20%	—	≥20%

如表 6-1 所示，当部门的评价等级较高时，高评价等级员工人数占比较高，随着部门评价等级的降低，高评价等级员工人数也降低。如果部门评价结果垫底，那么该部门员工被评为优秀的机会就被剥夺了。

在企业还未建立起系统化的绩效评价体系时，还可以选择更为“主观”的业绩评价表进行评价。如表 6-2 所示的业绩评价表，已被应用于上百家客户的人才盘点，事实证明，这个三维度的业绩评价表，比很多企业做的复杂的指标评价体系更加客观、公正。

表 6-2　业绩评价表

业绩维度	评分标准
工作贡献	岗位工作贡献超出预期（6～7分）
	岗位工作贡献达到预期（4～5分）
	岗位工作贡献勉强达到预期（2～3分）
	岗位工作贡献未达到预期（0～1分）
工作质量	工作质量超出期望，完全胜任岗位要求（6～7分）
	工作质量符合期望，能够满足岗位要求（4～5分）
	工作质量勉强符合期望（2～3分）
	工作质量不符合期望，不符合岗位要求（0～1分）
工作完成及时性	工作都能及时或提前完成（6～7分）
	大部分情况下能按时完成工作（4～5分）
	部分工作能按时完成，偶尔出现拖延（2～3分）
	工作几乎不能及时完成，常出现拖延（0～1分）

注：表中三个维度各自分为四个等级，分值为 0～7 分，原则上打分取整数。

在业绩评价表中，从三个维度评价一个员工的业绩表现，即工作贡献、工作质量以及工作完成及时性，其中工作贡献是人才盘点时考虑的最重要的业绩因素。

工作贡献，由工作的重要性、难度和工作量决定。重要性高的工作指那些与公司战略关联较为紧密、对公司目标达成影响较大的工作，需要员工承担更大的责任。难度大的工作是员工解决起来有难度，需要充足的经验、问题解决技能或反复沟通的工作，这样的工作需要员工面对更多失败的风险和压力。工作量大则是指由某些员工承担的超越一般员工工作量的状态，员工的工作量大且持续如此，往往是因为其能力强、效率高且对于工作更加投入。基于以上情况，一般认为承担了更重要、难度更大和更多工作量的员工，做出了更大的贡献。该维度的结果一般分为贡献超出预期、达到预期、勉强达到预期及未达到预期四个级别。

工作质量，是指根据工作目标和工作任务的质量标准，成果质量的达标程度，一般包括超出期望、符合期望、勉强符合期望及不符合期望四个级别。

工作完成及时性，是指基于工作计划或客户需求的时间节点，员工完成工作的时效性，一般分为提前完成、按时完成、偶尔拖延和经常拖延四个级别。

工作质量与及时性的评价都是基于工作的贡献程度，没有贡献作为基础，质量与及时性都很难表现出色。但如果对于预期贡献大的工作事项，不能按时保质地完成，评价对象依然无法获得高的评价结果。

业绩评价的日常跟进

业绩评价相比人才盘点会更频繁一些，但也并不必然如此，很多公司的业绩评价是以半年甚至年度为周期的。但业绩评价一般不会频繁到每月甚至更短的时间。但是，不考核不等于不跟进，对于很多工作，每个月甚至每周的工作跟进都是必要的。

在管理实践中，业绩评价的一个基本原则是：避免“惊奇”！其含义是双向的，对于上级来说，不希望下属在工作任务的截止时间最后一刻告诉自己“我无法完成任务”；对于下属来说，也不希望自己的上司在最终评价自己工作的时候给出一个“不合格”的评价，而没有过程中的跟进与指导。当员工的业绩评价结果出现“惊奇”的时候，往往很难达成共识——管理者坚持认为下属的工作没达到预期而给予低分，而员工则以委屈的心态表示无法接受这个突如其来的结果。这种“惊奇”最后很可能演变成各说各话的争执。

对于管理者来说，持续跟进下属的工作状态，是一种能力，更是自身的重要职责。业绩结果不是在最后一刻才显现的，过程中，管理者是否有跟踪、辅导与反馈，下属员工是否有及时的汇报、请示与改进，决定了工作成果的达成程度，也决定了最后的业绩评价结果。管理者可以结合员工的工作计划，以月度或者周为单位对下属进行过程的跟踪与评价。当进行季度评价与考核时，员工的业绩结果已在意料之中，从而避免了“惊奇”所带来的负面影响。

素质维度：可评价的软性标准

在众多企业中，对于员工的评价，多数都是重业绩而轻素质。何以如此？因为业绩容易量化、容易考核，而素质则偏软性，被普遍认为难以量化和衡量，且不易被员工理解和接受。

然而人的素质高低会体现在行为上，可以通过对行为的清晰界定来进行衡量，而且目前在测评领域也已经发展出多种素质测评工具可供使用。1973 年，哈佛大学著名心理学家麦克利兰发表了《测量胜任力而非智力》一文。文章指出，“学校成绩不能预测职业或生活成就，应该用胜任素质测试代替智力和能力倾向测试”。麦克利兰将不能区分高绩效者与一般绩效者的“知识”“技能”等要素，称为基准性胜任素质（threshold competency），也就是从事某项工作所应具备的基础的准入性胜任特征，而把能够区分高绩效者与一般绩效者的“自我概念”“个性特质”“动机”等称为鉴别性胜任素质（differentiating competency）。

美国学者莱尔·M. 斯宾塞（Lyle M. Spencer）和塞尼·M. 斯宾塞（Signe M. Spencer）博士提出了“素质冰山模型”（1993），用该模型将麦克利兰的观点直观地展示出来。他们都认为，冰山上的素质易于识别和培养，冰山下的素质更为隐性和稳定，而后者才是影响业绩表现，尤其是可持续的业绩表现的决定性因素。

素质冰山模型如图 6-3 所示。

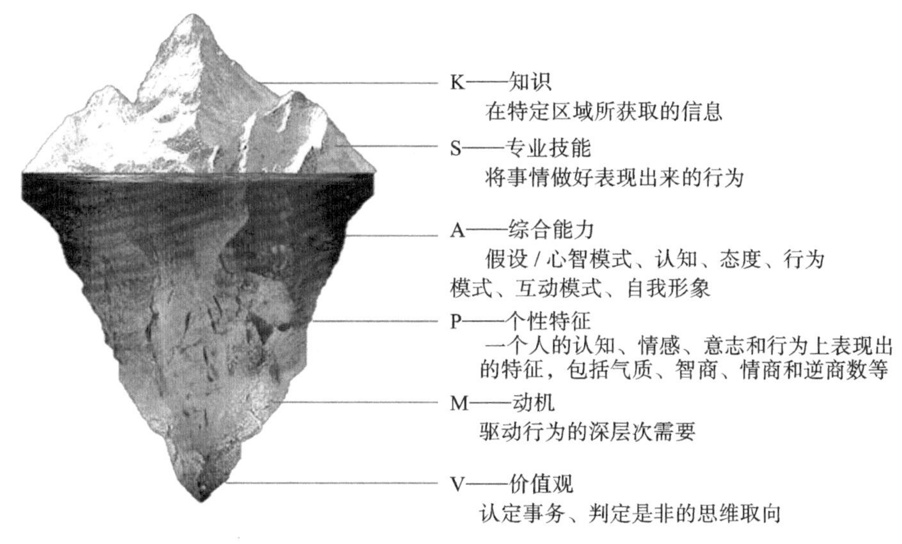

图 6-3　素质冰山模型

如图 6-4 所示，冰山上的知识技能、专业技能等对短期产出的影响更加明显，而冰山下的动机、个性特征、价值观等则对员工和团队的长期成功影响大得多。只有将短期业绩与影响未来的素质综合进行评价，才能够更好地预测人才对企业发展的可持续支撑作用。

通用电气、阿里巴巴将价值观作为人才盘点素质维度的评价内容，以此强调价值观的重要性。有些企业则侧重于对员工潜力的考察，以判断员工未来做出更大贡献的可能性。在实际应用中，冰山下的素质涵盖价值观、潜力，甚至还包括综合能力等因素。

素质模型一般包含三方面要素，包括素质项、素质定义以及行为分级描述（如表 6-3 所示）。

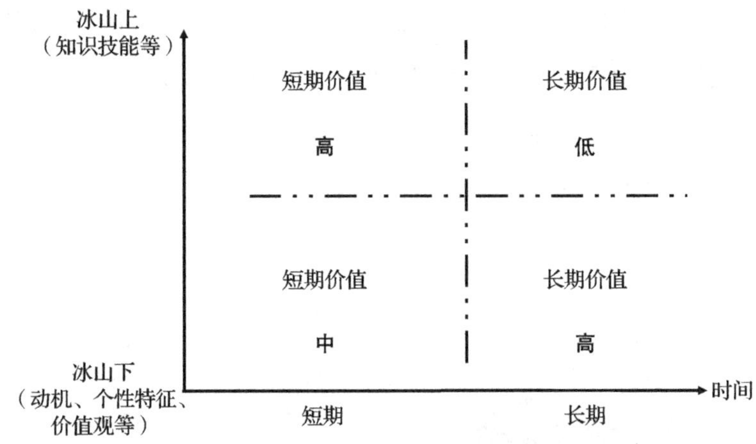

图 6-4　胜任素质价值对比图

表 6-3　素质模型描述示例

素质项	素质定义	0～1	2～3	4～5	6～7
诚信正直	信守承诺，不畏强势，敢作敢为，坚持正道，勇于承认错误	做出的承诺不积极兑现，处理事情不能坚持公平公正	遵守公司相关规章制度，待人处事公平公正，表里如一	不传播未经证实的消息，正面引导周围的人，对于任何意见和反馈，“有则改之，无则加勉”	面临压力和诱惑时，坚持原则，坚持有利于公司利益的观点

素质名称　素质定义　分级描述

0～1：待发展　2～3：胜任　4～5：优秀　6～7：卓越

一般将素质模型的行为描述定为四个级别，分别定义为卓越、优秀、胜任和待发展。在一个组织内，四类员工的分布大致呈纺锤形结构，即大多数员工处于胜任级别，少量员工处于优秀级别和待发展级别，只有极少数员工能达到卓越级别。能够在某个素质项上被评定为“卓越”的员工，一定是在这个素质的表现上堪称模范，且在公司内部广为人知。而被评定为“待发展”的员工，应该是在该项素质表现上低于公司期望，这类人员应进一步关注对其的总体评价，是否符合公司的用人标准。

素质模型的构建及定义、描述都需要经过管理者和骨干员工的充分研讨，参考现有人才标准，并以自己公司的语言进行描述。通过研讨的方式能够让核心骨干充分参与并产生推广效应，提高员工对素质模型的认可度，为后续评价的顺利实施打好基础。

让老好人也做出公正评价

如何能够获得公正的评价结果，一直是企业管理者及 HR 头疼的问题。构建科学的标准只是第一步，获得客观公正的结果，核心要素还在于做出评价的人，这里评价的人主要是指在评价中起到核心作用的直接上级。我们曾经提出过获得公正评价结果的四道防线模型（如图 6-5 所示），其中第二道防线是选择公正的人做评价。

图 6-5　人才盘点结果公正性的四道防线

在建立了明确的标准后，人才盘点的结果不公正，往往是出于以下几种情况：

一是评价者本身就不公正，试图包庇某些下属。

二是评价者管理能力有限，对下属不了解，不知如何评价。

三是评价者不愿得罪人，想做一个老好人。

四是不同评价者对素质项分级标准理解不一致，评价尺度不一致。

除了第四种情况是客观原因外，前三种都有评价者的主观原因。很显然，第一种情况和第二种情况下的管理者，被认为是不合适的管理者，容易被识别，也很容易让企业下定决心做出人员调整。如杰克·韦尔奇所说，这样的管理者是会优先“被划进C类”的管理者。

第三种情况更为普遍，“老好人”所做出的评价结果也更不容易被辨别真伪。打消“老好人”的顾虑，让他们也能做出公正的评价，是人才评价和盘点工作的关键。下面提到的几种方法，不仅能够减少“老好人”的顾虑，让他们成为真正帮助员工的“好人”，也能够最大程度地避免上述另外三个因素对评价结果的影响。

借助360度评价

除了绩效考核之外，360度评价是另一个在很多企业受到“非议”的人才管理手段。很多企业为了规避“老好人”的问题，选择用360度的方式对员工进行业绩评价。但360度评价其实是很好的胜任素质测评工具，并不适合做业绩评价。

让一个员工的上司、同事、下属同时对该员工做评价，如果是评价其行为与胜任素质，不与业绩结果直接挂钩，更容易获得客观的结果。但如果评价业绩表现，很难由不了解其工作目标与具体工作的人给出客观的评价。

360度评价示意图如图6-6所示。

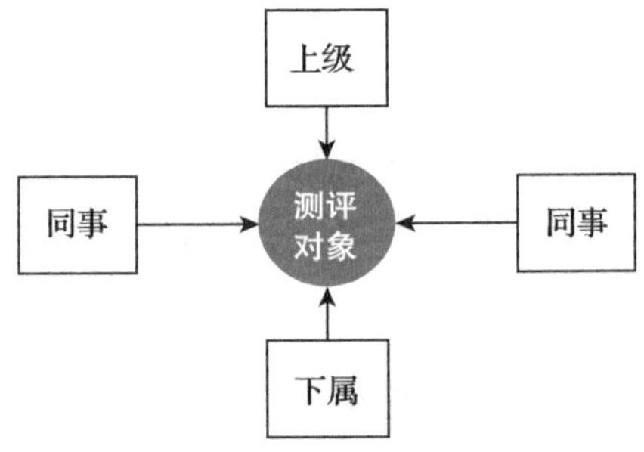

图6-6　360度评价示意图

根据不同人员对评价对象的了解程度，可以在参考其评价信息上有所侧重。例如，一家企业的中层管理者的素质模型包括“解决问题”“沟通协作”“培养下属”“团队管理”四个素质项，那么对其“沟通协作”的评价结果，可以更多参考同事做出的评价，而对“培养下属”“管理团队”可重点参考下属对其的评价，直接上级可根据这些评价做出综合的判断。从多个角度对测评对象进行评价，再综合其自我评价，他人对于其素质会有更为全面的认知。

如图 6-7 所示，在确定员工的最终评价结果时，如果能够获得该员工上级评价、自我评价、同事评价和下属评价的综合结果，就可以通过交叉验证的方式做出更准确的判断。

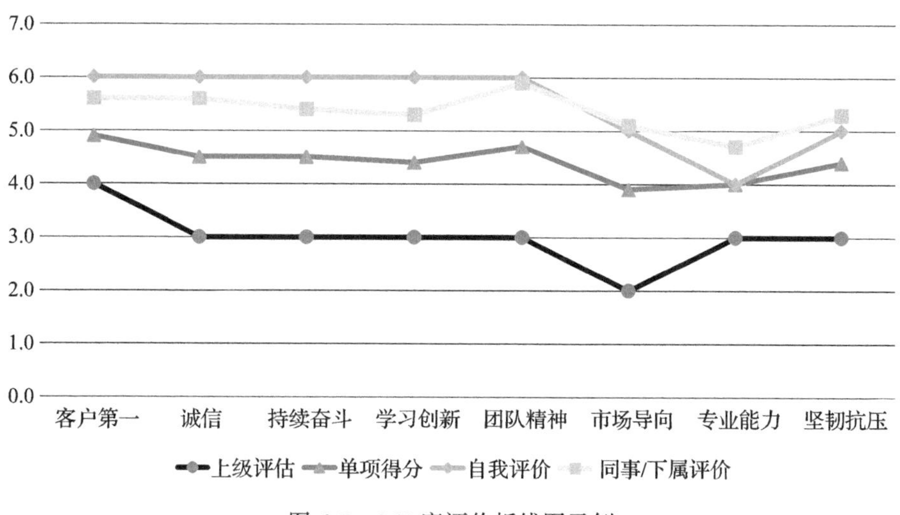

图 6-7　360 度评价折线图示例

除了针对素质项的评分，在 360 度测评中还需要给予所有评价者主观评价的机会。让评价者对于被评估人的关键优势、关键不足及改进建议，给出具体、直接的意见，既能够与素质项的评价结果相互印证，又能够给被评估人具体、可操作的行为参考。

360 度报告主观评价示例如表 6-4 所示

表 6-4　360 度报告主观评价示例

同事 / 下属	上级 / 本人
你认为被评估人的关键优势是： 1. 工作认真，进度管控好 2. 容易沟通，敬业 3. 对公司忠诚，工作热情度高 4. 学习积极，能积极接受他人意见 5. 敢于担当，想法多	**你认为被评估人的关键优势是：** 1. 热情，合作意识强 2. 专业能力好，技能全面
你认为被评估人的关键不足是： 1. 情绪管理不好，管理供应商经验不够 2. 管理偏于粗放，交流中容易激动 3. 专业技能还需加强，管理创新不够 4. 采购专业技能学习不足，培育下属不够积极 5. 结果导向欠佳，全局意识不够	**你认为被评估人的关键不足是：** 1. 工作急躁，表达方式欠佳 2. 统筹和工作专注度不够，工作有时拖延
请给被评估人两个建议以帮助他提高： 1. 加强对供应商的管理，提高供应商配合度 2. 加强学习，敬畏知识，谦虚 3. 主动从项目初期进入，积极对项目进行全盘了解及任务分解 4. 加强情绪管理	**请给被评估人两个建议以帮助他提高：** 1. 养成系统性思维习惯 2. 多与其他部门沟通，听取建议，改进沟通方式

作为被评估人的直接上级和间接上级，如果能够看到被评估人的同事、下属给出的主观评价，会对其有更加直观、全面的认识，也更能够结合前面的素质项测评结果给出精准的判断。同时，充分的佐证信息能够降低那些“老好人”上级在评价时的心理压力，从而给出更加客观的评价结果。

借助个性特质测评工具

个性特质测评由评估对象本人进行，作为评价的参考依据之一，也能够部分消除“老好人”管理者在评价中的顾虑。工作行为测评（work behavior inventory，WBI）是其中的典型代表。

工作行为测评基于心理学中的大五人格理论，由美国 AAI 机构罗纳德·佩奇（Ronald Page）博士开发。在我们近十年的应用实践中，该测评工具因其严谨的心理学理论基础、良好的效度及严密的防伪功能而成为胜任素质测评的重要工具之一。

WBI 测评报告部分展示图如图 6-8 所示。

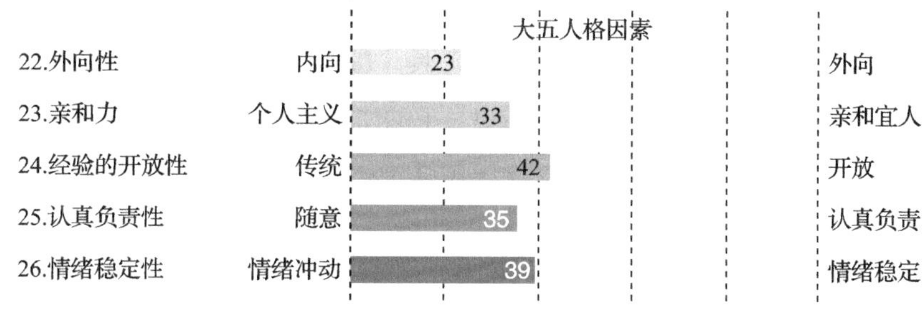

图 6-8　WBI 测评报告部分展示图

在 WBI 的测评中，大五人格因素反映了员工的五个方面的个性特质，不同的特质会影响其在不同岗位上的表现。

外向性，反映的是员工的社交导向、领导力与精力的状态，对于需要领导职能的管理者在该因素上的得分要求较高。亲和力更多反映的是一个人的合作倾向和关心他人的同理心等方面，对于需要关注他人感受的岗位要求较高，如客服等。经验开放性体现的是一个人的思维强度，包括对变化的应对、表现出的创新性及思考的深度等，对于创新、逻辑性要求较高的岗位，如策划、咨询等，该维度的要求较高。认真负责性与员工的业绩表现关联最为密切，其子维度大多体现了一个人在工作执行过程中的表现。其中包括成就动机、主动性、可靠性、坚韧性、关注细节及对于规则的遵守程度，对于多数岗位，认真负责性的要求都较高。情绪稳定性则反映了一个人的情感强度，包括对于情绪的敏锐感知、对于情绪的控制、对于压力的容忍度及自信程度，服务岗位等需要持续稳定发挥的岗位，对此要求较高。

以上五个方面的个性特质，都有其可细分的子维度，通过这些子维度，全面展示测评者的性格特质，形成一个真实反映测评者状态的“性格剖面图”。

WBI 还会通过前后回答的一致性、测评者的自我认知准确度、自我评价的真实度三个维度，反映测评的真实性与准确性，通过这样的方式让测评结果具备了“防伪”的功能，让测评结果具有更高的参考价值。

信度和效度较好的个性特质测评工具，能够相对客观地反映一个人的行为特征，可以与 360 度测评的结果互相印证，基于对比的结果做出最终的判断，有助于结果的客观、真实，让“老好人”更容易做出准确判断。

人才校准会

360 度测评结果，不能直接作为对员工进行九宫格定位的依据，人才盘点的最终结果，是通过人才校准会获得的。这个步骤是图 6-5 中展示的获得公正评价结果的第三道防线。

人才校准会是人才盘点的关键步骤，一般会基于 360 度测评的结果，并参考 WBI 测评结果，由评价对象的直接上级、间接上级和人力资源部负责人共同参与。根据企业情况，有时会需要斜线上级的参与。首次开展人才校准会时还会引入第三方咨询机构，以便建立标准，达成共识。

人才校准会参与方示意图如图 6-9 所示。

图 6-9　人才校准会参与方示意图

在这样多方参与的校准会中，直接上级、间接上级和人力资源部各自有其角色分工。

直接上级，是评价下属的直接责任人，有义务对下属员工做出评价，并对评价的原因做出说明，特别是要用员工的行为事例来佐证自己的评价结果，并供间接上级参考。

间接上级是对某个员工做出评价的最终决策者，一般情况下，间接上级在不了解间接下属表现的情况下，会尊重直接上级做出的判断，但间接上级也有责任结合评价者提供的信息，对结果的公平性进行把控。间接上级还有很重要的两项任务，一是对下属管理者的人才管理能力和评鉴能力进行观察与监督，以此作为对该下属管理者进行评价时的参考；二是要平衡不同评价者之间的评价标准，避免出现不同管理者的评价尺度有较大差异的情况。

人力资源部负责人或组织发展负责人，会协助提供员工的业绩信息、来自于其他同事的评价信息，为决策提供支持。虽然人力资源部负责人对于最终评价结果并无绝对的权威，但会代表公司把控评价流程、评价的准确性与尺度标准。同时，人力资源部会对管理者的人才管理能力进行了解和记录。

以上多方参与、互相监督的机制，能够最大程度上避免评价中的“老好人”现象，让所有管理人员都能够尽量做出公平、客观的评价。

用事例评价

人才校准会议之所以能够获得更加公正、客观的评价结果，除了多方的监督机制外，更重要的是，对评价对象做出判断，往往是基于共同了解的事实。这个事实来自于直接上级、人力资源部甚至是间接上级提供的具体事例。

业绩评价一般会有相对量化的指标，素质的评价偏软性，但可以通过行为事例的方式让评价尽量客观并基于事实。

在人才校准会中，对于那些评价结果明显偏离平均水准的情况，我们一般会要求评价者给出有说服力的事例，正面的或负面的。下面的案例体现出，通过鲜活的行为事例，能够在人才盘点过程中，让参加校准会的各方对某位员工形成更为深入的了解。

先公后私 / 责任担当

李志并没有开拓新业务的经验，也没有要开展的这项新业务的相关工作经验。但当公司决定安排李志负责启动新业务，并将办公地点设在外地的时候，他没有一句怨言，与家人说明了情况后就去了外地办公。李志一去就是三年，一手建立起团队，并在艰苦的条件下做出了业绩。现在公司想让他回来，却苦于没有人能够接替，只能让他先顶着，他虽然也提到过家庭面临的困难情况，但从来没有说过一句消极的话。

学习意识 / 钻研精神

宋琦原来是学文科的，在公司也一直做的是后勤管理的工作。随着业务的发展，公司并购了几家小公司，人员数量快速增加。之前公司的信息系统都是由第三方机构帮助建立，并提供长期的技术支持。随着公司快速扩张，第三方机构虽然继续提供支持，但对于问题的解决越来越不及时。为了工作方便，也为了提高效率、突破瓶颈，宋琦带领一位年轻下属一起开始学编程，现在系统出现的小问题，他们一般都能自行解决，不再依赖外部技术团队。

当需要让评价者讲述具体事例的时候，很少有人会盲目给出评价结果。甚至有的管理者已经做出评价，但在讲完事例后开始主动反思自己的评价是否有失偏颇，进而做了修正。由此可见，具体的行为事例能够让评价者回归真实情境，给出更公正的评价。

用于人才发展

当管理者认为人才盘点结果只是用来与员工利益挂钩，多数会有一些抵触或回避的心理。其考虑的出发点是“争取利益”，而不是“事实”。但是，当盘点结果更多应用于员工的成长、发展的时候，无论是上级，还是同事、下属，都会相对更客观。原因有二：一是这样会减弱其“影响该员工的利益”而产生的心理压力；二是从对该员工负责的角度，做出更客观的评价有利于其成长和发展。

所以，在人才校准会时，除了通过行为事例保证评价结果的客观公正，更重要的是，还需深入讨论该员工的优势、劣势，以及对他个人的发展建议。从评价他人转向帮助他人成长，评价者的态度就会有明显的转变。

个人发展报告（IDP）示例如表 6-5 所示。

在人才盘点过程中，通过对优秀人才的优劣势分析，并帮助其制订个人发展计划，管理者们能够直观地感受到人才盘点对公司人才储备和员工个人发展的双重价值，从而更加重视评价结果的客观公正性。

以上做法能够最大程度地保证人才盘点结果符合真实情况，当穷尽以上手段仍然无法得到理想结果的时候，还有最后一道防线：在公司层面或部门层面做强制分布，按照比例区分出优秀、中等与较差的员工。这也是通用电气、华为等企业在人才盘点中使用的方式，采用这种方式不是为了得到精准无误的评价结果，而是为了保证组织内部人员的优胜劣汰，从而保持组织活力。尽管这种强制分布的方式受到了一些诟病，但在大多数中国企业中，这仍然是一个人才选拔的重要手段。

表 6-5　个人发展报告（IDP）示例

<table>
<tr><th colspan="8">个人发展报告（IDP）</th></tr>
<tr><td>姓名</td><td>张三</td><td>当前职位</td><td>销售顾问</td><td>年龄</td><td>28</td><td>在岗年限</td><td>2 年</td></tr>
<tr><th colspan="8">第一部分：岗位规划与分析</th></tr>
<tr><td colspan="2">职业目标</td><td colspan="6">1 年内晋升为店长</td></tr>
<tr><td colspan="2">变化与挑战
（对照岗位职责）</td><td colspan="6">从自己达成销售，转变为带领团队达成销售
原来承担一些培养的职责，但不直接管人，晋升后需要管理团队，需要考虑分工、协调、激励、监督执行等方面
需要具备系统性的思维和经营思维，熟悉财务指标</td></tr>
<tr><th colspan="8">第二部分：能力发展需求</th></tr>
<tr><td colspan="4">可胜任项目</td><td colspan="4">需发展事项</td></tr>
<tr><td colspan="4">1. 在做销售顾问的过程中，有培养他人的经验
2. 有较强的沟通能力、客户服务意识、有处理客户投诉的经验
3. 销售绩效突出，清楚如何达到销售，了解影响销售完成的关键因素
4. 学习能力强，有成就心，有较高的潜力
5. 尽职尽责，为人可靠</td><td colspan="4">1. 缺乏管理他人和带团队的经验
2. 缺乏管理门店方面的经验
3. 缺乏系统思维和经营意识
4. 性格敏感，抗压能力较弱</td></tr>
<tr><th colspan="8">第三部分：2014 年能力提升计划</th></tr>
<tr><td colspan="3">能力提升方式</td><td colspan="3">具体内容</td><td>时间计划</td><td>负责人</td></tr>
<tr><td colspan="3">扩大工作职责</td><td colspan="3">1. 做 6 个月的店长助理，协助店长管理门店，处理客户投诉，熟悉店长的角色
2. 承担管理团队的职责，制定团队业绩目标
3. 承担门店经营计划制订、经营分析等相关工作，培养系统思维和经营意识</td><td>6 个月</td><td>李四（直接上级）</td></tr>
<tr><td colspan="3">内部导师</td><td colspan="3">4. 指定内部导师，帮助其提升管理能力，每一个月与导师沟通一次该员工的近况，对内部导师的作用进行评估</td><td>6 个月</td><td>王五（店长）</td></tr>
<tr><td colspan="3">高管辅导</td><td colspan="3">5. 考虑其性格因素，循序渐进让其承担责任，前三个月每两周安排一次谈话，及时解决其困惑</td><td>3 个月</td><td>李四（直接上级）</td></tr>
<tr><th colspan="8">第四部分：阶段性提升总结</th></tr>
<tr><td colspan="4">学习和实践状况总结</td><td colspan="4">下一阶段的发展目标</td></tr>
<tr><td colspan="4"></td><td colspan="4"></td></tr>
</table>

人才盘点的“三次法则”

即便杜绝了“私心评价者”，或让“老好人”做出了公正评价，也不能认为人才盘点结果就万无一失，达到了百分之百的精准。事实上，百分之百的精准几乎是不可能完成的任务。杰克·韦尔奇很清醒地认识到了这一点，他说，想把员工区分为A、B、C三类，但并不能完全准确地做到，很有可能将某个A类员工划到B类，“我们的活力曲线之所以能有效发挥作用，是因为我们花了10年的时间在我们的企业里建立起一种绩效文化。在这种绩效文化里，人们可以在任何层次上进行坦率的沟通和反馈。”

如果不做人才盘点，仅凭经验识人、用人，其准确度一般为30%～40%，而通过人才盘点能够让人才识别准确度最终达到90%以上。让人才盘点能够反映企业真实的人才状况，不一定非要等上十年，但要想让人才盘点的准确度达到理想状态，根据我们的实战经验，至少需要经历三次人才盘点，我们将其称为“三次法则”。即如果企业从未做过较为正式的人才盘点，严格按照上述原则和方法，第一次人才盘点的准确度一般能够达到70%；经过第一次的实战，企业进一步总结经验，优化评价标准，深化管理者对评价标准的理解和认同，从而进一步提升评价尺度的一致性，这时准确度能够达到80%；到了第三次，所有管理者对于评价的标准及宽严尺度趋于一致，并且对人才盘点的原则、流程和方法都更加熟练，人才盘点的准确度能够达到90%。但三次之后，人才盘点的精准度基本靠近准确度的极限，以后每次的经验积累，都是以极小的幅度提升，也就是盘点结果的精准度会有一个“极限值”。极限值与100%之间的差异，是我们对人才认知上的正常误差。然而，盘点结果精准度的极限值，不是单纯靠经验积累达到的，能否达到极限值、几次能够达到，取决于企业人才盘点过程中所实施的管理培训、评价标准的逐步优化，以及对不合适管理者的及时淘汰等管理动作。

人才盘点准确度三次法则如图 6-10 所示。

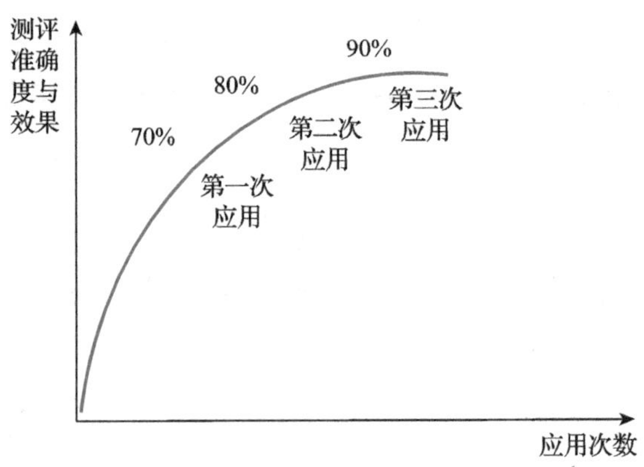

图 6-10 人才盘点准确度三次法则

一位企业 CEO 曾经对人才盘点做出过如下总结，“本次项目的意外之喜是收获了素质模型与人才盘点的工具。我们以往只用业绩评价人，但业绩只能衡量过去，不能预测未来，而素质测评既能反映过去，也能预示未来表现。业绩评价受到市场因素、体系因素的影响，看似客观，但不一定能真实评价一个人，而素质模型看似主观，但是只要公正地应用，结果会更加客观，因为它剔除了市场因素、体系因素。”这段话从企业实际出发，很好地总结了人才盘点对于企业的现实价值。

让人才盘点具备力度

人才盘点的力度来自于对其结果的应用——基于人才盘点结果的人才晋升、激励、培养，以及对不合适人员的调岗或淘汰。

在业绩和素质评价标准的构建、360 度测评以及人才校准会之后，需要对所有员工在九宫格中予以定位，这个定位的结果是应用于后续人才管理的关键。前文中我们展示了通用电气、阿里巴巴等企业的九宫格，在这里介绍另外一种九宫格，从业绩和价值观两个维度区分出六类人员，如图 6-11 所示。

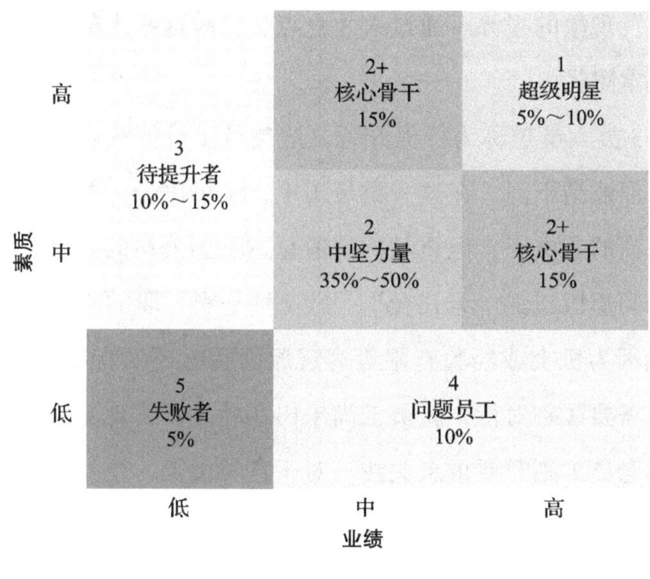

图 6-11　人才盘点九宫格

1 类人员为超级明星，一般在企业内甚至在行业内都可以算作标杆，也是公司层面的行为榜样，这类人员在整体上表现卓越，能够引领企业发展。

2+ 类人员定义为核心骨干，虽然没有 1 类人员那么耀眼，但也表现优秀，是大多数人员可以学习的对象。

1 类和 2+ 类人员共同组成了企业的优秀员工群体，对于这个群体，应该给予更多的关注和资源倾斜，侧重于培养和发展，当有更高级别的岗位空缺时，他们是优先被提拔任用的对象。

2 类人员在企业内占比最高，他们的表现能够符合公司的期望，无论是业绩还是素质能力都能够达到企业的用人需求，也都具有可培养的潜质。2 类人员与前两类人员共同为企业的发展贡献价值，是保证企业后备人才持续供给的基础。由于这个群体占比较大，无须过多关注，其不是短期重点培养的对象，更多是给予观察而不是优先提拔。

3、4、5 类员工，是企业利润的消耗者，这一群体是上文中提到的产生“大锅饭”现象的根源。通过人才盘点，打破这些人的铁饭碗，是避免大锅饭的根本路径。

其中，3类人员被称为待提升者，这类员工价值观认同度较高或具有一定潜力，但业绩不高。在这一类员工中，又可以分为两种，一种是看起来忠诚度很高的老员工，但贡献的价值总达不到公司的要求，很类似于前文中提到的阿里巴巴的“老白兔”；另一种是刚入职的新员工，他们有潜力，但可能因为机会或经验有限等客观原因暂时还没有明显的业绩产出。这两种人员需要区别对待，新员工尚未出业绩是正常现象，而那些总是不能出业绩的老员工则需要重点关注。对于这类员工，企业应该持有的态度是：提出明确的业绩提升标准，给予3～6个月的观察期，如果他们不能在期限内明显改善业绩，就应该请其离开。

4类员工被称为问题员工，这类员工虽然业绩达到预期甚至高于预期，但其价值观与公司明显不符，在工作中以自我利益为导向，并未融入公司整体团队，也没有基于公司整体目标行事，该类员工的典型代表就是第三章中提到的“独狼”。在阿里巴巴，将这类员工称为“野狗”，需要对其实施行为改进计划，如果在保持高业绩的同时匹配公司价值观，将会被留用，否则，需要尽快请其离开。

5类员工在任何企业带来的都是额外的成本，在一家管理优良的企业不应该有这类员工的存在，所以一旦经过人才盘点识别出此类员工，应该第一时间做出反应。5类员工应该在3个月内解聘50%，6个月内全部解聘。

另外，人才盘点结果也是员工调薪的主要依据，任何一家公司都应该避免所谓的“全员调薪”。每次调薪，都应该将有限的资源向那些盘点结果为1和2+的员工倾斜，而评价结果为3、4的人员，即便不淘汰，也不应该调薪，甚至应降薪。从这一点看，那些为团队绩效而努力的人，长期回报一定大于吃大锅饭的人。

小结

所谓“大锅饭”，是企业回避用个人绩效评价之外的手段评价、管理员工的借口。只有员工持续没有做出贡献却获得不应得的回报的时候，才能叫大锅饭。那些担心没有绩效考评就没有管理抓手的管理者，往往对人才盘点认识不足或投入不足。如果我们能够在人才盘点上投入更多的精力，了解每一位员工的实际贡献与未来潜力，那么对给予他们晋升、培养还是调整、劝退，就有了明确的答案。

人才盘点会使企业对人才储备的整体情况了解得更加清晰，从而能够进行更加高效的人才任用决策。打破铁饭碗，团队绩效就不会产生大锅饭；如果企业在打破铁饭碗上犹豫不决，大锅饭在任何情况下都有可能会出现，而不仅仅出现在团队绩效中。

关键发现

- 团队绩效并不必然带来大锅饭现象。
- 打破不合适人员的铁饭碗，是避免大锅饭的重要手段。
- 从业绩、素质两个维度做人才盘点，并分类管理，是比奖金更有力度的利器。
- 公正的人的主观评价，比不公正的人的客观评价，更公正。
- 老好人做出公正评价，需要众多机制的助力，但关键还是其本人的管理能力。
- 人才盘点在企业至少实施过三次，人才识别的准确度才能够达到最接近真实情况的状态。

Performance
Reconstruction

第七章——

激励共赢，利出一孔

利出于一孔者，其国无敌；出二孔者，其兵不诎；出三孔者，不可以举兵；出四孔者，其国必亡。

——管仲

传统绩效模式的弊端之一，是绩效激励的误用与滥用，其表现形式是将奖金与个人绩效表现过度挂钩。重构绩效，离不开对绩效激励模式的重构，重构的方向是“利出一孔”的激励模式。

“利出一孔”一词出自《管子·国蓄第七十三》，表达的思想是：国家要控制社会财富的分配，集中国民的利益来源，否则国民的力量就无法汇聚形成合力，长此以往国家会逐渐衰败。在《商君书》中，商鞅建议国君说：“民见上利之从壹空出也，则作壹；作壹，则民不偷营；民不偷营，则多力；多力，则国强。”现代企业中，华为的 EMT 自律宣言通过制度约束员工利益的来源，防范个人谋私利的行为，也体现了其严格贯彻利出一孔的原则。

在对员工进行公正客观的人才盘点之后，就要针对评价结果进行相应的激励。利出一孔的激励约束机制作为力出一孔的保障，是推动企业成功走向团队绩效的重要一环。它既要根据整体利益进行分配，保障员工劳有所得，又要通过组织和制度规范员工获利的“孔”以监管员工的行为，避免其损害公司利益。如果缺少利出一孔的激励和约束，员工就会朝着不同的目标努力，甚至很可能就会从其他的“孔”中谋取私利，难以形成组织合力，企业的整体目标也就难以达成。

利出一孔的激励约束机制，需要在薪酬设置、奖金目标关联机制、监督约束机制、股权激励与战略目标关联机制等方面设置四重保障，这样才能够确保实现其价值（如图 7-1 所示）。

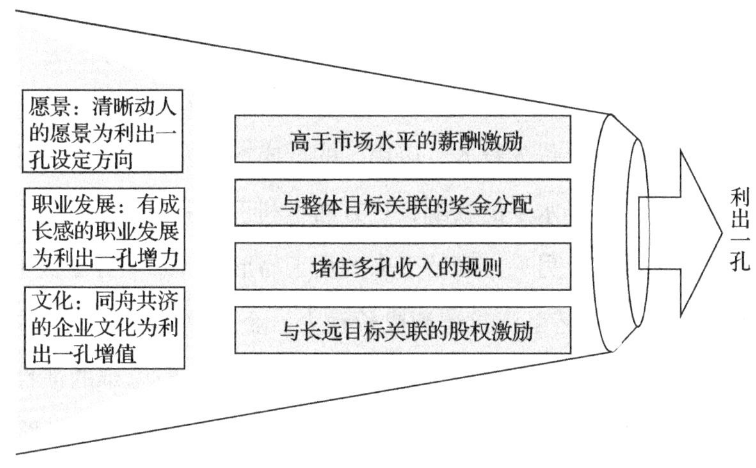

图 7-1 利出一孔激励模型

首先，通过支付高于市场平均水平的薪酬来实现薪酬的最佳激励效果。

其次，通过设置与公司整体利益紧密关联的激励指标，将员工个人所得利益与团队整体利益紧密关联。

再次，构建有效的监督约束机制以防范员工个人利益与公司利益产生冲突。

最后，在对核心团队施以与长远目标关联的股权激励时，要确保公司整体利益的达成是员工获得个人利益的先决条件。

为了增强利出一孔激励机制的影响力，企业还需要描绘清晰动人的愿景，为员工提供富有成长感的职业发展通道，并打造齐头并进的团队文化，从多方位确保团队导向的利出一孔激励机制得以有效运行。

措施一：高于市场水平的薪酬激励

当下企业盈利越来越难，成本控制愈发困难，这种状态下，众多企业很容易陷入惯性思维——人是成本，降低薪酬是压缩整体成本的主要方式。这种以成本看待员工薪酬的思维，会让企业在当今这个“人的时代”难以凝聚人心，陷入无法持续发展的“苦循环”。

造成“苦循环”的根本原因在于企业缺乏“先人后事”的理念，不重视也不舍得在人力资源上优先投入，以用工的低成本作为竞争优势。这种模式下，员工薪酬低于市场水平的薪酬，一方面不利于吸引和保留优秀人才，也无法淘汰不合适的人，另一方面留下来的员工易形成“拿一分工资干一分活儿”的局面，员工缺乏奋斗激情和成长动力。企业整体素质能力提升缓慢甚至倒退，人均效能持续下滑，利润目标难以实现，而思维的惯性会让这些企业进一步压缩成本，陷入“低工资、低人效、低利润”的恶性循环。

企业管理的苦循环与良性循环如图 7-2 所示。

与深陷“苦循环”的企业相反，很多卓越企业早就认识到优秀人才的价值，持续招聘吸纳符合企业需要的优秀人才，并配以富有激励性的 345 薪酬模式，及时淘汰不合适的员工，以人才推动企业长期、可持续的发展。在这种模式下，员工能力和潜力不断得以激发和提升，企业生产效率持续领先于同行，进而获得更强的竞争优势，并赢得更大空间的利润。当它们赚取高额利润时，这些企业有更好的资源和条件在人力资源上加大投入，通过高水平的人才激励措施，促进内部人效和整体绩效的不断提升，企业进入发展的“良性循环”。

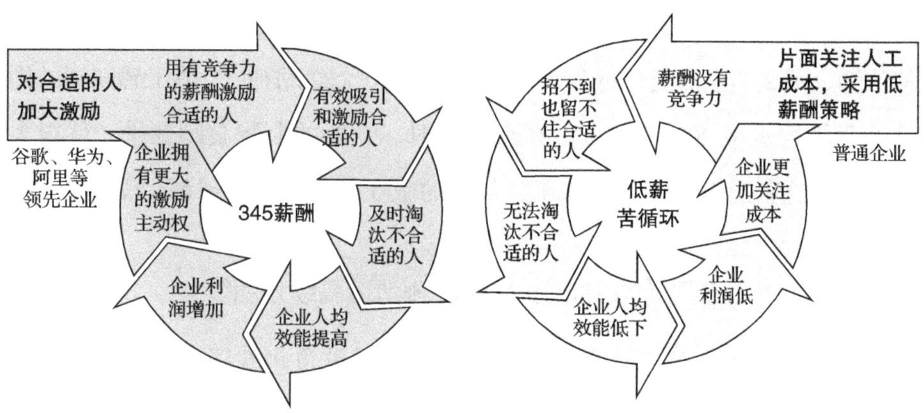

图 7-2 企业管理的苦循环与良性循环

基于多年的管理咨询经验，我们认为高于市场平均水平的薪酬才是最节省、最有效的薪酬。

薪酬的激励效果更多地来自于感知的薪酬水平，而不是企业实际支付的薪酬水平。感知薪酬很大程度上受企业薪酬策略的影响。当企业采取高于市场水平的薪酬策略，并在员工中建立起高薪酬的感知，叠加企业文化、职业发展等非物质激励，高于市场水平的薪酬会产生正面放大效应，也就是说员工感知的薪酬水平会比企业实际支付的更高，激励效果也随之被放大。

薪酬感知的两端放大效应如图 7-3 所示。

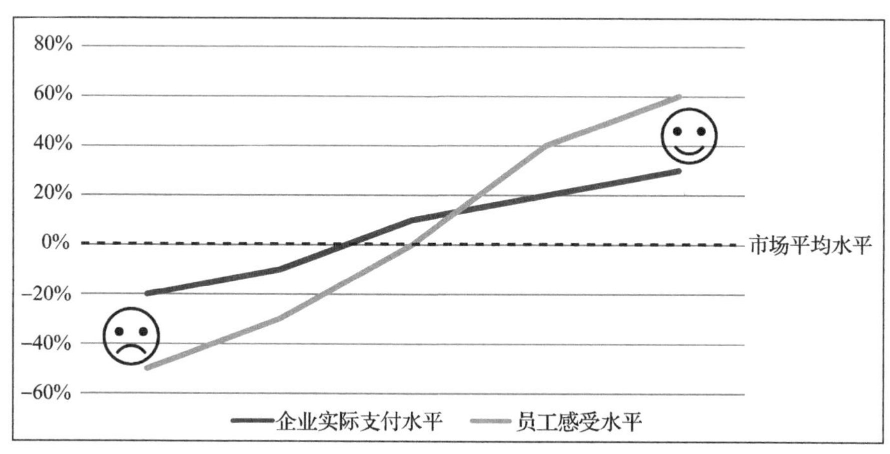

图 7-3 薪酬感知的两端放大效应

同理，如果企业采取低薪策略，随着时间推移，也会在员工中形成低薪的认知，那么当企业支付低于市场平均水平 10% 的薪酬时，员工感知到的则是低于平均水平 20%～30% 的薪酬。此时，企业的薪酬激励效果，就很大程度上被这种感知的偏差削弱了，员工的敬业度和绩效表现都会受到影响。

奈飞（Netflix）：用高薪酬塑造高绩效团队

美国最大的在线服务供应商奈飞，通过简化管理，拒绝烦琐流程，发挥人才的内驱力，用顶级精英人才创造顶级结果，最终真正实现了高绩效团队的打造。

在各种支撑奈飞打造高绩效团队的因素中，“无论奈飞的业绩表现是好是坏，都按照市场顶级水平付薪”无疑是最关键的因素之一。奈飞的前首席人才官帕蒂·麦考德（Patty McCord）提到，“根据我的经验，如果你有意招聘你能发现的最佳人选，给他们支付最高的薪水，你会发现，他们为业务增长带来的价值总会大大超过他们的薪水。”奈飞将支付人力市场最高工资作为其高绩效文化的关键组成部分。奈飞致力于雇用卓越员工，他们认为一个卓越的员工比两个胜任的员工做得更多，花得更少。这样的做法就是“价值导向”的薪酬策略，而结果其实比那些固守“成本导向”的企业更“实惠”。

当然，并不是所有企业都能为所有岗位支付市场最高水平的薪酬，帕蒂也提出了她的建议：那些做不到为所有岗位提供高薪的企业，可以优先考虑那些对业务增长最重要的岗位并为这样的岗位支付市场最高水平（或极富竞争力）的薪酬。

企业制定薪酬水平策略需要关注四大目标：吸引并留住有价值的员工、提高劳动生产率、提高员工薪酬满意度以及控制劳动力成本。一般来说，企业的薪酬水平策略主要有四种类型，包括领先型、跟随型、成本导向型和混合型（如表 7-1 所示）。基于我们的实践经验，领先型薪酬水平策略可以更好地兼顾和达成上述四大目标。支付高于市场平均水平的工资具有激励和约束的双重功效，既能吸引并留住人才，提高员工的工作激情，也能提高失败成本，让员工为了保住高薪的工作而努力提高工作效率，从而提升企业的生产效能。

表 7-1　薪酬水平策略分类

薪酬水平策略	表现
领先型	在同地区同行业当中，企业的薪酬水平处于领先地位
跟随型	企业的薪酬水平始终紧跟市场的主流薪酬水平
成本导向型	企业的薪酬水平一般低于市场平均水平
混合型	企业根据部门、岗位以及人才的差异性，灵活地采用不同的薪酬水平策略。如对企业发展至关重要的岗位，采取领先型薪酬水平策略；对简单重复性工作岗位，采取成本导向的薪酬水平策略

除此以外，在采取领先的薪酬水平策略时，还要坚持“高固定，低浮动”的薪酬结构。固定薪酬的确定依据是员工个人能力，高固定的薪酬可以让员工直接感受到企业对自己能力价值的肯定，其对企业的归属感和认同感也会更强。此外，高固定的薪酬能够保障员工的基本生活，让员工更有安全感，有助于摒除员工的“杂念”，避免员工从其他“孔”中获取私利。在这样的激励作用下，企业团队协作的氛围更浓厚，员工更加乐于分享，有利于员工个人的成长和企业整体业绩目标的实现。

卓越企业实施的薪酬激励体系有很多共性，如华为人力资源价值链“铁三角”、龙湖地产的“1234”薪酬理念等，都体现了高于市场水平的薪酬、基于精准选人的高固定薪酬等特征。通过总结领先的薪酬激励模式所具备的特征，我们提出了“345 薪酬”模式——给“3”个人，发“4”个人的薪酬，创造“5”个人的价值。“345 薪酬”契合了“高于市场水平的薪酬是最节省也最有效的薪酬”的理念，但其背后有众多的理念与方法，需要配套实施。

“345”薪酬体系如图 7-4 所示。

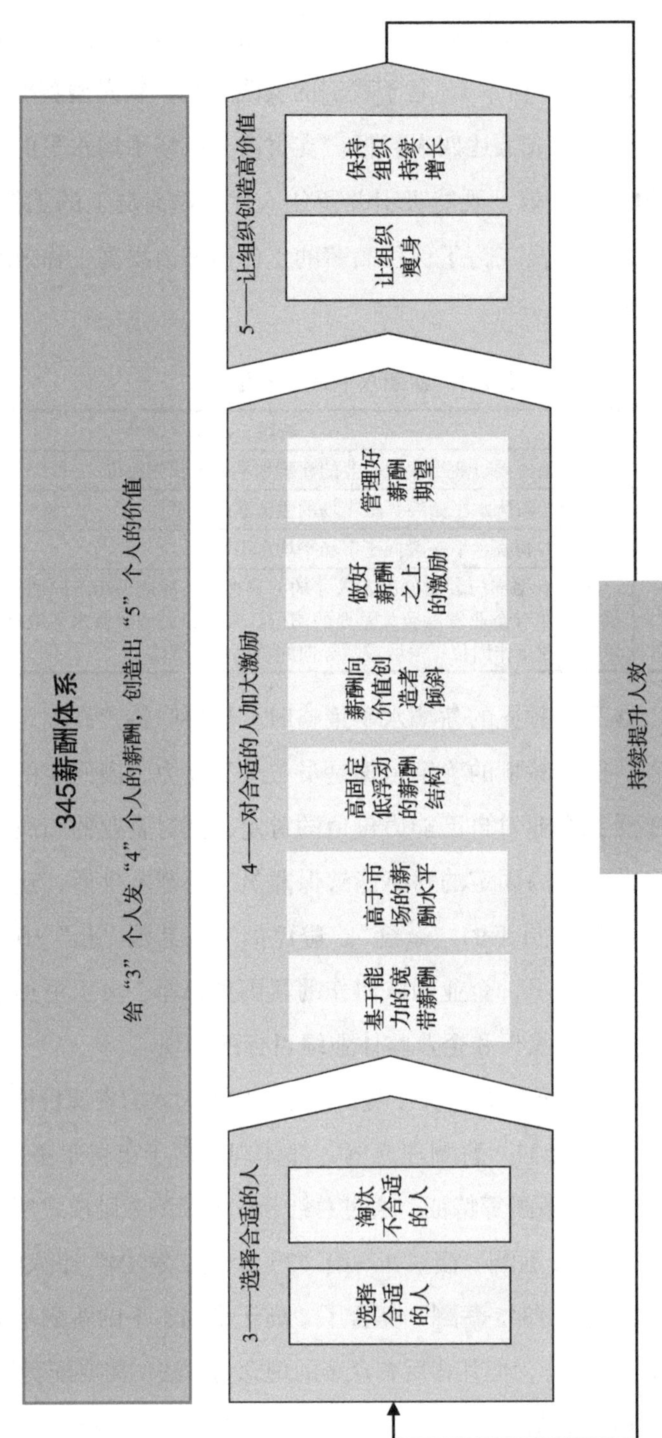
345薪酬体系
给“3”个人发“4”个人的薪酬，创造出“5”个人的价值
3——选择合适的人
选择合适的人
淘汰不合适的人
4——对合适的人加大激励
基于能力的宽带薪酬
高于市场的薪酬水平
高固定低浮动的薪酬结构
薪酬向价值创造者倾斜
做好薪酬之上的激励
管理好薪酬期望
5——让组织创造高价值
让组织瘦身
保持组织持续增长
持续提升人效

图 7-4 “345”薪酬体系

高于市场水平的薪酬，意味着企业要先付出，先付出更高的薪酬需要企业整体收益的保障，员工要获得高薪酬，就需要关注企业盈利——企业的高盈利是企业高收益和员工高薪酬的共同来源，这就是收益上的利出一孔。如果薪酬做不到高于市场水平，利出一孔的效应会明显减弱——在激励不足的情况下，很难指望员工主动关注企业的整体收益。而高于市场水平的薪酬，又需要合理的配套机制。所以，只有真正做到了“345”薪酬，才能最大程度地避免利出多孔，企业“利出一孔，激励共赢”的目标才能够更好地达成。

措施二：与整体目标关联的奖金分配

除了支付高薪酬来实现强激励外，为了实现利从一孔出，企业在设计指标、奖金核算方式和发放条件时需要关注公司整体的目标。企业需明确设立员工奖金的发放依据，并和公司整体的战略目标紧密关联。当奖金的获得与整体目标关联，就向员工传达了企业所期望的行动方向——要为企业整体目标的达成而付出努力。

指标设置利出一孔

一旦奖金与某种业绩指标关联起来，就会牵动和引导员工的行为向实现该业绩指标的方向努力，所以这种指标一定要和企业的战略目标高度相关。

贝恩咨询的合伙人迈克尔·曼金斯（Michael Mankins）指出，在设置组织目标时团队成员需要对“什么是成功”进行界定，同时还需要就如何获得团队的成功、设置何种指标来衡量整体目标的实现达成一致的意见。曼金斯提到的“什么是成功”就是团队的整体目标，设置何种指标来衡量，则直接影响奖金激励。

腾讯：团队倾向性的绩效管理

腾讯的绩效管理体系遵循团队倾向性原则，格外强调团队价值，将员工与部门紧密关联，部门与公司整体紧密挂钩。团队中所有员工都对本部门的KPI和业务流程负责，各部门的领导者要通过绩效辅导帮助下属提高绩效，各个任职者有责任帮助流程相关人员提高绩效。这样由下至上，全员都要为腾讯整体的业绩表现负责，避免了“山头主义”，实现了团队绩效的提升。

在评价后的分配过程中，腾讯员工的年度考核结果会与公司年终效益挂钩，并且会作为次年工资调整和岗位调整的重要基础。其计算方式如下：

年终效益奖＝效益奖基数 × 个人绩效考核因数 × 公司绩效考核因数

腾讯将公司整体的绩效考核因数作为个人年终效益奖考量的一部分，不仅让全员担当公司整体目标，而且让员工为整体的绩效结果负责，从源头和结果两方面形成员工与企业利益共同体。

事实上，不仅仅腾讯，华为、海底捞等许多知名企业都会在设置激励指标时将员工利益与公司整体利益挂钩。这些与共同目标紧密关联的指标，不仅指明员工工作行为的方向，而且保障了企业内部利出一孔。

战略指标分解矩阵示例如表 7-2 所示。

表 7-2 展示的是绩效指标分解矩阵，可以看到该矩阵中各个部门都或多或少地承担了公司级的年度关键指标，其中两个极为重要的指标——“营业收入”和“复合型人才培养”与所有部门相关。通过该分解矩阵可以清晰地知道企业在该年度的关键目标，以及各部门为达成整体目标所应着重努力的方向。公司级的 KPI 需要每个部门去关注，如“公司级文化大讲堂”这样的主要由人力资源部负责的指标，其他部门也应积极配合，从而实现“贯彻企业文化”这个公司级的战略主题目标。

表 7-2　战略指标分解矩阵示例

维度	战略主题	指标名称	目标值	公司层面 KPI	项目管理部	信息技术部	研发部	销售部	采购部	人力资源部	财务部
财务	提升营业收入	营业收入	全年目标 10 亿元（上半年 4.5 亿元）	★	★	★	★	★	★	★	★
	增加现金流	经营性净现金流与净利润比值	≥75%	★	▲		▲	★	★		★
客户	提高客户满意度	验收完成准时率	≥90%	★	★	★		▲			
	提高市场占有率	成交额 1000 万元以上的客户数量	0	★		★		★			
内部运营	研发技术及新产品	新技术应用推广	≥3	★		▲	★				
学习与成长	复合型人才培养	全年人均培训课时	24 小时/人/年	★	★	★	★	★	★	★	★
	贯彻企业文化	公司级文化大讲堂	1 次 / 季度	★		★				★	

注：★代表负责部门，▲代表辅助部门。

公司级指标分解后，每个部门需根据其被分配的指标形成部门绩效目标责任书（如表 7-3 所示）。从该责任书中可以清晰地看到，研发部的各项关键指标都与公司级的目标紧密关联。其中的“新技术开发数量”和“新技术应用推广数量”都是为完成公司级 KPI 中的“新技术应用推广”服务。在接下来的员工计划管理中，部门管理者会将员工个人的工作任务与部门 KPI 紧密挂钩，进而从下至上承接公司整体战略目标。因此，在设置指标之初将各部门的工作方向与整体前进方向保持一致，有利于聚焦关键事件，汇聚员工力量于“一孔”，避免时间、资源和精力的浪费，从而实现个人与团队的共赢。

表 7-3　部门绩效目标责任书示例

2019 年研发部绩效目标责任书								
维度	**编号**	**指标名称**	**指标定义**	**目标值**	**权重**	**计分规则**	**数据来源**	**备注**
财务层面	1	营业收入	营业收入总额	全年目标10亿元（上半年4.5亿元）	15	达到目标值得满分，高于或低于目标值，按实际比例计分，低于目标值的70%，本项不得分，本项得分上限120分	财务部	
	2	经营性净现金流与净利润比值	经营性净现金流 / 净利润 ×100%	≥75%	10		财务部	
客户层面	3	验收不合格率	验收不合格的合同额 / 全年营业收入	≤1%	10	0：120分，≤1%：100分，>5%：0分，区间内按比例计分	销售部	非自身原因导致客户终止合同或退货不计入
内部运营	4	新技术开发数量	新技术开发数量	≥5	20	≥5：100分，<2：0分，其他按比例计分	项目管理部	
	5	新技术应用推广数量	新技术应用推广数量	≥3	30	≥3：100分，<1：0分，其他按比例计分	项目管理部	
学习成长	6	全年人均培训课时	员工全年参与内外部培训课程的平均课时数	24小时 / 人 / 年	15	≥24小时：100分，<24小时：同比例减分	人力资源部	
加减分项								
否决项								
权重合计					100			
被考核人签字						考核人签字		
日期						日期		

奖金核算利出一孔

设置指标是将个人工作方向与整体目标关联，而奖金核算方式则是将个人利益与整体利益直接挂钩。很多企业在设计奖金核算方式上偏离了轨道，虽然设置了明确的绩效指标，但奖金的核算过程过于复杂，严重削弱了个人绩效与整体目标实现的关联度。

有些管理者认为奖金计算方式的复杂代表了科学和准确，但实际情况可能截然相反。面对复杂的计算过程，员工无法感知到激励的存在，相反，他们可能会误解公司在为他们取得奖金的道路上设置"路障"。一旦奖金核算的方式变得复杂，管理者也很难将其中的激励逻辑解释清楚，员工将更多的关注点投入到核算奖金的准确性上，对完成目标的关注会减少，不利于整体目标的达成。

表 7-4 呈现的是一家工程企业提成奖金的计算方式。该企业人力资源部为了保证奖金激励体系所谓的完善和可靠，计算员工的绩效奖金时，参考时间、质量、周期、成本等一系列因素，进行叠加计算，以求实现最为"量化、客观"的结果。但事与愿违，该企业并没能靠这套体系吸引到优秀人才，为了奖金计算而产生的争执却有增无减。

这种核算体系，不论是人力资源部人员还是其他部门人员，都很难记住其中的完整信息，每次都需要耗费较多的时间去回忆细节、反复计算。过细的指标和复杂的运算增加了企业的管理成本，也挫伤了员工的积极性，使得员工对公司设置奖金激励的初衷产生怀疑。

表 7-5 呈现的是简化的奖金核算表。将员工的绩效奖金基数固定化，以月度标准工资为基准，不同级别设定不同的倍数，计算出每个级别的绩效奖金基数。根据绩效等级确定不同的系数，最终将奖金基数和绩效系数相乘，算出绩效奖金。由此，奖金的核算可以简化为两步：

表 7-4　复杂的奖金核算示例

项目规模	提成基数	利润率	周期	项目人员数量	提点
3000 万元	10%	≥30%	≤0.5 倍目标周期	≤70% 标准项目成员数	14%
				70%～85%（含 85%）标准项目成员数	13%
				86%～100%（含 100%）标准项目成员数	12%
				＞标准项目成员数	11%
			0.5 倍目标周期～0.7 倍目标周期（含 0.7 倍目标周期）	≤70% 标准项目成员数	10%
				70%～85%（含 85%）标准项目成员数	9%
				86%～100%（含 100%）标准项目成员数	8%
				＞标准项目成员数	7%
			0.7 倍目标周期～1 倍目标周期（含 1 倍目标周期）	≤70% 标准项目成员数	6%
				70%～85%（含 85%）标准项目成员数	5%
				86%～100%（含 100%）标准项目成员数	4%
				＞标准项目成员数	3%
			＞1 倍目标周期	≤70% 标准项目成员数	1%
				70%～85%（含 85%）标准项目成员数	0%
				86%～100%（含 100%）标准项目成员数	0%
				＞标准项目成员数	0%
		[15%, 30%)	≤0.5 倍目标周期	≤70% 标准项目成员数	12%
				70%～85%（含 85%）标准项目成员数	11%
				86%～100%（含 100%）标准项目成员数	10%
				＞标准项目成员数	9%
			0.5 倍目标周期～0.7 倍目标周期（含 0.7 倍目标周期）	……	……
			0.7 倍目标周期～1 倍目标周期（含 1 倍目标周期）	……	……
			＞1 倍目标周期	……	……
		＜15%	……	……	……

第一步，根据绩效完成情况确定绩效系数。

第二步，与事先明确的绩效奖金基数相乘。

这样的计算方式简洁明了，降低了计算的复杂度，减少了计算所花费的时间，也让计算方式更加透明。降低了员工对奖金核算的过度关注，员工将会有更多的精力聚焦于完成目标上。

表 7-5 简化的奖金核算示例

<table>
<tr><th rowspan="2">职级</th><th rowspan="2">月度工资</th><th colspan="2">年终奖金</th><th rowspan="2">福利补贴</th></tr>
<tr><th>年度绩效奖金</th><th>绩效奖金系数</th></tr>
<tr><td>7～8</td><td rowspan="4">月度标准工资</td><td>月度标准工资 ×6</td><td rowspan="4">A＝120%
B＝100%
C＝80%
D＝60%
E＝0%</td><td rowspan="4">司龄津贴
过节费
高温补贴
用餐补贴
交通补贴等</td></tr>
<tr><td>5～6</td><td>月度标准工资 ×4</td></tr>
<tr><td>3～4</td><td>月度标准工资 ×2</td></tr>
<tr><td>1～2</td><td>月度标准工资 ×1</td></tr>
</table>

在核算绩效奖金时，兼顾个人目标和整体目标的达成，让员工的利益来源与整体绩效表现紧密挂钩，有多种计算方法来计算绩效系数。下面常见的三种方式，可供企业参考使用。

计算方法一：加权平均法

加权平均法，是指在计算员工绩效得分时，针对公司高层领导者、部门负责人和普通员工，分别设置公司目标、部门目标或个人目标在其绩效得分中的权重，让组织中各个层级员工的考核结果与组织整体绩效结果挂钩。

考核结果＝部门目标得分 × 权重＋公司目标得分 × 权重

如图 7-5 所示，不同层级的人员需要对自己所在团队的整体目标承担责任。

分管副总作为公司的高层，他们的工作内容与公司的整体运营是密切相关的，因此其考核分数的绝大部分与公司目标挂钩。同时，一般企业的分管副总也都会有其分管或负责的部门，其分管或负责部门的目标达成情况也要作为业绩考核中的一部分。

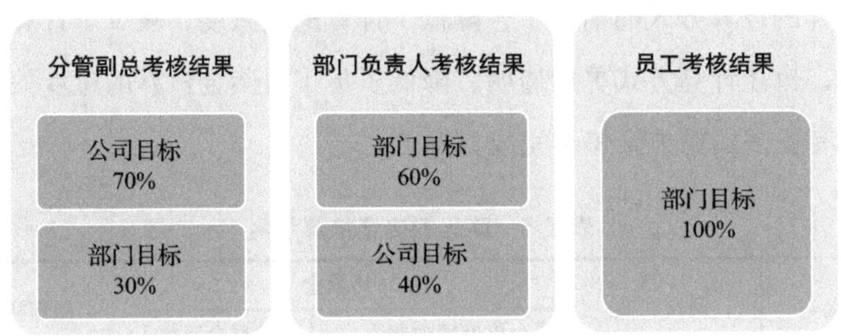

图 7-5　各层级人员绩效得分权重示例

部门的业绩是部门负责人工作成果的直接体现，应作为其绩效考核的主要依据。同时，遵循团队绩效的利出一孔原则，管理者要为整体目标的达成承担责任，因此，公司目标的达成率也会影响部门负责人最终绩效得分。

经过目标的层层分解，每位基层员工的个人工作计划与部门和公司目标有直接承接关系的，可以将所在部门绩效得分直接作为员工的绩效成绩。根据企业实际情况，可以将员工的个人工作计划得分作为绩效成绩的组成部分，或与公司整体业绩关联。

计算出每位员工的绩效综合得分后，可以划分不同得分区间对应相应的绩效等级，不同的绩效等级对应不同的奖金系数，最终员工的绩效奖金由奖金系数与奖金基数相乘得出。如果不同人员之间的绩效得分有较为明显的区分度，也可以将其直接作为绩效系数（通常换算成百分比），用于计算奖金额度。

计算方法二：修正系数法

修正系数法，是用公司整体绩效得分与各部门绩效的平均分相除，计算一个修正系数，再用这个修正系数乘以各部门绩效得分，对其得分进行一次修正。经过修正后的绩效得分，如果公司得分较高，那么所有部门得分将会变大，如果公司得分较低，那么所有部门最终得分则会变小——通过这样的方式，可以让所有部门绩效得分与公司整体目标达成情况关联。

以表 7-6 为例，在得到 A、B、C、D 四个部门的业绩得分后，算出公司各部门的平均得分，以公司业绩得分除以各部门平均业绩得分就可以得到业绩修正系数。将各部门修正前的业绩得分与修正系数相乘，就可以得到修正后的部门绩效得分。该分数可以作为部门负责人的绩效得分。

表 7-6　部门得分修正示例

<table>
<tr><th colspan="2" rowspan="2"></th><th colspan="5">部门得分</th><th rowspan="2">公司得分</th><th rowspan="2">修正系数</th></tr>
<tr><th>A</th><th>B</th><th>C</th><th>D</th><th>平均</th></tr>
<tr><td rowspan="2">例 1</td><td>修正前</td><td>9.0</td><td>9.3</td><td>8.5</td><td>7.9</td><td>8.7</td><td rowspan="2">7.5</td><td rowspan="2">0.86</td></tr>
<tr><td>修正后</td><td>7.8</td><td>8.0</td><td>7.3</td><td>6.8</td><td>7.5</td></tr>
<tr><td rowspan="2">例 2</td><td>修正前</td><td>6.8</td><td>7.1</td><td>8.0</td><td>7.6</td><td>7.4</td><td rowspan="2">8.3</td><td rowspan="2">1.13</td></tr>
<tr><td>修正后</td><td>7.7</td><td>8.0</td><td>9.0</td><td>8.6</td><td>8.3</td></tr>
</table>

对基层员工，一种方法是直接将个人成绩乘以公司修正系数，这就将员工与公司整体业绩表现相关联；另一种方法是算出部门修正系数，再计算修正后的个人绩效得分。通过修正系数得到绩效综合得分后，可以根据奖金基数计算出每个人的奖金额度。

计算方法三：系数相乘法

与前两种方法有所差异，系数相乘的方法是分别根据个人的绩效等级和公司（或部门）的绩效等级确定相应的绩效系数，然后二者相乘得出最终的奖金系数，再乘以员工的绩效奖金基数，最终确定员工奖金额度。

如表 7-7 所示，在计算基层员工的奖金时，可以将个人目标奖金系数与部门或者公司的绩效奖金系数相乘；针对管理者，其负责的部门绩效得分即为其绩效得分，可以直接将部门目标绩效奖金系数与公司的相乘。联想的绩效核算方式正是这种系数相乘的方法。

表 7-7　系数相乘计算奖金示例

绩效奖金 = $T \cdot P \cdot C$	P：个人目标奖金系数 个人绩效等级决定个人目标奖金系数		C：公司（部门）目标绩效奖金系数 公司（部门）整体目标完成程度决定公司（部门）目标奖金系数	
T：个人绩效奖金基数 P：个人目标奖金系数 C：公司（部门）目标绩效奖金系数	个人绩效评级	个人目标奖金系数	公司（部门）整体绩效水平	公司（部门）目标奖金系数
	A	120%	≥120	120%
	B	100%	[100, 120)	100%
	C	80%	[80, 100)	80%
	D	60%	<80	60%

联想：人人为整体绩效结果负责

联想的绩效管理遵循着全员为整体绩效结果负责的思路，在核算员工的绩效奖金时采取了系数相乘和加权平均的方法。具体的计算公式如下：

员工绩效奖金＝P（部门与公司绩效成绩）×Q（个人绩效结果）×G（固定工资）

公式中的 P 指的是部门与公司绩效成绩加权平均后的综合得分。联想针对业务部门和职能部门设置了不同的切分比例：业务部门的 P＝20%×公司绩效得分＋80%×部门绩效得分，职能部门的 P＝50%×公司绩效得分＋50%×部门绩效得分。这样的计算比例可以促使不直接产生业绩的职能部门积极配合业务部门，心系公司整体绩效目标的达成。

公式中的 Q 指的是员工的个人绩效结果。联想将员工的绩效结果划分为三个等级，分别对应的一定的系数，如表 7-8 所示。

表 7-8　员工绩效等级对应奖金系数

员工绩效等级	人数占比	奖金系数
卓越（outstanding）	10%～20%	150%
优秀（strong）	70%～85%	100%
待提升（need improvement）	5%～15%	0

公式中的 G 指的是员工的岗位工资，由该员工的岗位与能力决定，在一定的时间内是固定的。

通过这样的绩效核算方式，联想可以平衡业务部门和职能部门的绩效贡献，促进内部部门的协调与平衡。同时，全员为部门与公司绩效成果负责也能平衡个人与整体的利益，有助于团队绩效的实现。

在实际运用中，加权平均法、系数修正法和系数相乘法可以交叉使用。联想的绩效奖金核算就融合了加权平均与系数相乘法。这三种常见的绩效奖金核算方法都遵循着利出一孔的原则，通过将个人与整体的利益挂钩，落实团队绩效激励模式。

奖金发放利出一孔

将个人收益与整体绩效目标相关联的另一个方式，是在奖金发放条件上设置必要的门槛。

遵循利出一孔的原则，在正式启动奖金激励时需要考虑整体目标的达成情况。若将完成公司整体目标作为发放个人奖金激励的前提条件，则可以有效避免只关注个人或本部门利益的行为。在该条件下，员工不得不心系团队，为整体绩效目标的达成贡献力量。

为奖金装上“启动阀”

英岚公司前些年为了保持高速增长，对员工加大激励，大幅度提高提成和奖金占比。但由于外部市场环境变化，整体业务增长趋缓，英岚公司近几年的总体利润增长并不理想，每年年初制定的公司利润目标都未达成。但因原来设定的提成比例没有调整，部分人员依然在拿着较高的提成奖金，这种提成奖金不仅没有与公司整体业绩关联，而且超过了其贡献所应得。在业绩不佳的情况下，公司付出的奖金总额却居高不下，导致了整体利润的缩水和股东的不满。

英岚公司的解决方式，是为奖金的发放装上“启动阀”。“启动阀”在公司整体目标达成的情况下，才会启动奖金发放行动，让奖金激励通过关卡发放出去。具体做法是，设置决定员工奖金是否发放的销售额和利润额门槛值，在公司达成该绩效目标的情况下，才开始启动奖金的计算与发放。

如表 7-9 所示，英岚公司 2019 年的年度销售额目标为 5 亿元，利润目标为 2.3 亿元。激励方案规定，如果年底两个目标都完成，则可以拿到 1.5 倍的月固定工资作为绩效奖金；如果只完成其中一项，则只能拿到 0.7 倍的月固定工资；如果两个目标都完成不了，则不能启动绩效奖金的发放。其中的销售额目标和利润目标，就成了英岚公司奖金发放的“启动阀”。

表 7-9　公司业绩达成作为奖金启动的条件

2019 年全年业绩目标	奖励系数 / 额度
销售额 5 亿元 利润额 2.3 亿元	两项目标全部达成，奖励系数为 1.5 仅完成 1 项目标，奖励系数为 0.7 两项目标都没有完成，奖励系数为 0

2019 年全年核算时间：2019 年 1 月 1 日至 2019 年 12 月 31 日。

即便指标设置时紧密关联个人目标与整体目标，员工也往往习惯性地去关注个人目标，忽视公司整体绩效结果。将公司整体目标完成作为激励实施的先决条件，员工更能体会到公司作为利益共同体而存在，也更能心系整体目标的达成。“启动阀”的设置有利于让员工在感知上与企业形成利益共同体，让员工从更关注完成各自的指标，转向关注整体目标的达成情况。

措施三：堵住多孔收入的规则

团队绩效的激励模式，既要考虑从正面牵引员工的行为，也要设置底线约束，以避免员工发生“利出多孔”的行为，与公司的利益相冲突。利出多孔现象的出现，是因为员工的利己倾向，但公司制度设置的缺陷、对负面行为的容忍等会放大这种行为的危害，企业要最大程度地避免落入这样的陷阱。

绿巨人公司：员工钻了制度的空子

在绿巨人（Green Giant）这家世界著名的罐头食品加工公司中，曾出现过员工为了获得额外的奖金而钻制度空子，对公司造成巨大损失的事例。

事件起因是一次车间主管在巡查车间员工工作时，一名员工发现了罐头里有一个虫子，及时进行了处理并向这名主管进行了汇报。于是这名主管就奖励了这名员工一定额度的奖金，同时还做了一件事，这件事改变了整个事情的走向：将及时发现有问题的罐头这一常规行为作为员工奖励的一个指标。

起初，车间员工们都铆足了劲仔细检查经手的每一个罐头，很多员工也因此而获得了额外的现金奖励。但随着时间推移，食品原材料把控、车间卫生环境改善等都降低了再次出现问题的概率，罐头里出现虫子或其他瑕疵的情况锐减。这样一来，那些靠检查出不良品来获得奖励的员工，就失去了这一获利渠道。此时，开始有员工想到偷偷将虫子放进罐头中，再由自己“发现”并上报的“生财之道”，以此来获得检查出“不良品”的奖励。接着，越来越多的员工开始效仿，直到主管发现不良品越来越多并进行调查才发现了事情的原委。虽然公司对那些员工进行了相应的处罚，但员工的蓄意破坏，已经让公司承担了高额损失。

面对利益的诱惑，会有员工为了私利铤而走险，做出对公司不利的行为。很多企业的提成计算、业务外包、采购等环节，是可能出现“利出多孔”不合理获利行为的重点环节。在注重业绩提成的企业，会出现销售人员为了完成公司制定的销售业绩指标，与外部客户进行不合规私下交易的行为。单纯从业绩的数字看，这些销售人员靠虚假的交易完成了公司设定的指标，但不合规的交易损害了公司利益，为公司造成了长久的损失。针对这样的情况，企业需制定相关的规范制度和监察机制（如图 7-6 所示），以防患于未然。

培训费分配

a）区域内有偿讲课和讲课收益必须报备大区总和销管部，讲课前、讲课后运营标准必须完整操作。

b）有偿讲课讲课费收入的 40% 进入大区奖金池。

c）有违背者，一律扣除所有提成，提成不足以扣除的，从当月工资中扣除，年度累计三个月讲课费收入不上交或漏交的，所属大区有权将其辞退。

奖金池构成与分配

a）奖金池分为大区奖金池和销售中心奖金池。

b）对于大区奖金池内的资金使用，由大区总报分配方案，经销售总监和销售部分管领导审核、总经理审批后执行。

c）每个大区奖金池由销管部代为管理。有偿讲课的食宿与交通补贴直接归讲课人所有。食宿补贴与交通补贴一律不得双重报销，一经查出，公司将严肃处分和处罚。

图 7-6　约束不当得利行为的制度示例

有些企业在制度设计时，没有充分考虑并防范漏洞，这会容忍甚至纵容员工谋私利的行为。企业内部承包制是一种典型的存在利益漏洞的制度设计。

在实施内部承包的企业中，承包单元既对内提供产品和服务，又独立向外销售推广。从内部运营和成本控制的角度，公司需要承包单元在保证质量的前提下，为内部提供尽可能价格低廉的产品或服务；但是从市场角度，公司又要求承包单元为经营业绩做出贡献。当企业为承包单元设置业绩指标时，就有可能造成承包单元的行为与公司整体战略目标相背离——为了获得更高的市场收入，对接受内部低价订单缺乏动力，或者为了提高价格而与公司讨价还价，拖延生产进度，损害公司利益。针对这样的情况，企业的应对无非两种：一是从根本上取消内部承包制；二是明确内部承包单位的定位，重新构建激励机制，使得承包单位的市场行为与公司整体利益保持一致。

优秀的企业能够意识到“利出多孔”的危害并制定相应的机制予以预防和规避。华为 EMT 自律宣言通过文化与制度约束，杜绝损公肥私的行为。

华为 EMT 自律宣言（节选）

我们热爱华为正如热爱自己的生命。为了华为的可持续发展，为了公司的长治久安，我们要警示历史上种种内杇自毁的悲剧，决不重蹈覆辙。在此，我们郑重宣誓承诺。

1. 正人先正己，以身作则，严于律己，做全体员工的楷模。

高级干部的合法收入只能来自华为公司的分红及薪酬，除此之外不能以下述方式获得其他任何收入。

绝对不利用公司赋予我们的职权去影响和干扰公司各项业务，从中谋取私利，包括但不限于各种采购、销售、合作、外包等，不以任何形式损害公司利益。

不在外开设公司、参股、兼职，亲属开设和参股的公司不与华为进行任何形式的关联交易。

高级干部可以帮助自己愿意帮助的人，但只能用自己口袋中的钱，不能用手中的权，公私要分明。

…………

在企业反腐的问题上，阿里、腾讯和京东也都建立了体系化的监查机制，避免内部腐败、损害公司利益和形象的行为的出现。为了保障利出一孔的实现，企业需要颁布成文的规章制度，并建立健全的监管机制，只有这样，员工才能以正确的姿态和方式在整体目标的指引下奋力前行。

措施四：与长远目标关联的股权激励

长期激励，尤其是股权激励，是近些年企业非常关注的激励模式。股权激励，一方面赋予员工参与企业分红的权利，另一方面又赋予员工作为股东的责任，将员工的利益与公司利益紧密捆绑，是一种很好的利出一孔的激励方式。

但是很多企业对股权激励存在认知误区，它们以为给了股权，激励对象就会以主人的身份追求企业利益最大化。事实上，实施股权激励的关键在于，激励具有高潜力、高价值认同的人才，以公司目标达成作为启动条件，以个人业绩达成作为授予条件，兼顾公司业绩目标和个人贡献，才能真正做到利出一孔。

与长远目标关联的形式之一，就是“达标启动”，既平衡责任与收益，实现利益共享、风险共担，又防止公司在业绩目标完成不佳的情况下，仍盲目授予股权。

世一股权激励绩效考核实施管理

世一公司早在几年前就开始实施股权激励，但由于缺乏严格的管理制度和绩效考核体系做支撑，出现了很多内部管理难题。

在其新的股权激励方案中，强调要对股权激励的授予设置明确的业绩条件，该条件来自于公司的远期战略目标。世一公司2018年实现营收8.1亿元，未来五年，计划实现科技化转型，在营收规模上突破20亿元，并保持较强的盈利能力，基于此设定了三阶段的发展目标（如图7-7所示）。

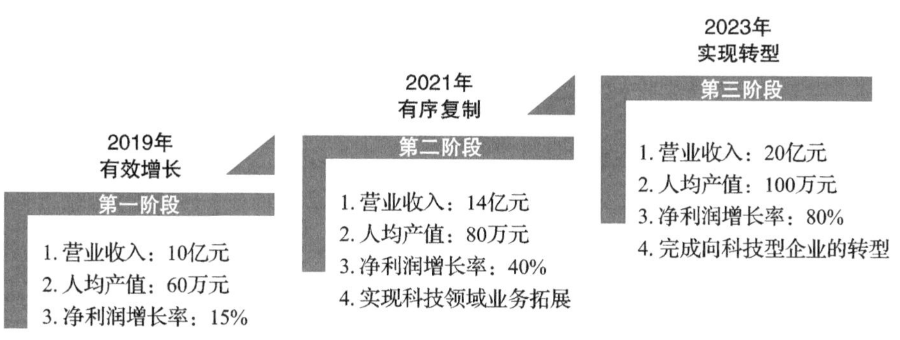

图7-7　世一公司五年战略目标

（一）公司层面业绩目标

与五年战略目标相匹配，世一公司的股份期权激励设定了三个行权期，将营收增长目标和净利润增长目标作为公司级行权启动条件。具体如表7-10所示。

表7-10　世一公司股份期权行权条件

行权期	公司业绩目标
第一次行权	营业收入达到10亿元，以2018年净利润为基数，2019年净利润增长不低于15%
第二次行权	营业收入达到14亿元，以2018年净利润为基数，2021年净利润增长不低于40%
第三次行权	营业收入达到20亿元，以2018年净利润为基数，2023年净利润增长不低于80%

（二）个人层面业绩考核要求

1. 考核依据

考核依据包括激励对象所在岗位的工作标准、个人绩效评价结果以及所在部门或经营单元完成公司年度分解目标的情况，让员工心系整体目标。

2. 考核内容

考核内容如表 7-11 所示。

表 7-11　世一公司员工个人绩效考核内容

<table>
<tr><th>考核内容</th><th>目标分值</th><th>权重</th><th>综合评价得分</th></tr>
<tr><td>工作业绩</td><td>100
（个人绩效占比 60%，
部门绩效占比 40%）</td><td>70%</td><td rowspan="3">工作业绩指标得分 ×70%＋工作态度指标得分 ×20%＋安全合规指标得分 ×10%</td></tr>
<tr><td>工作态度</td><td>100</td><td>20%</td></tr>
<tr><td>安全合规</td><td>100</td><td>10%</td></tr>
</table>

如世一公司的股权激励方案所体现的，将公司级的目标达成作为启动行权或授予的条件，是股权激励的基本要求。

在股权激励的实践中，还有一种特别的情况需要关注：在集团公司中，各个业务单元作为独立子公司运营时，子公司管理层的股权激励应该在集团层面还是在各自的子公司完成？这也是我们在企业经常被问到的问题。这个问题如果从利出一孔的团队绩效激励角度出发，更容易获得答案。

对于子公司，需要区分两种情况：一种是集团只是作为财务投资，与集团主营业务没有协同关系；另一种是子公司作为集团的一个业务单元，与集团主营业务有或多或少的关联，能够形成协同效应。对于第一种情况，子公司管理层的股权激励可以在其子公司层面自行完成，只要是在集团确定的框架范围内即可。对于第二种情况，只要存在协同关系，不管当前这种关联性有多弱，都需要在集团层面做统一的股权激励，这也是集团层面的利出一孔——只有真正成为集团的“股东”，才能够从利益上减弱本位主义，在子公司层面做决策时，也能从集团整体利益出发，为实现集团整体目标而贡献价值。

在实施激励方案时，除了公司整体目标作为启动阀，对于个人业绩，也需要设置与公司整体业绩达成相关的指标。设置个人业绩指标，避免员工“搭便车”的现象，将个人业绩指标与整体关联，则是防止所谓的明星员工只顾自身利益而不顾公司整体目标。只有明确员工获得激励收益的途径是实现整体目标，遵循利出一孔的原则，才能保障个人与组织的双赢。

各类企业在实施股权激励时需要认清一个事实，股权激励本身不能做到利出一孔，只有以公司整体目标、长远目标的达成作为启动条件的股权激励，才能够做到利出一孔。

为利出一孔增效

在谈到员工流失问题时，马云曾说过一句被广泛引用的话，“员工的离职原因林林总总，只有两点最真实：一是钱，没给到位；二是心，委屈了。”简单总结，就是既要给予员工“到位”的物质激励，又要给予其情感方面的关注——激励应该是全方位的，不是某一个方面的结果。

《驱动力》一书中提到，员工的报酬一旦达到基线薪酬的水平，薪酬激励的效果就开始减弱，代替它的是内在动机。企业通过清晰动人的愿景、有成长感的职业发展以及同舟共济的文化驱动员工的内在动机，为利出一孔的激励增效。

清晰动人的愿景为利出一孔设定方向

人类天生就是目标找寻者，目标为生活提供了活性能量。清晰动人的愿景为企业勾勒了将来要达到的目标，指引整个组织前进的方向。当企业家将心中美好的愿景公之于众，并与全员分享时，既能鼓舞员工，又能让员工明确努力的方向。通过前文提到的战略共识研讨等方式，可以激发组织内部的主人翁精神，唤起与企业并肩作战的认同感和责任感，实现思想与行动的统一。

企业清晰动人的愿景，是利出一孔的方向，也是力出一孔的指引。明晰的愿景，让员工有了努力的方向，所有员工都朝着这一个共同目标去奋斗，配以利出一孔的激励机制作为驱动，自然就会形成“力出一孔”之势，达成出色的团队绩效。

有成长感的职业发展为利出一孔增力

马斯洛（Abraham H. Maslow）指出：“每个人都愿意做有意义的工作，不愿做没有意义的工作。对管理者来说，最大的问题就是如何在组织中营造一种社会条件，将个人目标与组织目标相结合。”《激励的真理》一书中也提到，“没人愿意干一份没有前途的工作，那些正干着的人也不会愿意。”员工对成长感的职业发展的需求，不是来自于外部，而是来自于内心。

当企业通过赋予员工挑战性的任务，让员工从工作中获得认可和成就感，当企业为员工提供职业发展辅导的机会，帮助员工快速成长，员工能够获得强大的动力。美国一项横跨 150 多个国家，针对 1000 多家企业的国际调查研究显示，除薪酬和奖金等物质激励外，对员工最重要的激励方式就是在工作中获得认可与成长。该报告指出员工渴望受到尊敬与重视，在充沛的物质激励基础上，一旦员工获得情感上的照顾，他们便更容易产生高绩效表现并推动企业的快速发展。能够让员工感受到成长感的职业发展机会，也能够让企业的物质激励的效果放大，让利出一孔的激励力度更加强大。

同舟共济的企业文化为利出一孔增值

企业文化是全员认可和遵循的价值观、行为规范以及与之相对应的制度载体的总和，它一方面对员工具有凝聚和激励作用，另一方面也对员工的行为具有导向和约束作用。为了能贯彻利出一孔的激励机制，并让员工乐于接受相关的“游戏规则”，企业内部要注重同舟共济的团队文化建设，将企业发展与员工的成就紧密联系在一起，增强员工的集体荣誉感，让员工不再是迫于“胡萝卜与大棒”而是发自内心地去完成公司整体和个人的绩效任务。

小结

员工激励是绩效管理的重要一环，将考核结果合理、有效地应用在员工激励上是绩效管理成功的关键。为了实现激励效果最大化，需要通过建立利出一孔的激励机制，使员工与公司成为利益共同体。

利出一孔的激励机制首先需要通过给付高薪酬实现强激励，用“345”薪酬体系帮助企业提升市场竞争力，为获得长久的利润增长奠定基础。其次，在设计奖金体系时，需要设置与公司整体业绩目标达成紧密挂钩的指标、核算方式以及发放条件，同时也要配以防止员工利益与公司利益相冲突的约束机制。除了短期激励，股权激励等长期激励模式也需要遵循“利出一孔”的逻辑与规则进行设计，保障员工与组织长期利益的一致，实现企业的持续增长。最后，我们还要关注激发员工内在动机的精神激励，通过清晰动人的愿景、有成长感的职业发展和同舟共济的文化做到“内外兼修”，将激励的价值和效果最大化，为利出一孔的激励增效。

关键发现

- "利出一孔"，才能力出一孔，激励共赢。
- 高于市场水平的薪酬是最节省也是最有效的薪酬。
- "345"薪酬是与团队绩效匹配的薪酬激励模式。
- 设置与整体目标承接紧密的绩效指标、奖金核算方式与奖金激励启动条件，才能做到利出一孔。
- 公司需要建立相应的制度规范避免利出多孔的行为。
- 股权激励本身不能做到利出一孔，与长远目标关联的股权激励才能做到。
- 建立全面激励体系，利出一孔才能够发挥更大的作用。

Performance Reconstruction

——第八章

同舟共济的团队文化

文化才是一切的根源，有了高绩效的文化，企业便一定会成为商业领域的赢家。

——约翰·科特（John P. Kotter）

如果说团队绩效模型中的选人、目标共识、赋能沟通等是推动团队绩效实践的原动力，那团队文化就是让团队绩效持续成功的土壤，为团队绩效的成功实施提供源源不断的养分。

企业文化是组织中的隐性人际规则，它持续、广泛地塑造组织成员的态度和行为。如果企业文化能恰当地与个人的价值观、动机和需求结合起来，将释放巨大的能量。企业文化对增强企业凝聚力、提高员工敬业度、提升团队协作等有着重要作用。硅谷流行一句话"文化能把战略当早餐吃"，意思是说企业应该把企业文化放在更重要的位置上，忽视企业文化可能会导致战略的失败。

约翰·科特和詹姆斯·赫斯克特（James Heskitt）带领的研究团队历时 11 年，调查了企业文化对经营绩效的影响，结果表明，重视企业文化的企业在总收入平均增长率、员工增长率、企业股票价格增长率及企业净收入增长率等方面都远远优于不重视的企业（如表 8-1 所示）。

表 8-1　企业文化对业绩提高的影响

指标	重视企业文化的企业	不重视企业文化的企业
总收入平均增长率	683.3%	166.2%
员工增长率	281.8%	35.9%
企业股票价格增长率	901.2%	74.1%
企业净收入增长率	756.1%	1.0%

不重视企业文化，组织很难形成长期发展的价值理念、行为规范以及组织氛围；没有形成团队导向的文化，企业在发展中有偏离方向的风险。在缺少团队导向文化的企业中，员工没有共同的理想、目标，并将个人利益放在更高的位置上，工作目的更多是满足个人对于财富与名誉的追求；在缺少团队导向文化的企业中，员工在逆境中首先会保全个人或小团队的利益；在缺少团队导向文化的企业中，部门之间是竞争或交易关系，而不是协同关系。在这样的团队或企业中，整体目标的实现是小概率事件。

同舟共济的团队文化本质上就是"团队导向的文化"，即以团队价值最大化、团队的协同奋斗为核心特征的文化。团队导向的文化，其目的是寻找团队产出最大化和个人持续成长、提升的平衡点，实现整个企业的最优绩效。

支撑团队绩效达成的文化，首先是团队导向的文化，是同舟共济的文化。这种文化有五大要素，即战略共识、信息共享、信任充分、执行闭环、优胜劣汰——它们共同构建起团队绩效文化模型（如图 8-1 所示）。

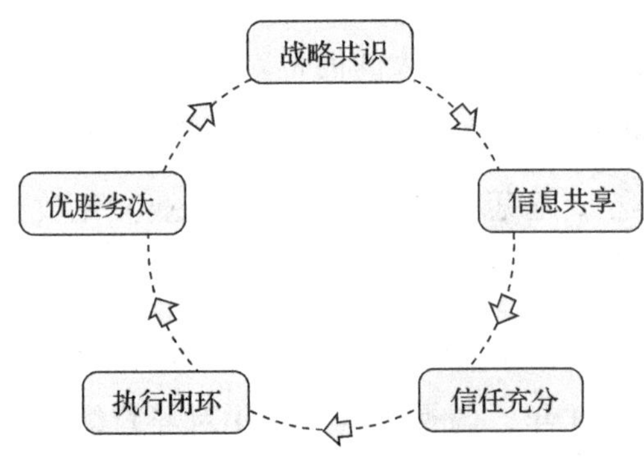

图 8-1　团队绩效文化五要素模型

战略共识

战略共识文化下的团队特征

- 公司战略清晰明确，所有员工都知道公司要达成的成果是什么。
- 当对于战略意见不一致时，大家愿意共同讨论，达成共识。
- 即便对战略不能达成一致，每个人也都愿意为最终确定的战略付出努力。

战略共识的核心是组织和个人由内而外地对战略有高度的认同感，不仅仅是知道，更重要的是“愿意做到”。但是，“共识”并不苛求“一致同意”，而是达成对公司最有利的决策，并围绕决策共同努力。战略共识是任务管理的开端，只有战略达成共识，才能真正上下协同、左右协同，集中力量到达目的地。如何形成战略共识的文化，让每位员工都形成达成共识的意识与行为习惯？答案是让关键人员参与战略研讨，让员工参与目标分解，对员工提出目标导向的行为要求。

参与战略研讨

让更多的中高层管理者及关键员工参与战略研讨，可以提高战略制定的合理性，可以凝聚更多人的共识，可以让战略执行更加到位，也能逐步形成战略共识的氛围。

华为的战略目标研讨会

华为每年的战略目标能够近乎百分之百完成与它非常重视战略共识密不可分。每年1月华为会召开为期6天的市场大会，约1900位公司中高层，从全球各地飞往深圳集合。在六天的会议时间中，大家需要了解行业变化和客户需求的情况，总结过往的经验和教训，分析公司现状，共同制订下一年及未来三到五年的战略规划。每年7月，同样是这批人，依旧在深圳集合，纠偏战略，同时总结好的做法和需要改进的地方，形成下一年度的战略规划。正因为有了这个过程，华为的战略目标才能实现真正的共识。

华为战略目标的实现首先得益于每年两次的战略目标研讨会。相对于直接告知员工战略目标，让更多的人参与公司的战略研讨，无论是对战略的制定还是对战略的执行都是极具价值的。

前文中提到，战略共识研讨的过程表面上看是科学的逻辑推演，但同时也是感性的，是一个能够让管理者各抒己见、贡献智慧、相互理解、解决分歧的过程。更关键的是在此过程中大家共同描绘未来愿景，让未来方向更加清晰；共同明确短期战略目标，让团队力量更加聚焦；共同制定战略举措，让实现路径更加清晰。

从研讨过程的参与，到会议结束的行为延续，单次战略共识的结果只是短期成果，更大的价值则是战略共识文化的形成。

参与目标分解

目标分解过程，是思考如何将战略落地、如何规划达成目标路径图的过程。如果说战略共识是确定方向、确定预期的成果和终点，目标分解就是寻找方法、寻找到达终点的路径。

谷歌员工的目标设定

谷歌的目标制定是全员参与的，公司高层、部门负责人和员工均从战略开始设定自己的年度与季度目标，员工根据上级的目标在自己想做的范围内找到能对公司目标有利的部分，并与上级进行讨论，做权衡取舍。

谷歌的目标制定过程是自上而下与自下而上结合，自上而下是确定性的指标，是从公司战略到部门再到员工的层层分解，确保公司战略的实现；而自下而上是非确定性的指标，是员工根据自己的意向自下而上申报，申报的指标项可以超出公司指标范围。有些员工自己想做的东西甚至能够成为公司未来的发展方向。

谷歌鼓励员工突破自己的能力，设定具有挑战性、有野心的目标。不仅如此，设定的目标必须是管理者与员工直接充分沟通达成的共识，没有达成共识的目标不能作为目标，在目标设定上管理人员不能命令员工。

并不是所有员工都有机会参与战略研讨，目标分解过程就是全员达成战略共识的主要途径。通过自上而下的目标分解，及自下而上目标的思考、提交、沟通，让员工对于战略有更为清晰、深入的认识。目标分解工作本身，就是构建战略共识文化的一部分。

公司目标导向的行为要求

达成目标共识后，实现目标的关键在于通过明确的行为将其落实到执行层面。目标是员工行为的灯塔，也是衡量行动价值的标准。为了强化目标导向，除了通过日常工作中的计划分解与定期回顾以外，还需要体现：对工作中的任何行为要求，都是基于达成目标的需要。

任正非在员工座谈会议上针对目标导向提出，工作开展要“先瞄准目标再开枪”。华为非常重视目标管理，制定了目标管理的标准，强调了目标管理的态度，也为员工执行提供了一些基本思路。华为让每一个员工在工作开始前必须弄清楚五个要点：做什么、如何做、做多少、在哪儿做、为什么做。

任正非：向目标倾斜原则

“社会上往往是向成功倾斜，而不是向目标倾斜，这是我们在管理中要避免的错误。向成功倾斜，人们就不会去做啃骨头的事情。所以我们是用目标考核制。这个成果不成功了，由谁来负责任？我们领导负责任。你只要努力去做了，照样可以立功、升级。所以，我们不是向成功倾斜而是向目标倾斜。如果向成功倾斜，他会做一个过得去的产品来糊弄你，这个产品有什么生产价值？生产以后，只是祸国殃民，最后用户还要谴责我们。”

从企业一把手到部门的直线经理，对于员工的工作任务安排与成果的要求，都能够从公司整体战略目标出发，才能够逐步强化战略共识的意识，强化员工团队整体价值提升的意识。

德鲁克在谈及目标管理时曾说：“企业中每一个成员都有不同的贡献，但所有的贡献都必须是为着一个共同的目标，他们的努力必须全部朝着一个方向，他们的贡献必须互相衔接而形成整体——没有缺口，没有摩擦，没有不必要的重复活动。”管理者参与公司战略共识的研讨，为做出最佳的战略选择表达自己的意见，有助于达成共识，也是深入理解公司目标成果的过程。经过共识研讨过程，每个管理者、每个员工都愿意为公司目标承担责任。对个人目标的分解，能够让员工进一步将自己的工作与公司目标关联，将自己的利益与公司整体利益关联。再辅以工作过程中目标导向的行为要求，目标意识会被不断激发、强化，最终形成员工的行为习惯。

信息共享

信息共享文化下的团队特征

- 所有的员工都有意识将对公司有利的信息传递给需要的人。
- 每个人都认识到信息的实效性，会第一时间进行传递。
- 对于信息传递存在的任何障碍，大家都愿意向上司和其他管理者坦诚提出。

信息共享的价值在于团队成员之间能够及时、全面地了解团队的整体情况，包括实时变化的目标和计划、相关团队和个人的行为出发点、后续的工作、对自身工作的反馈等，进而更加高效精准地完成团队目标的要求。信息共享的文化氛围，是同舟共济的团队文化的基本特征，也是顺利实施团队绩效的基础。

为了塑造信息共享的文化氛围，企业需要打造共享的机制，包括自下而上的内部信息采集、定期的会议机制、面向全员的信息共享平台等。

内部信息采集

内部信息采集是自下而上以及员工相互之间的信息共享机制，通过这种机制能够让组织聆听基层的声音，让员工层面的客观信息和主观意见都有机会为组织的目标实现增添砝码。

华为的内部信息采集平台：心声社区

2008年6月29日华为正式上线心声社区，心声社区一直是华为人的沟通家园，是企业文化宣传与沟通以及促进经验交流与共享的平台。在2010年决定再次开放心声社区时，任正非发表了一篇《和媒体改善关系》的讲话，“公司开放心声社区，我内心很有压力，反对的人也很多，但我们还是坚持心声社区开放。我不明白为什么家丑不可外扬，员工只要坚持实事求是，事情是亲历、亲为，有不对的地方，为什么不可以外扬？我们最近在离职员工管理上，已删除了维护公司的声誉这一条，维护是维护不住的，只有改好才行。”

心声社区中批判的氛围有利于建立自我批判的环境，公司的很多文件第一时间都会发布在心声社区上让员工去评价，这和员工直接暴露问题一样，是通过员工讲真话而让公司形成讲真话的氛围。后来心声社区的发展越来越好，出现了不少对华为改进非常有意义的帖子，比如“炮轰华为”“少些浮躁”“我们眼中的管理问题”等，为华为的管理改进起到了很好的推动作用。

华为的心声社区是一个自由、平等、开放的平台，这种自由、平等、开放来自于企业对于不同意见的包容态度，而这种包容态度也得到了回报——员工通过心声社区给予的建设性意见帮助企业实现了管理的升级、改进。

对于内部信息、员工意见或建议的收集，不限于一个技术化的平台，还有很多其他的形式。通过日常与员工的面谈可以去收集员工的反馈，通过专门的座谈会也可以收集员工意见，或者通过一个简单的内部问卷调查，也非常便捷。获取信息和反馈的形式不重要，重要的是在收集的过程中，企业及管理者所表现出的态度：是开放的还是封闭的？是包容的还是控制的？是会落实到行动的还是形式主义的？当员工能够感受到管理者的真诚，能够看到公司有着实质的改进，他们会愿意分享信息，会关注信息反馈的时效性，也会因为信息不畅而提出改进建议。此时，信息的价值会大幅提升，并真正助力企业的发展。

会议机制

促进信息共享的一个关键方式是建立良好的会议机制。很多企业都会有各种各样的会议，甚至在会议上投入大量的时间，但因为对会议的安排存在问题，导致占用了时间，却未能实现形成决策、建立文化的目的。

嘉远公司的会议机制

嘉远公司是一家在运营管理上小有名气的公司，他们的会议机制对企业的运营管理打造起到关键作用，值得很多中小企业学习。

- **日升日毕会：**事后行为变成事前行为，即每天早晨或下班前，部门负责人就昨天或今天的工作事项总结，并安排强调今天或明天的计划和重要事项。
- **周质询会：**做好周工作是月度目标的支撑，即每周产供销负责人于周二上午，进行上周总结和下周计划，并提出需要其他部门协助的事项。
- **月业绩发布会：**"大总结大智慧，小总结小智慧，不总结没智慧"，多找自己及本部门的原因，然后就上月工作进行总结，提出下月计划，也可以给公司提建议。

除了会议的固定化机制，对于会议的效果，嘉远公司也会特别地关注。首先，会安排内部各部门间的会议经验共享与培训；其次，高层会定期参加各部门的周会议或月度会议，对于正在承担重要任务的部门，还会参加其每日的会议，就会议的议事规则与具体事项给予辅导。

定期召开会议能有效地传达公司的经营理念、目标和关键事项的进展，及时收集各方意见，提升决策的准确度，推动关键任务的达成。健康的会议机制，能够促进信息共享的文化氛围的形成，让组织成员养成通过会议共享信息并推动关键事项达成成果的习惯，能够有效提升组织能力。如果能够很好地设定会议的频率、时间、流程、内容、负责人等信息，就有充分的机会使信息得到分享和交换。

信息共享平台

德鲁克认为，未来社会的三大特征之一是信息社会。信息的应用，对于组织有两个显著的影响：会导致组织的扁平化，部分只传递信息的传统管理职位将消失；基于信息反馈的自我管理，将成为主要的管理方式。

卓越的企业通过运用共享信息平台，提升目标实现的效率。沃尔玛的卫星系统、谷歌的代码库以及很多咨询公司的知识共享平台，都能够为员工提供一个高效获取公司信息资源、知识资源的途径，促进目标的达成和长期组织能力的塑造。沃尔玛将所有门店的数据同各门店负责人分享，各门店负责人通过对这些数据的分析、总结，能够获得很多好的经验。

沃尔玛的卫星系统平台

沃尔玛在规模很小的时候就深知共享信息的重要性，把信息共享作为公司的一个能量源泉。在最初还只有几家门店的时候，他们就把各门店的经营数据对各门店负责人公开。随着门店增多，为了尽快将经营数据在公司内传递，沃尔玛投入数亿美元建设卫星系统。通过卫星系统，门店的负责人能够及时地了解每个分店的盈亏数据，以及哪些货物卖得好，哪些卖得不好，进而精准地制订下一季度的销售规划。

信息分享平台看似是硬件，但其能够被很好地应用，是因为其中渗透着共享文化。这种文化既需要公司通过相应的举措塑造透明度，又需要员工积极参与，充分分享信息，共同形成信息分享的氛围。谷歌把透明作为公司文化的第二块基石，他们认为应该将所有的信息都与团队分享，隐藏信息是有悖于主流文化的，这样的透明是谷歌塑造高绩效文化的关键基础。

如果企业总是能够开展内部信息收集的工作，本身就是在跟员工表达对于信息传递的重视。员工会有更强的意识，及时将信息传递给直接上级和其他需要的同事。公司对于定期、及时的会议机制的重视，也在向员工表明：内部及时的沟通与信息共享很有必要，即便这种共享可能会存在信息传递的重叠——获得准确的信息更重要。公司能够提供员工可以无压力地表达意见或传递信息的平台或途径，可以让员工更好地共享信息，而公司对意见的包容度，则让大家对于信息共享与意见表达表现出更多的坦诚态度。

信任充分

信任充分文化下的团队特征

- 公司、管理者相信员工愿意为达成目标做出最大努力。
- 员工相信同事、上级愿意为目标达成而全力以赴，也相信他们具备完成相应工作的能力或具备学习相关技能的潜力。
- 当出现误解时，当事人之间愿意以沟通的方式重建信任。

信任与盈利息息相关，普华永道在针对《金融时报》100 强公司的创新能力研究中，比较了最前 20 家企业与最后 20 家企业的明显不同之处，结果表明，信任度对组织盈利结果的影响排名第一。也有研究指出，高信任度组织的盈利结果是低信任度组织的 286%。人们越是感受到信任，他们的创新性就越好；人们对他们的领导者和组织越信任，产出的结果就越好。

信任是同舟共济的团队文化的核心，没有信任，团队合作无从谈起，也就无从拥有团队精神。信任包括上级对下级的信任、团队成员之间的信任，充分信任的团队需要公司付出信任，需要上级对下级充分授权，更需要员工之间充分沟通。

付出信任

信任充分的团队氛围能够提升团队成员的积极性与配合度，进而提升团队效率与业绩。为了营造一个信任充分的团队氛围，公司首先需要打造一个可以公开交流想法和真诚讨论问题的场所，更需要形成这样的机制，与员工分享信息和资源，相信员工能够做好，并给予足够的机会和资源支持员工实现目标。信任具有感染力，当公司选择信任员工时，员工会更加信任公司，并且能够带来巨大的回报。

谷歌：全员公开的代码库

谷歌的代码库存储了保证谷歌所有产品运转的全部源代码，其中包含了几乎所有产品的代码、谷歌的算法以及产品的秘密。在一般的软件公司中，新入职的工程师只能看到自己负责产品的代码库。而在谷歌，新聘用的软件工程师在上班第一天就可以使用几乎所有的代码。谷歌内网中有产品路线图、产品上市计划、员工每周报告，以及员工、团队的季度目标，每一名员工都能看到其他同事正在做的事情。每个季度开始几周之后，谷歌的执行总裁埃里克·施密特会带领全公司回顾几天前在董事会做过的演说展示。

谷歌分享一切，信任谷歌人能保守秘密。

公司要想赢得员工的信任或者营造信任的氛围必须先付出信任，即使这不是一件容易的事，甚至会承担一定的风险。当然，先付出信任不是没有前提的。企业需要先做到“精准选人”，坚持将先公后私作为选择人才的首要标准，经过严格的筛选程序，一旦做到这一点，企业就可以放手付出信任。

付出信任的动作可以在很多环节实现，比如目标共识的达成、发展面谈、复盘、人才盘点、激励与分配环节等。企业通过付出信任促进这些绩效管理活动更加有效，进而提升团队绩效的目标成果。

充分授权

授权是上级对下级信任的最有效表现，也是一种激励的工具。充分授权会让下属感觉到上级的信任，最大限度地调动下属的积极性，让下属的潜能得以发挥。授权让下属去做，你会发现下属远比你想象的还要尽心、卖力和能干，更能够为团队的目标而努力。

沃尔玛：店中之店

在许多大型零售企业里面，部门经理只是每天按部就班、按时计酬的雇员，每天打卡上班，打开箱子，把里面装的货品码上货架。但在沃尔玛却是另一番情景，沃尔玛一开始就给予部门经理成为一个真正经销商的机会，无论他们是否上过大学或是否受过正经的经商培训，只要他们发自内心地想要为之付出足够精力，辛勤工作以提升销售技巧。

沃尔玛采取了许多措施来保证各个分店拥有一定的自主管理权。订购货物的责权归部门经理所有，促销商品的责权则归分店经理。同绝大多数其他公司相比，沃尔玛的采购人员在给分店进什么货上面也拥有更多的决定权。

沃尔玛的“店中之店”是基于对员工信任的授权，华为的“让听得见炮声的人呼唤炮火”是基于对一线员工信任的授权，海底捞一线服务员有权给顾客送菜、免单、送礼物也是基于对员工信任的授权。这些授权，让员工发挥了价值，也为企业带来了极大的回报。

但授权不是无原则的，授权是在评估的基础上，寻求一种平衡。山姆·沃尔顿（Sam Walton）提到，他们花费了大量的精力来给予员工更多的职权，但却有人说沃尔玛是一家“集权”的公司，因为他们从上到下的价值观高度一致，他们全国甚至全球门店的货物摆放都会有统一的标准，但实际上沃尔玛只是一直尝试在自主管理和中央控制之间找到最佳平衡点。

《从优秀到卓越》一书提到了 11 家实现跨越的企业，纽柯钢铁公司是其中一家，该公司从一家小钢厂成长为美国盈利能力最强的钢铁企业。他们在内部管理上以放权著称，公司对分部负责人的要求是“相信你的直觉”。但带领该公司实现跨越的总裁肯尼斯·艾佛逊（Kenneth Iverson）对这一点特别提到，“没有信息反馈的授权，等于自杀。”

充分沟通

充分信任的文化需要沟通，团队成员之间只有沟通充分才能做到信息互通，及时了解互相的状态和情况。即使工作上团队成员出了差错，如果沟通到位，成员之间也更容易相互理解、相互包容，共同采取措施纠正错误。

丰田的交流渠道

团队合作是丰田五大核心文化之一，丰田认为交流是建立信任的润滑剂，因为如果彼此之间缺乏有效的交流，就不可能建立起相互信任的关系。

丰田设计多样的交流系统，比如用于支撑横向合作的跨职能会议，此会议是管理职能部门为协调团队合作、实现所有职能部门改进而举行的标准化会议。这些会议是解决问题、交流经验、分享最佳做法的重要会议，跨部门的同事可以通过此渠道进行自由的交流，彼此相互建议与学习。

同时丰田有意识地在工作之中或工作之外为管理层和团队成员创造尽可能多的交流机会。例如，工厂中的日常娱乐活动、运动社团、公司野餐等，都可以为团队成员和管理层提供非经营层面、无官衔和职位障碍的交流机会。

团队成员之间的信任建立在彼此了解的基础上，彼此之间越了解，对彼此能力与态度的判断越准确，就越可能建立深度信任。就像丰田所认为的，沟通交流是建立信任的润滑剂，公司需要的是尽可能地提供团队成员之间彼此交流的机会与平台，加深对彼此性格、需求、优缺点、行为方式等方面的了解，以此增强员工之间的信任。

要构建信任充分的氛围，组织优先要做的是付出对员工的信任，相信员工愿意付出，相信员工具备创造价值的能力或者学习相关技能的能力，授权是管理者付出信任的重要表现形式。而要解决员工之间的信任，沟通、交流就是基本的要求。帕特里克·兰西奥尼（Patrick Lencioni）曾经就如何建立信任给出了建议：一是个人背景介绍，二是成员工作效率讨论，三是个性及行为特点测试，四是360度意见反馈，五是集体外出实践。

只有从公司到个人能够建立起来信任，员工之间才会更加放松地对出现的误解积极解决而不回避，这样，才是真正建立了信任充分的团队文化。通过信息共享，构建起充分的信任基础，整个团队才能够做到“同舟”——同舟本身就是一种心理上的感受，而不是形式上的共处一室。

执行闭环

执行闭环文化下的团队特征

- 每个员工都准备着为无人负责的事情担当责任。
- 每个员工都会把交接给他人的工作负责到底，直到对方能独立承担。
- 每个员工都会有意识地将工作进展向上级或相关人员做出反馈。

执行闭环来源于大家熟知的PDCA（计划、行动、检验、处理）闭环思维。团队文化中的执行闭环是指整个组织之间协作完成特定任务，直到目标达成，实质是团队之间的协同。所以，团队执行闭环要求杜绝各扫门前雪的心态，动态地关注所有任务的各个环节，只要是与自己有关系的环节，就予以足够的支持，直到该任务所需要的所有动作完成。

在多变、模糊、复杂和不确定的环境下，团队绩效的实现涉及组织的方方面面，一项任务往往需要多个团队或个人协作完成，对员工之间的分工与配合有着更高的要求。

任务边界扩展

在军事行动中，不同的作战部队组成一个命运共同体，所有优秀的指挥官都不会只关注自己的阵地，而是会时刻关注友军的动态，对陷入危机的友军及时支援，因为一场战役中任何一支小分队的失败都可能造成最后整个战役的失败。

企业中任何部门都不能只关注自己的指标，还要本着对公司整体目标负责的态度，时刻关注协同的指标。在日常工作中每个人只关注自己的任务边界，导致出现无人负责的领域，就像战役中出现无人负责的区域一样，很可能成为敌人率先攻破的点。所以，所有部门和个人要有任务边界扩展的意识。

该不该分的库存周转率

瑞宏公司是一家汽车零配件生产企业，刚成功上市，但让总经理张强焦虑的是，相比同行企业，瑞宏公司的运行效率、利润率始终较低。

其中一个核心指标，库存周转率（一定周期内库存货物周转的次数，一定程度代表着资金效率），目标是达到六次甚至更高，但五年来一直没有实现过。库存周转率实质是由三个指标共同决定的，即原材料库存周转率、在制品库存周转率、成品库存周转率，所以在设定该指标的时候存在一定的分歧。

在公司多年的部门负责人认为，应该像往年那样将该指标分为三个指标，分别考核采购、生产、营销部门。

新上任的财务总监张伟却坚决不同意，他认为，“这是一个协同的指标，虽然计算能够区分，但是完成需要部门协同配合，过去我们完不成这个指标多数是因为某个环节出错，造成整个指标未完成。我们在提高库存周转率方面实际是一个团队，各部门不仅要完成单个部门的任务，还需配合其他部门，在配合上实际我们是将自己的职责做了扩展，而这种职责的扩展是能够发挥巨大作用的。”

部门之间有了防区的扩展，原来的单一链条就能够扩展成网状的互相支撑关系。这种网状的关系能够成就部门间的高效协作，从而确保任务有效、完整地达成。拉卡拉就特别强调，“每个人不能只关注自己的防区，让防区之间的交界处出现一个又一个的三不管地带。每个人都必须把自己的防区向东南西北上下左右各延伸一公里。”在企业里，不仅应主动扩展任务边界去帮助其他同事或部门，如果自己解决问题时出现困难，也有责任向他人求援，“军队从来不把单打独斗取胜作为自己追求的目标，而是把取胜作为自己追求的目标。”

前一棒负责

在任务的执行中，管理者经常会遇到这样一个难题：在上下游工作中，因部门之间的工作推诿而出现了差错，该如何处理？我们一般会给出这样的建议：上游部门有责任将工作交接到下游部门，且确保其能够接收而不会影响任务完成的效果。可以用我们熟知的一句话来做说明，“扶上马，送一程。”

在拉卡拉公司中有一条战术原则与此类似，“前棒与后棒交接，出现问题，前棒全责。”

前一棒负责的要求其实是任务边界扩展的特别情况，但因为强调了上下游关系，有必要特别提出来，供企业内部在任务执行中参考。

及时反馈

为了确保执行的闭环，还有一个关键的要求是，无论是自己看到的、上级交办的还是同级协办的，过程中如果出现任何与最初约定不同的变化，都要第一时间汇报给各相关方，让信息形成一个回路，让相关方了解最新状况，以便各自做出反应，确保各自目标的达成不受影响。

不让工作耽误在自己这一环，是保证整体效率的基础，如果每个人都不让工作在自己的这一环节耽误，整体的效率自然就提高了。京东为了快速提升整体组织效率，提出“24 小时原则”：所有管理者对于任何工作请示及需要批复的邮件 24 小时内必须回复，所有管理者必须保证电话 24 小时开机并接听电话，保持沟通渠道的顺畅。

德锐快速闭环沟通原则

我们的咨询团队一般会将微信群作为工作及时沟通的渠道，这样的方式能够做到及时回复，且能够多人同步共享信息。但由于项目经理、咨询顾问在项目上、在培训中等，不能及时回复的情况逐渐增多。为了提高沟通效率，做到执行闭环，内部做了一次专门的沟通研讨，形成了及时反馈的原则，以树立意识并作为指南。

原则一：任务有反馈，信息有回复。

原则二：第一时间反馈。

原则三：宁可重复，不能遗漏。

原则四：从被动沟通到主动反馈。

原则五：不要“我以为”，要用“我已经确认”。

在企业内部，如果个人和部门都能做到防区扩展以确保无空白区域，那么所有人都能够主动承担责任，自然就不会出现“无人负责”的事情。而如果能够遵循前一棒负责的原则，那么在工作交接中也就解决了工作的顺利承接问题，确保没有因为疏忽或人员熟练程度不够而降低任务完成质量问题。能够在反馈信息上有闭环意识，无论是任务最新进展还是任务中出现的困难，都做到及时反馈，执行闭环的结果也就真正能够实现了。只有在执行上做到了“闭环”的团队，才能算是形成了同舟共“济”的文化——没有执行结果，是无法共济的。

优胜劣汰

优胜劣汰文化下的团队特征

- 员工普遍认为，对目标达成做出更大贡献的人应该得到更高回报。

- 员工普遍认为，那些明显不符合用人标准的人应该离开团队。
- 员工普遍愿意帮助、支持公司引入更优秀的人，并愿意承担不合适的人离开后留下的工作。

每个企业的资源是有限的，在竞争激烈的环境中，不论是企业管理者还是普通员工，均需明白，企业要想跑赢大势必须将资源放在回报最高的人才上。不论是推行“721”活力曲线的通用电气，还是采用“ABC 流程”进行人才规划的科氏工业，或者通过人才盘点识别员工的阿里巴巴，都在企业内部推行人员的“优胜劣汰”。

明确且全员认同的人才标准

人才标准一直是企业人力资源管理的基础工作，拥有明确与统一的人才标准，企业的选人、激励、留任等将十分地精准高效。企业明确了人才标准，内部对优秀员工的理解标准是一致的，大家对于何为优秀人才的理解差异就会很小，更容易打造一个有战斗力的团队。

阿里巴巴六脉神剑：全员认同的人才标准

阿里的价值观被称为六脉神剑，包括六项内容：客户第一、团队合作、拥抱变化、诚信、激情、敬业。其中，诚信、激情和敬业聚焦于“做人”，团队合作和拥抱变化聚焦于“做事”，而“客户第一”则指明方向与最终追求。具体如表 8-2 所示。

表 8-2　阿里巴巴价值观

价值观	评价标准
客户第一	关注客户所关注，为客户提供建议和咨询，帮助客户成长
团队合作	共享担当，以小我完成大我
拥抱变化	突破自我，迎接变化

（续）

价值观	评价标准
诚信	诚信正直，信守承诺
激情	永不言弃，乐观向上
敬业	以专业的态度和平常心态做非凡的事

阿里巴巴一直把企业的价值观作为重要人才标准，在人才评估的过程中价值观与业绩各占50%，价值观是门槛，不论业绩考核的KPI完成得有多优秀，只要价值观考核不及格就会被视为不合格。

价值观的评价首先是参照价值观的标准，根据员工的行为事例进行逐项打分，打分采用进阶制，即满足低分要求再看高分要求；然后团队之间进行比较，看打分是否合理；最后对员工进行真实的反馈。

从阿里巴巴的价值观模型中可以看出，阿里巴巴每一项价值观都明确了公司要求的行为标准，这样员工对企业的优秀人才标准将更加明确，既对员工行为形成指引，也因其清晰、明确、稳定而让员工知道公司倡导、奖励的是什么。

向优秀人才倾斜

即使明确了用人标准，若不能赏罚分明，也必将削弱“尺子”原有的作用。拉姆·查兰在《执行》一书中提到，“一位优秀的领导者应该赏罚分明，并把这种精神传达到整个公司当中，让每一个人明白奖励建立在优秀的表现上，否则员工就没有动力来为公司做出更大的贡献。”优秀的公司都会加大对优秀人才的激励，不会因为对优秀人才的不公平对待而产生负面影响。

华为：向奋斗者、贡献者倾斜

公司的价值分配体系要向奋斗者、贡献者倾斜，给火车头加满油。我们要敢于打破过去的陈规陋习，敢于向优秀的奋斗者、有成功实践者、有贡献者倾斜。在高绩效中去寻找有使命感的人，如果他确实有能力，就让他小步快跑。差距是动力，没有温差就没有风，没有水位差就没有流水。我主张激励优秀员工，下一步我们效益提升就是给火车头加把油，让火车头拼命拉车，始终保持奋斗热情。

华为的奋斗者文化体现了公司对于优秀人才的认可与尊重，也是华为不断前进的动力所在。人才的评价是基于人才标准进行的，华为对人才的主要评价标准是“奋斗者”，阿里巴巴的主要评价标准是“六脉神剑”。向优秀人才倾斜，就是在向组织的用人标准倾斜，有了明确的激励导向，整体人才的素质会逐步靠近企业的用人标准。

及时请不合适的人离开

奈飞前首席人才官帕蒂·麦考德指出，奈飞只招“成年人”，对企业不合适的人应及时与其沟通，尽快让其下车，这对企业和员工个人都是最好的选择。对于企业而言，不合适的人在企业中，占用资源，也会给其他人做不好的示范，影响整个团队的绩效；对员工个人而言，他们在不适合自己的企业中工作，会助长他们的无知和惰性，浪费他们做其他事情的大好时光，导致他们一直无法实现自己的价值，那样才是对员工最大的伤害。

不管是否做绩效考核、用什么形式做绩效考核，对于人才的“优胜”，以及对于不合适人的“劣汰”，在优秀企业中做法总是那么一致。从通用电气的活力曲线到奈飞的只招“成年人”，从华为的每年10%～15%的淘汰率到阿里巴巴每年的人才盘点与调整，正因为有了这样的优胜劣汰，才会让这些企业构建起优秀的文化。

被称为“硅谷最重要的文件之一”的奈飞文化的PPT中提到，企业文化是关于企业重用哪些人、奖励哪些人、惩罚哪些人以及淘汰哪些人的工作的集合。所以，企业对于不同人员的态度，就代表了企业文化的特征。当企业能够重用那些有团队绩效导向的人、先公后私的人的时候，当企业能够对那些破坏团队协作的人零容忍的时候，整个团队的成员才能够做到同舟共济，也才能够真正形成支撑团队绩效的文化。

小结

企业文化不见得是让企业取得初步成功的原始动力，但企业持续成功一定离不开企业文化。先公后私的团队、战略共识、赋能沟通等工作，只是让团队绩效的飞轮开始启动，但能够让其持续转动的是同舟共济的团队文化。

战略共识的过程有助于构建同舟共济的团队文化，因为会让员工参与战略共识研讨、自身目标的分解，并在工作中持续提出基于目标导向的行为要求。信息共享有助于构建同舟共济的团队文化，企业通过主动征集信息、建立会议机制及信息反馈的平台，让团队更加透明。信任充分有助于构建同舟共济的团队文化，企业应首先付出信任，给予管理者和员工授权并鼓励管理者这么做，创造一切机会让员工充分沟通交流。执行闭环有助于构建同舟共济的团队文化，有成果才能共济，企业会主张任务职责边界的扩展，并明确前一棒负责的协作模式，倡导及时反馈的行为习惯。优胜劣汰有助于构建同舟共济的团队文化，重用什么人、激励什么人，本身就是一种行为导向，以清晰的人才标准筛选那些更倾向协作的人，更容易让团队文化真正落地。

关键发现

- 团队文化是为团队绩效成功持续提供养分的土壤。
- 战略共识、信息共享、信任充分、执行闭环、优胜劣汰是助力团队绩效落地的五大文化要素。
- 同舟共济更多的是一种内心感受，来自于对环境的感知。
- 通过任务边界扩展、前一棒负责、及时反馈，可以做到执行闭环。
- 企业文化特征通过企业重用哪些人、激励哪些人、惩罚哪些人以及淘汰哪些人来体现。

Performance Reconstruction

——第九章

绩效转型之路

为了存活及成功，每个组织都需要蜕变为推动变革的媒介。要成功地管理变革，最有效的方法就是主动创造变革。

——彼得·德鲁克

转变一个现有的行为习惯，比从零开始形成一个行为习惯更难。

走向团队绩效，难点在于摒弃传统绩效管理形成的行为习惯。对于大多数发展中的企业来讲，已经没有从零开始的机会了，如何更好地突破现有习惯，顺利实现绩效转型，是它们面临的挑战。

在本章的案例中，贝鑫公司面临着与大多数公司一样的困惑与难题，其转型过程中面临挑战时处理问题的方式可以为多数公司所借鉴。

发展中的难题

贝鑫公司成立于1999年，主要进行高品质模具、机械用高级特殊钢材的研发、生产和销售，客户覆盖能源、军工、化工等领域。凭借在细分行业的多年深耕细作和市场机遇，贝鑫保持着快速稳定的增长，营业收入连续 5 年（2012～2017 年）保持 20% 以上的增长。

创始人、总经理张波为贝鑫定下 2020 年上市的目标。在准备上市的过程中，张波发现公司在内部管理方面仍存在诸多问题，内部管理的转型势在必行。

张波：贝鑫现在的主要问题是人才队伍跟不上业务发展。这几年国家政策、市场需求对我们都是利好，前几年研发的新产品开始有回报，市场需求稳定增长，人员数量也在增加，但员工的表现不那么令人满意。

咨询顾问：有什么具体的表现吗？

张波：一方面是员工的能力跟不上，另一方面，干劲也没有前几年那么足了。内部合作氛围不好，部门之间互相扯皮。销售员不愿与其他同事分享经验，销售团队之间抢订单的情况也时有出现。

我们虽然营收和人员数量都在增加，但是利润增长不如预期，人均产值降低了。

咨询顾问：人均产值在降低，可能存在人员冗余，有主动做过人员调整优化吗？

张波：难就难在这儿，现在正是用人的时候，不好轻易换人，现在的员工只能凑合着用。再这样下去不要说上市了，就连稳健经营下去都是问题。这样的情况下，就想请你们帮助我们设计一套新的考核方式，一是激发大家的斗志，二是看看怎么解决部门不协作的问题。

张波表达了自己的困惑，也说明了公司存在的一些问题，但对于背后的原因似乎并不是太清晰，提出的解决思路也仅限于“设计更好的绩效考核方式”。但要真正解决张波的困惑，似乎没有那么简单。

当我们将调研诊断的结果跟张波沟通后，张波对问题有了更深入的理解。

（1）大部分员工与管理者不清楚公司未来发展方向和发展目标。由于缺乏目标的指引，员工的工作很难准确支撑整体目标的达成，从而影响公司的绩效表现。

（2）上下级之间的沟通极少，管理者对下属的关注不够。由于缺少沟通与辅导，员工没有获取准确信息的入口，也没有表达意见的出口，积累着怨气，也消磨着斗志。

（3）现行绩效考核体系个体导向明显。从员工到管理人员，其个人的奖金没有与公司整体目标关联，除了张波本人，似乎没有人对公司的整体目标负责。

（4）没有对人才现状做系统的梳理。没有主动选择人才，而是被人才选择，结果是优秀的人才吸引不来、留不住，不合适的人没有做出贡献，甚至在做抢单的事情，破坏了公司的价值观。

咨询顾问：解决问题的关键不是绩效考核，而是首先要解决人才的选择与配置，人才问题是最应该优先解决的问题。

张波：确实需要系统考虑，但牵扯的面会不会太广了？能不能先做绩效体系的优化，慢慢再调整其他的呢？

咨询顾问：贝鑫面临的是一次转型，是从传统绩效管理向团队绩效的转型，在团队绩效成功模型中，需要综合考虑选人、战略共识、赋能沟通、人才盘点、激励以及企业文化等问题，这些都与绩效管理相关。

张波：（沉思后）好，就按照这个思路开展工作吧，只要对公司发展有价值，我愿意尝试。

精准识人的盘点

在绩效转型中实施人才盘点，是为了更清晰地了解人才现状，准确判断阻碍业绩提升的原因，区分绩效管理问题和人才供应问题。精准识人的人才盘点分两步开展：首先构建人才标准，之后开展人才盘点。

用素质模型构建人才标准

在人才选择上，贝鑫原来一直倾向于业绩导向，同时会关注员工的学历、经验等。对于这样的识人标准，贝鑫的管理者也知道存在很多问题：很多人某一年业绩很好，但大家都知道更多是上级给做的铺垫工作；而有些人当年的业绩不理想，但大部分了解他的人又给出比较高的评价。苦于没有很好的解决方法，贝鑫一直沿用业绩评价的方式来做人才的判断。

精准识人的首要工作，是建立以“冰山下的素质”为核心的人才标准。这项工作基于公司的整体战略，通过高层、中层管理者和核心员工的充分参与得以完成。基于贝鑫未来几年的战略重点，企业上市、团队塑造、研发突破、提升人效等，明确了几项人才素质标准，包括“不断地开拓创新”“有效地供应人才”“高效地团队协作”以及“不断提升效率”等。在访谈中，大家也都表达了自己对于人才需求的看法。

张波：贝鑫的员工一定要以公司利益为重，不能只顾自己的“一亩三分地”，不配合其他部门的工作。

人力资源副总：贝鑫急需具有管理意识和管理能力的人才，管理者现在普遍缺乏管理团队、培养下属的意识，员工得不到有效辅导，人才梯队存在断层。

创业老员工：贝鑫现在内部凝聚力和向心力不比从前，部门间的沟通协作也越来越不顺畅，希望贝鑫的员工能够具备团结协作的素养。

新加入的管理者：一些员工太安于现状了，感觉有些人员和团队暮气沉沉，员工要有很强的进取心，不断挑战自我。

贝鑫基于战略推导和访谈，提炼出备选素质项，并以此开展了更广泛的问卷调查。更重要的是，贝鑫组织了由中高层管理者和员工代表参加的研讨会，对素质项和相应的行为描述进行充分的研讨。这样的研讨会具有多重价值：

第一，集思广益，征集意见。

第二，在研讨中学习，真正理解素质模型的内涵与价值。

第三，也是最重要的，对于人才标准达成共识。

贝鑫素质模型如图 9-1 所示。

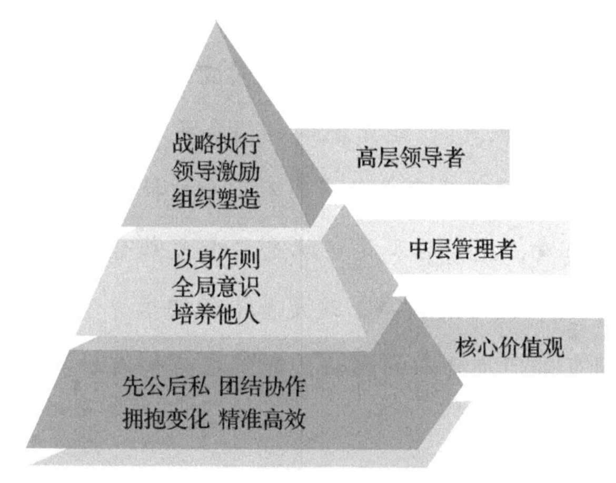

图 9-1　贝鑫素质模型

针对素质模型达成共识的过程并不顺利，有些管理者或员工对部分内容有着不同的看法。区域销售经理王勇这样表达他对“先公后私”素质项的意见：

“其实我知道先公后私这项素质很重要，现阶段贝鑫需要员工将公司利益置于个人利益之上，作为管理者我觉得以此要求我们是应该的。但是，基层员工的思想高度没这么高，他们就是奔着钱来公司工作的。拿先公后私来要求他们，是没有什么意义的，还会让员工以为公司要求他们牺牲自己的利益来成就公司，不利于激发他们的工作积极性。”

这种意见听起来似乎有道理，所以现场有几位参与者随声附和，认为这个标准有点苛刻了。但这几位的意见，并没有被其他人接受，讨论的过程中，其他几位管理者提出了自己的看法：

“其实咨询公司的老师对于先公后私已经做了解释，它不等于大公无私，是在尊重个人价值和利益追求基础上的公司整体价值为先，我觉得这不矛盾。”这是人力资源部门负责人的看法，他前期接触过这个观点，因此理解比较透彻。

“我们在这方面确实做得远远不够，现在很多人只从自己部门的利益、自身利益出发，不愿意与其他人、其他部门合作，很多问题根本没办法解决，反而造成了更多、更大的问题，我倒是觉得现在就是应该提出这样的要求，改一下我们的风气。”这是采购部门负责人的看法，他们深受部门墙之苦，经常因为公司的产品成本居高不下而被批评。

“从描述上来看，先公后私其实就是要求大家有全局观，更多地考虑公司整体目标，更多地配合同事，这是基本的要求，不是什么特别高的标准吧？”这是研发部门负责人的看法，他正在为如何加强部门内员工协作而苦恼。

不同想法的碰撞，恰恰是研讨的价值所在。为了加强共识，我们还是进一步重申一下“先公后私”的要义，以避免理解的偏差。

“先公后私要求员工以公司整体利益和长远利益为重，通过为公利他的途径实现个人和公司的共赢。先公后私衡量的是员工在决策、行动方面的出发点是公司整体利益还是个人私利，是为了自己方便而少走一步，还是能够顾全大局而多走一步。这并不意味着员工一定要做多么大的牺牲，员工合理合法的利益，公司当然要保障，公司和员工互相为对方着想，才能实现效益的最大化。”

讨论与再次讲解之后，研讨参与者对贝鑫的素质模型有了更深入的理解，更多的人表达了认同。在这个过程中，张波一言未发，但能够察觉到他的表情从最开始的凝重逐渐转化为欣慰和轻松。他后来讲道，“让我欣慰的是不少管理者是能够看清楚问题本质的，能够从公司整体角度思考问题，我们的人才整体水平比我之前判断的更乐观，这是很好的基础。”

通过人才盘点全面梳理人员

评价标准建立后，人才盘点工作正式开展。素质方面，实施360度评价，业绩则由直接上级根据其工作表现进行打分，获得每位员工的素质、业绩得分。

在线测评后，关键一步是开展人才校准会。考虑到这个过程的重要性，张波主动提出，他全程参与中层以上人员的校准，其他人员只要有时间就尽量参加。他还特别给几位副总打了招呼，要求他们全程参加他们分管的所有人员的校准。

直接上级作为校准、评价的责任人，要解释、说明自己对下属评价的依据，提供具体的行为事例，同时参考360度评价结果报告中他人的评价。除了校准分数，还要对被评价者的优势、劣势、任用及发展建议进行充分的讨论，以最大程度地准确澄清该人员的定位和发展。经过这样的校准会，贝鑫的管理者们对自己的直接下属和间接下属都有了比较清晰的认识，同时也识别出一批优秀人才以及素质能力不佳的员工。

整理张波下属的360度评价结果（如图9-2所示），从分数上能看出张波对他所带领的管理团队比较满意。但在人才评价校准会上，当我们询问张波能否举出其下属在某些素质上的具体行为事例时，他开始意识到自己的打分有失偏颇。

“唉，你们别看我给这几位管理人员都打不错的分数，但要是细究里面的每一项素质，严格按照分级标准打分，他们很多人得分不会这么高。他们不是有功劳，就是有苦劳，我也不好给太低的分数。”

“我手下大部分人在公司都七八年了，有的甚至更长，都是忠心耿耿的老臣了，他们的先公后私是绝对没问题的。但正是因为在公司时间长了，也升到了比较高的职位上，很多人的奋斗激情已不如当初。”

“还有一些人，业绩产出不错，但价值观一直有疑虑。比如说王勇，他是负责东北大区的区域经理，直接向我汇报。对他而言，跑订单、拿提成更重要，也确实有冲劲，但是不愿带人。他这个团队人不少，但没能为公司贡献一个人才，流失率还挺高。”

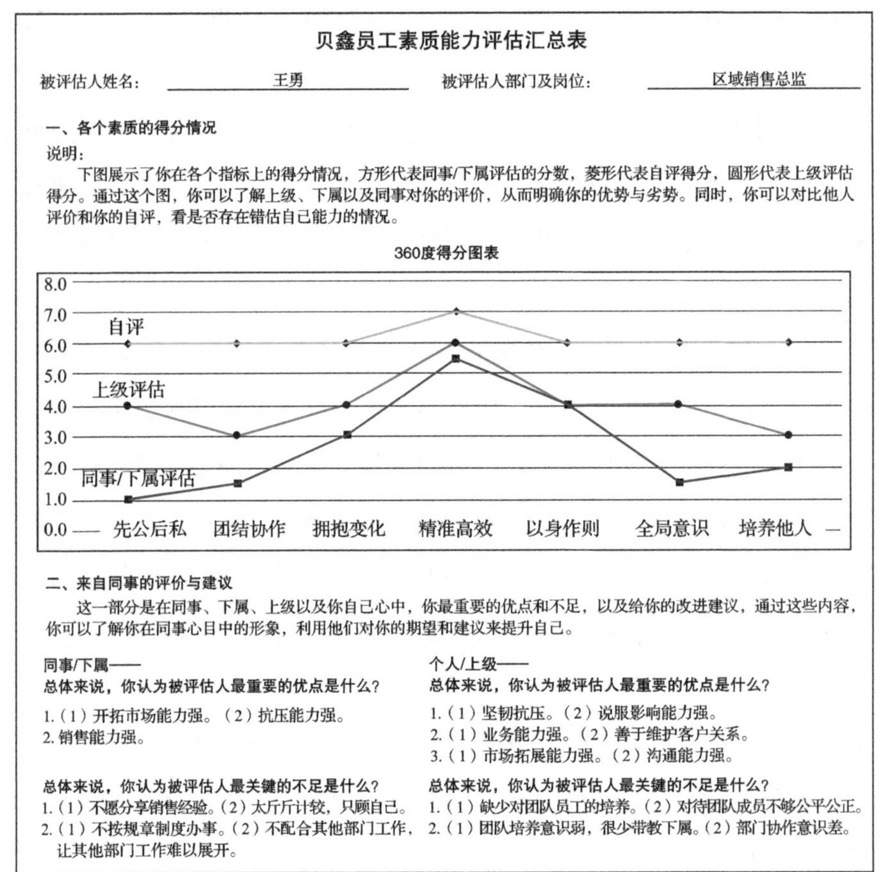

贝鑫员工素质能力评估汇总表

被评估人姓名：王勇　　被评估人部门及岗位：区域销售总监

一、各个素质的得分情况

说明：

下图展示了你在各个指标上的得分情况，方形代表同事/下属评估的分数，菱形代表自评得分，圆形代表上级评估得分。通过这个图，你可以了解上级、下属以及同事对你的评价，从而明确你的优势与劣势。同时，你可以对比他人评价和你的自评，看是否存在错估自己能力的情况。

360度得分图表

二、来自同事的评价与建议

这一部分是在同事、下属、上级以及你自己心中，你最重要的优点和不足，以及给你的改进建议，通过这些内容，你可以了解你在同事心目中的形象，利用他们对你的期望和建议来提升自己。

同事/下属——

总体来说，你认为被评估人最重要的优点是什么？

1.（1）开拓市场能力强。（2）抗压能力强。
2. 销售能力强。

总体来说，你认为被评估人最关键的不足是什么？

1.（1）不愿分享销售经验。（2）太斤斤计较，只顾自己。
2.（1）不按规章制度办事。（2）不配合其他部门工作，让其他部门工作难以展开。

个人/上级——

总体来说，你认为被评估人最重要的优点是什么？

1.（1）坚韧抗压。（2）说服影响能力强。
2.（1）业务能力强。（2）善于维护客户关系。
3.（1）市场拓展能力强。（2）沟通能力强。

总体来说，你认为被评估人最关键的不足是什么？

1.（1）缺少对团队员工的培养。（2）对待团队成员不够公平公正。
2.（1）团队培养意识弱，很少带教下属。（2）部门协作意识差。

图 9-2　贝鑫员工 360 度评价结果示例

事实上，贝鑫内部“价值观强，业绩差”的“3”类员工和“业绩好，价值观弱”的“4”类员工不在少数，还存在一些双低的“5”类人员。当我们将人才盘点的结果进行总结并展示给张波后，他表达了自己的看法。

张波：其实哪些人不行，我们原来也做过判断的，这里面“5”类人员基本跟我们原来判断的差不多。但有些人，我们原来感觉还是不错的，业绩排名靠前，有的还是“销售冠军”，但这次盘点都被定位为“4”类了……当然，也有让我欣喜的地方，就是有些“1”和“2+”人员，是原来被我们忽视的，我们原以为公司没有太多好的苗子。

咨询顾问：张总，我们建议对不同人员采取针对性的举措，“1”和“2+”类员工，着重进行培养，“3”类员工要制订业绩提升计划，“4”和“5”类员工，管理层要针对具体人员尽快讨论调整、优化举措，尤其是“5”类员工要尽快请他下车。

张波：(再次仔细看了一遍名单）有些人员我们确实准备做调整的，有些人员还是有难度，有的是老员工，做这个决定从感情上还是比较难的，有些人是招不到合适的人来代替……

针对人才盘点结果，张波召集了一次高管会议，专门讨论公司的用人问题。随后，大部分“5”类员工调整了岗位或离开了公司，“4”类人员和“3”类人员的调整，虽然也在推进，但进展缓慢。咨询工作的成果被逐步地执行、落地，我们在后续的工作中也不断地跟进盘点结果落地的进展。

激励人心的目标

绩效转型的工作继续推进，在对人员做了优化、调整后，下一步就是明确公司的愿景、目标，达成战略共识。

愿景引领

公司战略源于愿景和企业家的远大抱负，企业家需要将心中美好的愿景公之于众，让员工感受到鼓舞人心的愿景，实现思想和行动上的统一。在很多企业中，企业家或多或少都畅想过企业未来的愿景，但都停留在自己的脑海中，很少与员工分享。

我们就愿景的问题与张波进行交谈：

咨询顾问：张总，您设想的贝鑫未来十年甚至二十年是什么样子？

张波：愿景？这事我还真没仔细考虑过，不好说。

咨询顾问：那您对贝鑫短期内有什么规划呢？

张波：短期肯定还是会在高新设备零部件领域继续深耕细作的。现在的科技发展这么快，人工智能、新能源汽车、生物科技、航空航天等领域都在蓬勃发展。作为这些高新领域技术设备的零部件供应商，贝鑫肯定还要加大研发的力度，跟上科技发展的步伐。

咨询顾问：也就是说，目前研发还是贝鑫的重点？

张波：是的，其实除了研发，扩大市场板图也是我们短期内的一项重要任务，所以我们对销售人员比较依赖。

咨询顾问：那更远的未来呢？您认为贝鑫会发展成什么样的企业？

张波：在更远的未来，我希望贝鑫可以整合客户资源，为产业链上的中小型零部件供应商提供平台。我希望未来我们能带动更多国内中小型供应商一起，为客户提供一站式服务。

咨询顾问：那是不是可以理解为，您设想的贝鑫愿景是成为国内知名的零部件集成商？

张波：嗯，应该不止国内，我希望贝鑫可以成为国际领先的高新设备零部件集成商。到时候，我们可以为中国高新技术发展贡献力量，也可以向世界展示中国制造的力量。

咨询顾问：张总，听了您的设想，能感觉到很有鼓舞的力量，不知道您向贝鑫的员工说过您的这些想法吗？

张波：这个还真没有，要不是你们问到了，我自己也没这么系统地总结过。

张波对贝鑫未来的发展有他的想法和规划，但一直没有向公司员工表达，贝鑫员工和管理人员都讲不清楚企业发展方向。方向的缺失，让贝鑫员工缺少了一些使命感和方向感，大家在拼命追求的都是短期的、眼前的利益。

咨询顾问：我们建议您找机会向全员公开您对贝鑫愿景的设想，让大家对贝鑫未来的发展方向有个清晰的认识，同时也可以激励员工共同奋斗。

张波：这个……一定要我来说吗?

咨询顾问：当然，您直接向大家阐述愿景会更有感染力，更能调动大家的积极性。

张波：好，如果觉得有必要，我就试试看。

在接受了我们的建议后，张波将贝鑫的愿景写成文稿，并与我们反复沟通和修改。一个月后，贝鑫公司全体中高层管理者聚在一起，共同参与2018年战略研讨。

在共启愿景这个环节，我们要求每个小组畅想十年后贝鑫的样子，并将他们心中的蓝图画在纸上展示出来。通过这个环节，参会管理者的积极性被调动起来，他们热烈地进行讨论和分享。

在研讨会前，张波提出是否可以省略他的分享环节，对于当众去讲公司的愿景，他心理上还没准备好。但在各个小组展示完他们设想的贝鑫愿景后，张波似乎受到了触动，主动提出希望做个总结发言：

贝鑫，曾经是偏居一隅的小工厂，如今已经成长为占地300公顷[⊖]的集研发与生产于一体的大基地；曾经只有20多位正式员工的“小作坊”，已经成长为吸纳全国优秀人才的大企业；曾经的贝鑫默默无闻，如今已经享誉全国；曾经的贝鑫徘徊在存亡的边缘，今天的贝鑫已成长为参天大树。

而这一切都是因为有你们，贝鑫人，是你们在这里奉献青春，是你们在这里挥洒汗水，是你们夜以继日地拼搏将贝鑫这个小棚屋打造成摩天大厦。因为有你，有我，有我们大家，贝鑫才能有现在的成就。如果你在，我在，大家都在，贝鑫一定能走向未来的辉煌。

⊖ 1公顷＝10 000平方米。

趁这个机会，我也想向大家讲一下我想象的十年后贝鑫的样子。

…………

10年后，我们会成为全球领先的高新零部件集成商，进入这个领域的前三。

10年后，我们会为全球的客户提供先进的技术支持，让五大洲客户的设备中都有贝鑫造。

10年后，我们会为员工打造理想的发展平台，培养200个技术研发精英、100个生产管理精英和100个销售管理精英，这是我们的人才211计划。

10年后，我们会为国家贡献卓越的科技成果，成为这个领域发明专利拥有量最多的企业。

贝鑫人，如果用10年这个长度来衡量，我们首先想的不应是为贝鑫做了什么，而应是为这个世界的进步做了什么……

希望我们与贝鑫共同成长，为改变世界做点什么，成就贝鑫，成就自己！

张波这番话说得平静而坚定，讲完后，现场参与者自发回报热烈的掌声。事后，张波对自己的现场表现做了个总结，说研讨前没有克服心理障碍，但现场大家的热情感染了他，所以临时决定把自己之前想的东西讲给大家。

目标共识

鼓舞人心的愿景之后，大家进入对贝鑫五年战略目标的思考与研讨。讨论前，“人人平等”的原则再次被强调，所有人都暂时抛开身份和职务，站在公司一把手的层面去考虑贝鑫的战略。

经过对贝鑫的核心优势和重要紧急矩阵的研讨，中高管对贝鑫未来发展方向达成了共识。基于贝鑫成为“世界领先的高新零部件集成商”的愿景，未来五年的发展路径主要遵循这样的思路：明确贝鑫未来五年不低于20%的营收增长率目标，净利润率保持在12%，并提升公司的运营效率；首先开拓中西部市场，进一步扩大贝鑫业务板图；接着进军海外，不断精进，增加贝鑫的世界影响力；最后整合国内外资源，为国内的中小型设备零部件供应商搭建业务平台，助力行业发展（如图9-3所示）。这样的五年目标，与张波提出的十年设想更加靠近，大家也被这样的方向与目标所激励着。

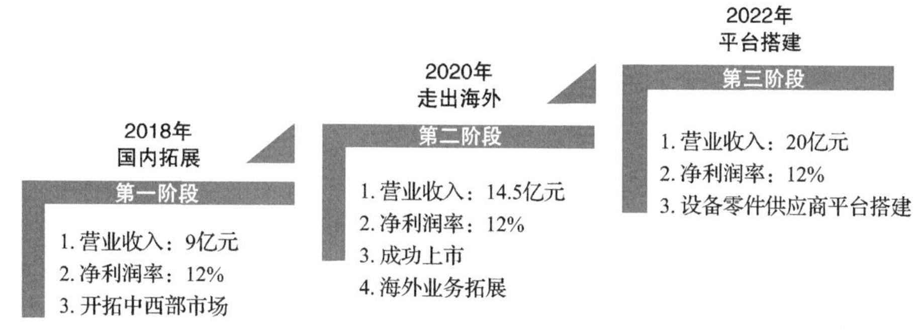

图9-3　贝鑫五年战略目标

基于五年目标，大家在研讨中明确了贝鑫2018年年度目标：达成9亿元营业收入，保持12%的净利润率，开拓中西部市场。针对开拓中西部市场这一重点事项，张波特别提到目前贝鑫的中西部市场还是一片空白，为了增强贝鑫的国内影响力，打造全国知名品牌，中西部地区的市场潜力值得贝鑫深挖。现在那边的一些客户也在接洽中，但苦于没有专门的团队跟进，公司急需委派一个金牌销售团队前去“开疆拓土”。

当大家讨论开拓中西部市场的人选时，都提到公司最近一次开拓的区域市场是东北市场，当时从张波本人到几位副总都参与了，而直接的跟进人员是王勇。最佳的选择是，派出一位全程参与拓展东北区域市场的骨干，去开发中西部市场。原来有一位合适的人选，但一年前因与王勇不和离开了公司，从那以后，这个团队再没有出过出色的人才。大家讨论到最后，一致认为王勇是唯一的人选。但他本人却有不同意见：

“我还是觉得让一个新人去会更好，当时我也是作为新人进入的东北市场。我去不见得有啥优势，而且东北市场也离不开我，客户都是我在对接，现在贸然离开会影响我们东北市场的业绩。”

虽然王勇的说法有一定道理，但其实选择他是高层团队讨论出来的最好的结果，东北市场已经进入了稳定期，如果由一位分管副总带领年轻的团队去做，不会有太大的问题。但大家都知道，王勇的拒绝有利益的原因——东北市场有了很好的收益，而且与个人收入挂钩，而开拓新市场，虽然会有特别的激励，但与在成熟市场的收入比起来是有差距的。这与公司的激励政策有关系，在调整政策前，谁也没办法给他承诺。这个问题在研讨会上没能形成结论，暂时搁置了。

这次战略目标研讨会是贝鑫公司第一次采用这样的研讨方式，关键人员都参与到目标的讨论中来，这让战略共识变得简单。整个过程，每个参与者都表达了积极的态度，张波对于现场取得的成果表示满意。

持续赋能沟通

变革前的贝鑫缺乏良好的内部沟通机制，上下级之间以及同事之间都缺少沟通，内部互不信任、互不协作。为了促进内部协作，提升管理者的人才培养意识和能力，贝鑫在战略研讨会后开展了一次发展面谈培训。

在传授了面谈的技巧和方法之后，在场的管理人员两两组队上台演练，并由现场的其他人员作为观察员，在演练结束后提出各种疑问和建议。几乎没有与下属深入沟通过的部门负责人，演练中暴露出各种各样的问题，现场的观察员们不时地哈哈大笑，在每一组演练结束后又认真地指出问题所在。所有参与者在观察别人的演练后，再上台演练，结果都发现：原来面谈没有想象的简单。培训结束后，一位业务部门负责人表达了自己的想法：

“这样的培训太有必要了，我回去就要给下属进行面谈。原本人力资源部通知我来参加培训的时候，我还觉得是在浪费时间。原以为跟下属聊天谁还不会吗？还需要培训呀？现场听了讲解、做了演练，又看了别人的演练后，我发现自己之前的想法太短浅了。”

我们建议张波从他自身做起，在贝鑫带头进行发展面谈，由他跟高管谈，高管跟部门主管谈，部门主管跟员工谈，由上至下逐渐形成面谈机制。一个月后，张波在谈到面谈机制时，跟我们说：

“这个月我按照你们的要求，找每个高管都谈了一遍。不谈不知道，原来我们出现的很多误解和争执都是因为没沟通好，大家缺乏直接的沟通才造成这些问题。跟他们谈完，我不仅了解了他们的需求，也给我自己打了一剂强心针，对贝鑫的未来更有信心了。我以后坚持谈，谈心、谈未来、谈发展。”

在张波的示范和带领下，贝鑫内部发展面谈推进还算顺利，除了少部分人员外，大部分管理者都能够做到主动找下属面谈。对发展面谈的掌握，也让管理者们对那些盘点中认为不合适又没能及时淘汰的人，有了管理的方法——他们开始通过面谈给予这些员工明确而严格的改进要求。

“利出一孔”的激励

激励环节的变革成为贝鑫最为敏感的环节。团队绩效管理模式下的激励，强调激励与公司或团队整体目标挂钩，“利出一孔”，正是坚持了这一点，才让贝鑫的绩效模式实现成功转型。

高固定、低浮动的薪酬结构

贝鑫除销售人员外的所有员工薪资结构中，固定部分与浮动部分比例为 7∶3，销售人员薪酬的固浮比为 3∶7。这样的薪酬结构，让销售人员十分看重绩效与提成组成的浮动所得。

在高浮动模式下，实施团队绩效有着天然的障碍——员工很难接受自己 70% 甚至更高的收入与其他人捆绑起来。而且，高浮动本身就削弱了员工的归属感，强化了员工与企业“交易关系”的感知。

所以，绩效转型中的利出一孔激励，首先要做的就是让固定薪酬占比提升，降低浮动薪酬比例。在向张波建议实行“高固定、低浮动”的薪酬结构时，他表现出一些犹豫：

“我们给销售人员的固定薪酬压得比较低，是考虑到刺激他们多跑订单。其他员工都设置 30% 的浮动，也是想让员工们能配合业务部门做出好的业绩。如果现在实行‘高固定、低浮动’的薪酬结构，担心无法激发员工做业绩的积极性。”

不仅张波有此顾虑，销售部门管理者也有他们的顾虑：

“能力强的业务员就应该拿高额的奖金，那些没什么销售业绩的销售人员就应该给他们低薪，否则怎么能区分绩优和绩差的销售员呢？”

“销售人员就要提升奖金占比，不然他们都没动力去拿单子了。”

面对这样的顾虑，我们向张波和销售部门管理者提出了两个问题，请他们思考。

问题一：以公司现有的薪酬结构，或者现有的固定薪酬，我们在招聘中能否招到最优秀的人才？如果不能，我们讨论出来的五年战略目标，能否实现？

问题二：既然浮动薪酬那么高，有没有激发出那些落后员工的动力？为什么有些人的业绩依然那么差？

面对这样的问题，张波和销售负责人都进行了思考，给出的答案大致相同。现有的薪酬结构确实影响了公司的招聘，招聘到的不是市场上最好的人员，甚至那些最好的人员都没有来参加过面试。没有最好的销售人员，每年20%的营收增长确实难以为继。关于第二个问题，公司这么多年一直使用高浮动的薪酬模式，但没有细致考察过高浮动是否带来了高激励，因为部分销售人员喜欢高浮动的激励，所以就沿用了这种模式。

经过对这两个问题的思考，内部反对高固定薪酬模式的声音变小了，但对于薪酬结构调整的比例、方式进一步做了细致的讨论——既要真正实现团队绩效的转型，又要考虑公司的现实情况，不至于出现较大的波动。

整体目标导向的奖金

在做了薪酬结构的调整后，将绩效奖金等浮动的薪酬与整体目标关联就没有那么大阻力了。经历了素质模型研讨与人才盘点、目标共识和薪酬结构的讨论过程，大家也认识到，需要通过奖金与整体目标的关联，来强化目标导向与团队协作。

但在讨论到各个部门的绩效得分计算方式时，依然会有一些不理解的声音出现：

“财务只负责整理和管理数据，对各部门账目进行核算和管理，我们其实不能控制公司年度的营业收入、利润，让我们承担这些指标不公平。”

“我们就是负责仓库管理，公司营业收入应该是销售和生产中心的事情，他们完成得差，我们的收入跟着受影响，这个不太合理吧？”

这样的疑问，在大家共同参与的战略研讨的目标分解阶段有人提出，但很快就被其他参与者反驳了回去，“公司整体业绩跟你们不可能没关系，如果真没关系，倒是要考虑你们存在的必要了。”“你们的浮动占比少，其实受影响很小，跟你们承担的责任是匹配的。”

基于利出一孔的原则，我们帮助贝鑫设计了团队绩效导向的奖金计算模式。具体方案如下：

基层员工绩效奖金＝T（个人绩效奖金基数）·P（个人绩效奖金系数）·D（部门目标绩效奖金系数）

管理人员绩效奖金＝T（个人绩效奖金基数）·D（部门绩效奖金系数）·C（公司目标绩效奖金系数）

基层员工的绩效奖金，由其个人的绩效表现和所在部门目标完成情况共同决定；管理人员的奖金，由其负责部门目标完成情况和公司整体目标完成情况决定。这样的绩效奖金计算方式，区别于过去简单地以个人绩效完成情况来决定员工的绩效奖金，通过将员工收入与部门绩效挂钩，部门负责人收入与公司目标达成情况挂钩，自下而上承担整体目标任务。

在此基础上，我们还将贝鑫的两个年度关键指标——“营业收入 9 亿元”和“12% 净利润率”作为全员绩效奖金的启动条件，通过这样的条件约束，强化贝鑫员工整体目标意识。

清除不合适的“销售冠军”

在一系列的变革动作后，贝鑫内部依然存在一些管理人员不愿意配合，甚至在员工中传播负面的信息，这些人恰恰是那些在人才盘点后没能下决心予以调整、淘汰的人员。对于这些情况，张波都很清楚，却一直在犹豫该如何处理。

张波：绩效变革到现在，员工有了很大的变化。我明显感觉到大家工作积极性高涨了，部门协作更加顺畅了，上下级沟通也更加频繁了。但是总有一些管理人员不配合，他们一直消极应对。

咨询顾问：这些人除了自己不接受新的模式，还做了什么吗？

张波：我听到部分员工反馈，有的还在公司散播谣言，对他们部门的下属和其他员工产生了负面影响……其实我也知道，现在转型的关键就是人，但我现在左右为难，有的人是老贝鑫人，有贡献，有的现在还没有替代的人选……不知道你们服务的其他客户有没有遇到过这样的问题，他们是怎么解决的？

咨询顾问：张总，我们的很多客户也都遇到过跟贝鑫一样的问题。没能很好地做好人员处理的，公司的变革就进展缓慢，有的因为没有及时处理还给公司带来很大的伤害；但也有的企业对不合适的人，哪怕是“销售冠军”，也都坚决淘汰，这样的企业反而发展得比较稳健。

接着，我们向张波展示了对不合适人员的成本分析——根据贝鑫员工人才盘点结果，计算了“4”类和“5”类人员的年度成本（如表 9-1 所示）。从表中可以很清晰地看到，贝鑫盘点出来的两类人员每年会带来 500 多万元的损失（产品质量和交期、企业文化、客户满意度等隐形损失只是保守估计）。

表 9-1 贝鑫“4”“5”类员工薪酬浪费测算

类型	项目	总额 （单位：元）	备注
直接成本	年度总工资	2 398 754	按照月度工资的 12 薪计算
	五险一金	255 586	年度五险一金
	奖金	432 634	按照两个月月薪计算
间接成本	培训成本	50 000	假设每年对此人投入的培训成本为 3000 元
	新招成本	32 000	新招聘人员接替他的岗位，投入的时间成本、招聘费用为 2000 元 / 人（保守估算）
	管理成本	24 000	管理不合适的人投入的管理成本为 2000 元 / 人（保守估算）
机会成本	机会成本	2 000 000	不合适的人不离开，错失一位优秀的人创造应有的价值，尤其是高管，损失的很可能是一个业务
总额		5 192 974 元	

这些数字，张波是第一次看到，全程都眉头紧锁，详细询问每一个数字的来源、计算方式等，看得出来，这个数字对他造成了很大的冲击。

张波：公司每年竟然要投入这么多钱在这些人身上，这超过了公司净利润的 10%。

咨询顾问：是的，这些成本随着他们在公司年限的增加会更多。

张波：没错，过去我们知道存在一些不合适的人，也知道他们会给公司带来一些损失，但不知道光人员成本就有这么多，这还没算他们带来的破坏性的损失呢。请你们将这个数据在我们高管会议上再给大家讲一下，这个问题应该让大家都重视起来……

在随后的高管会议上，我们介绍了这个计算结果，而张波让人力资源副总提前根据人才盘点结果拟好了一个需要调整人员的名单，其中不乏之前让管理层纠结的价值观不符合的“销售冠军”。

这次高管会议后，贝鑫内部再次开展了一轮人员的沟通，该辅导的辅导，给予观察时间，而有些确实无法改变和提升的，管理层终于下定决心，予以辞退，其中包括几位“销售冠军”。而那位不愿开发新市场的区域经理王勇，在这期间提出了辞职，这位以往一定会被重点挽留的关键人物，经过高管讨论，未做特别的挽留，正常办理了离职手续。

人员调整后，短期带来了一些负面影响。离职人员带走了公司的一些客户资源，有的带走了部分员工——这也验证了之前管理层对他们价值观的判断。但贝鑫根据人才盘点提拔了一批年轻人，并交由高管辅导，那些因为人员离开空出来的管理职位，部分由高管分担，部分交由提拔的新人。

一系列的转型工作完成后，部分客户的流失，反而让贝鑫内部更加团结，部门之间合作紧密，员工工作积极性提升，那些新上任的年轻人让整个公司的氛围转向了更加开放、包容的状态。

在年底的贝鑫年会上，张波专门回顾了绩效转型开展的整个过程，感慨道：“变革没那么容易，一个绩效转型，我们可以说过五关斩六将。转型成功靠的不仅是科学的方法，还有变革的决心！”

小结

大部分公司在实施团队绩效时不是从零开始，而是要实现从一种模式到另一种模式的转型。

向团队绩效转型没那么容易，企业家们都会遇到来自内外部的压力和质疑，这时就更要坚定转型的初心。企业家需要站在打造组织能力的角度，将短期的业绩和长期的组织能力、战略目标综合考量，既要达成目标共识，又要投入时间持续赋能，还要坚决地实施利出一孔的激励。很多企业也像贝鑫一样，面对不合适的员工，尤其是曾经为公司做出过突出贡献的“功臣”和“老臣”，难以当机立断地进行淘汰，但是最终决定转型成功与否的，往往是对人员的调整，哪怕这些人是“销售冠军”。

关键发现

- 对于大多数发展中的企业来讲，没有从零开始的机会，必须突破现有习惯，实现绩效转型。
- 成功实现绩效转型，精准选择合适的人是第一步。
- 先公后私不等于大公无私，是尊重个人价值和利益追求的整体价值为先。
- 企业家需要将自己对于企业的愿景公之于众，让所有员工有共同的奋斗方向。
- 高固定、低浮动的薪酬，有利于实施团队绩效，也能帮助吸引保留优秀人才。

Performance
Reconstruction

第十章——

用团队绩效塑造组织能力

最为高瞻远瞩的公司能够持续不断提供优越的产品和服务，原因在于它们是杰出的组织，而不是因生产优越的产品和服务才成为伟大的组织。

——吉姆·柯林斯

谷歌一项为期两年的深度调查表明，有些销售团队超出预计营收19%，有些团队只能完成预计营收的81%，最后一名的团队和第一名之间有高达38%的差距。对于产生这种绩效差异的原因，谷歌研究得出的结论是，“成功团队最在意的是将那些想要一起创造历史的人集结起来，而不是专注于某一个个体辉煌的职业生涯。”不依赖明星个体，发挥团队整体的价值，这是组织成功的秘密，也是团队绩效能够带给我们的最大价值。

不再孤独的老板

在接受访谈的时候，马云给创业者的建议是：要学会承受孤独。复星创始人郭广昌说：“在追求商业真理的过程中，你永远是孤独的。”对企业老板，尤其是创始人而言，“孤独”似乎成了不得不面对的现实。

- 多数时候，老板要独自思考公司未来，下一步怎么走。
- 多数时候，除了老板，没有人真正为总体目标负责。
- 销售、技术、生产等，哪里缺人，老板就要亲自上阵。
- 多数时候，老板要独自面对外部环境的压力。
- 多数时候，老板要独自面对选择重用哪些人、淘汰哪些人的压力。

……

在这些问题上，老板们都是一个人在战斗，看似庞大的团队也无法代替他们去思考、去行动。

一个人操心的集团公司

亮达公司是覆盖医药、医疗护理用品、医疗综合服务三大业务板块的集团公司。在创始人张亮头脑中，未来的亮达公司三个业务板块有着很好的互补与协同。

三大业务板块，分别由三位副总分管，他们各自以本业务价值最大化为导向，对于张亮设想的三大业务的协同并不热心。三大业务板块之间主动协作少，互相不了解，有时候需要人员、资源互相支持时，只有张亮本人协调才行。

面对这样的状态，张亮开始对三大业务的分合问题犹豫不决——想合，现在的状态跟独立差不多，各自也都没承担起集团整体的责任；如果分，又违背集团协同发展的需要，以后想整合更难了……

在一次外部访谈中，张亮忍不住说出了自己的困惑。“有时候感觉自己特别孤独！虽然有几个副总，但在集团战略上、在一些关键用人决策上、在面对外部环境变化时，都找不到合适的人商量……即便有些事能够听听他们的意见，但想事情的角度也不一样。”

张亮的困惑有其公司的特性，但其心态和困扰却是普遍的——高管职位上有人员，却不能真正帮助分担压力；对于未来规划和用人，看似一起在讨论，但永远不能在同一个角度思考。

缓解老板孤独症状的唯一途径，是提升组织能力。组织能力强的公司老板有一个同心同德的团队陪伴，而组织能力弱的企业老板只能独自承担。老板的孤独程度与企业组织能力成反比——越是组织能力弱的企业，老板越是孤独；随着组织能力增强，老板的孤独程度会下降。

老板孤独变化曲线如图 10-1 所示。

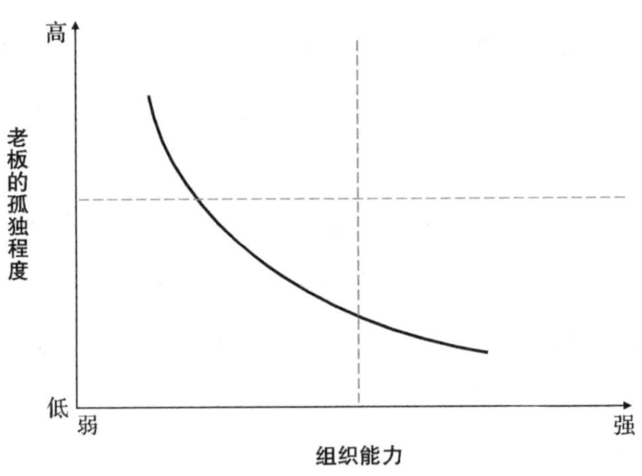

图 10-1　老板孤独变化曲线

从创业之日起，“孤独的老板”既要一个人思考全局，又要成为能够承担每一个工作的多面手。为了降低这样的孤独感，企业家从一开始就需要关注对组织能力的塑造。

持续塑造组织能力

近两年，我们初次接触企业时，都会向企业家提问这样一个问题，“您当前在企业经营中面临的最主要的困惑是什么？”得到的答复集中在两个方面：

（1）“我们的业务一直在快速增长，但是人才跟不上！”

（2）“我们的销售规模不断扩大，但是利润率越来越低，赚钱越来越难！”

这两个问题是很多中国企业在快速发展中面临的共性问题。中国经济从 2008 年开始进入“新常态”，自身没有打造起组织能力，只是借助改革开放、经济高速发展的“风口”生存的企业，可借助的外力越来越小。近些年，在互联网风口上快速成长起来的企业，有些能够快速构建起自身组织能力，在快速变化的环境中扎好了根基，没有在塑造组织能力上下功夫的企业，则纷纷因后劲不足而衰落。企业家面临的两大困惑，看似是经营的问题，其根源是组织能力的问题。

与一般企业相比，那些组织能力强的企业总能表现出更强的生存能力与发展能力。组织能力强的企业，在竞争激烈的新兴市场中总能先行一步占据有利位置；组织能力强的企业，在激烈的市场动荡中依然保持稳健的增长步伐；组织能力强的企业，在面临重大的市场变化时能够打破传统的惯性，变革自我而构建新的核心竞争力。聚焦在内部，组织能力强的企业，能够在团队合力、人才团队打造、超越环境的持续增长力等方面表现得更加优异。

组织能力价值对照表如表 10-1 所示。

迈克尔·塔什曼（Michael Tushman）和查尔斯·奥莱利三世（Charles O’Reilly）在《创新跃迁》一书中提到，战略与关键任务、组织、人员及文化这四大组织构件之间的匹配，是取得成功的驱动力。任何组织如果想要保持良好且稳定的效益，就必须保证这四大构件之间具备一致性。

表 10-1　组织能力价值对照表

序号	组织能力弱的企业	组织能力强的企业
1	企业发展对创始人的依赖高于对团队的依赖	企业发展依赖团队，不依赖创始人
2	公司品牌影响力弱于创始人影响力	公司品牌影响力高于创始人影响力
3	企业增长受市场环境影响较大	企业具备不受环境影响的持续增长能力
4	人才供应不能满足公司战略发展需要	人才供应能持续满足并引领战略发展
5	公司核心竞争力对少数关键人物依赖度高	公司核心竞争力不依赖于少数几个人
6	企业未形成接班人团队	接班人团队正在形成或已经形成

塔什曼—奥莱利企业成功公式如图 10-2 所示。

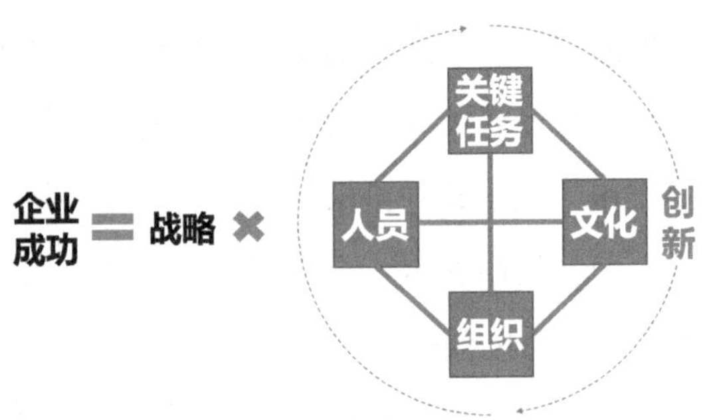

图 10-2　塔什曼—奥莱利企业成功公式

人员、关键任务（流程）、文化、组织、创新构成了组织能力的全景图，四大要素的一致性驱动企业的创新，创新流使得企业能够动态适应新的市场环境，五股力量推动企业的持续成功。

戴维·尤里奇（Dave Ulrich）在《变革的 HR》中提到，“组织能力代表了一个企业因何而为人所知，它擅长做什么，以及它如何建构行为模式以提供价值”，并提出了组织能力的 14 项衡量指标：人才、速度、共同的思维方式、问责制、协同、学习、领导力、客户链接、创新、战略一致性、精简化、社会责任、风险、效率。

结合组织能力的价值、塔什曼—奥莱利组织能力模型及尤里奇的界定，我们将组织能力定义为：企业在变化的环境中持续建立核心竞争优势的能力，这种能力首先体现在对于人才的选拔、激励、培养与团队的打造上，基于人才团队构建起良好的组织与任务流程体系，并将内部的高效协作机制形成一种文化氛围。在该定义中，我们将人才、组织、任务流程和文化氛围作为组织能力的核心要素，并将建立企业的核心竞争优势作为组织能力的目标与价值点。

对照团队绩效成功模型，团队绩效实施成功的六大要素很好地契合了组织能力的需要，能够通过塑造领先的组织能力，助力持续更新企业竞争优势，打造成功的组织。

团队绩效塑造组织能力路径图如图 10-3 所示

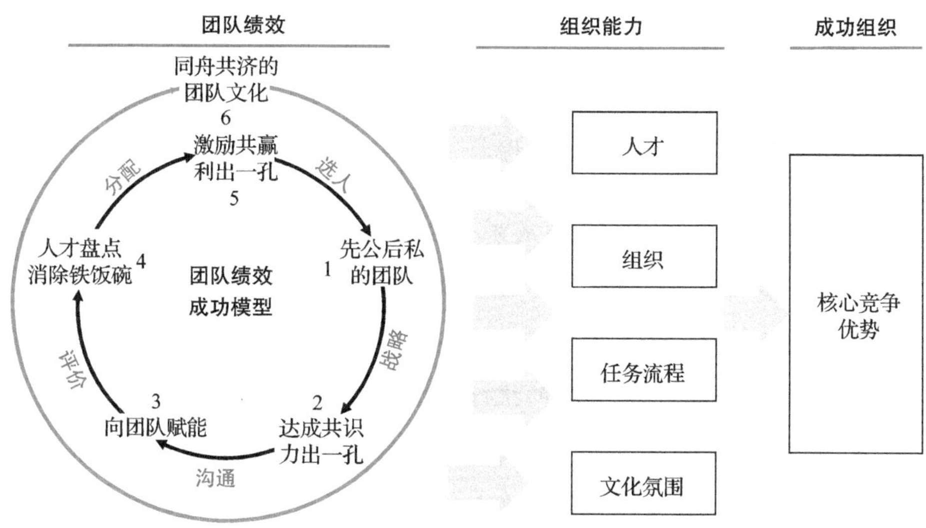

图 10-3　团队绩效塑造组织能力路径图

组织能力首先体现在优秀的人才及团队上。团队绩效强调选人的重要性，选择先公后私的人，淘汰“独狼”，打造先公后私的团队；团队绩效以发展面谈等手段为员工赋能，加速人才的成长；以利出一孔的机制激励人才，让那些能够为组织能力提升做出贡献的人，获得更高的回报。

组织能力其次体现在有序协同的组织架构上。在团队绩效的模式下，更加强调团队间的协同作战、员工个体的协同作战，并在柔性的基础上形成有序的组织体系，构建起有序协同的内部组织。

组织能力还体现在目标导向、高效敏捷的任务与流程上。团队绩效以公司整体目标、长远目标为牵引，将目标分解为关键性任务，由每个团队与个体承担，过程中强调的是目标的引领、任务与流程的高效敏捷执行。

组织能力最终要形成组织的团队文化、责任文化、效率文化与信任文化。团队绩效以目标共识、信息共享、信任充分、执行闭环、优胜劣汰的五大文化举措，构建起团队、责任、效率和信任的高绩效文化氛围。

具备如下要素，组织的核心竞争优势就会显现：对人才的精选与合理使用、组织的协同有序、任务流程的高效敏捷及高绩效的文化。

团队绩效从优秀的人才和团队、有序协同的组织、目标导向和高效敏捷的任务流程、团队导向的文化等多方面塑造组织能力。实施团队绩效的过程，就是缓解老板孤独感的过程。

- 选择先公后私的人，组成先公后私的团队，他们会从公司整体利益、长远利益考虑问题，将目标落实在自己的行动中。
- 战略上达成共识，有共同愿景和战略的引领，员工共同思考公司的未来，会跟进工作计划的执行，共同为公司的持续发展而奋斗。
- 持续的发展面谈与欣赏式复盘，所有人能够持续关注目标的达成情况、自身的贡献如何以及个人的成长与发展，使老板关注的与员工关注的最大程度地一致。
- 人才盘点，打破不合适人的铁饭碗，请他们离开，让内部的人员流动起来，将真正的人才配置在更合适的岗位上，为企业发展源源不断地输送优秀人才。
- 利出一孔的激励，将每个团队、每个人的价值创造导向整体目标及公司整体利益的最大化，使员工个体利益与老板关注的公司整体利益最大程度一致。

- 形成以企业整体利益、长远利益为导向的文化，所有人各司其职，又能够相互协作。

能够成功实施团队绩效的企业，是所有先公后私者的企业，是有战略共识的企业，是内部持续赋能的企业，是盘点人才没有“大锅饭”的企业，是利出一孔的企业，是同舟共济的企业。这样的企业中，没有孤独的老板，只有共同奋斗的团队。

走向团队绩效的决心

走向团队绩效，对大多数企业来说就是一场变革，需要的不是能力，而是变革的决心。

首先，企业家和管理层要有打造先公后私团队和淘汰独狼的决心。团队绩效与传统绩效管理的核心区别，就在于其起点从目标共识前移到了人才选择与团队的打造。在团队绩效成功模型中，让团队绩效的飞轮转动起来的因素不是战略，而是选人，是先公后私的团队。但是对于人才的选择与淘汰，恰恰是企业家和管理层下决心最困难的地方，他们宁愿用绩效考核去解决用人的问题。企业家和管理层的决心，一方面来自于看到不合适人员带来的成本与损失，另一方面来自于掌握选择人才正确的标准与方法后的信心。

其次，企业家和管理层要有用赋能式沟通代替单纯的考核的决心。相比于考核，赋能式沟通看起来成本会更高，会占用管理者更多的时间，但回报却是隐性的或者是长期的。如果企业家和管理者将赋能式沟通与企业的愿景、五年目标关联，与组织能力关联，他们会看到为团队赋能的价值。

最后，企业家和管理层要有个人奖金与公司整体目标关联、实施利出一孔激励的决心。将个人奖金与公司整体目标关联，最大的障碍来自于部分员工的反对，准确地说，来自于那些从个人的绩效奖金、提成收益等回报中尝到甜头的员工。但是，如果将个人业绩的加总与公司的战略目标对比，很容易发现个人绩效奖金激励的弊端所在。还有两个判断的角度可供管理者参考：一是从选人的角度，那些反对将个人绩效与整体目标关联的人，可能一部分的出发点只是私利，他们反对的不是某种方法，而是所有会伤及他们利益的管理举措；二是从组织能力与文化塑造的角度，整体目标关联的激励，更容易打造一个积极进取、协作的团队，而个人导向的激励，则会破坏团队协作，减弱整体的战斗力。

关于变革，哈佛商学院教授迈克尔·比尔（Michael Beer）和尼廷·诺里亚（Nitin Nohria）总结了两种路径：基于 E 理论的变革多使用经济刺激、大幅裁员、机构精简、重组等手段，把股东价值最大化（短期绩效）作为变革成功的唯一衡量标准；而基于 O 理论的变革则旨在增强公司文化，改变员工的行为、态度，提高员工能力和责任感，公司成功的标准是组织的学习能力（如表 10-2 所示）。

表 10-2　变革理论对照表

比较维度	E 理论	O 理论	E、O 结合理论
变革目标	股东价值最大化	培养组织能力	消除经济价值目标和组织能力目标之间的内在冲突
领导方式	坚持自上而下的变革管理	鼓励自下而上的员工参与	高层设定方向，鼓励下属参与
着眼点	强调组织结构与控制系统	强调塑造公司文化，特别是员工的行为与态度	同时关注“硬”（结构与控制系统）与“软”（公司文化）两个方面
工作流程	制订计划，规划变革项目	试验，不断演进	为员工的自主行为拟订计划
报酬体系	通过经济刺激激励	通过责任感激励，把薪资作为公平交换的结果	运用经济刺激强化变革，但不以经济刺激作为驱动力量
咨询师使用情况	咨询师分析问题并提出解决方案	公司形成自己的解决方案，咨询师在变革过程中给予支持	公司向员工充分授权，咨询师成为员工可以利用的专家资源

前文中，我们已经阐述了团队绩效对于塑造组织能力的价值，这一点毋庸置疑。但团队绩效也能够在短期为股东获取更大的价值。

在盖洛普针对1000万个团队的调查中，发现敬业度最高的团队的成功率是最低团队的3倍，平均生产率要高18%，而盈利能力也要高出12%。盖洛普将影响员工敬业度的因素总结为12个方面，这12个因素与团队绩效模型的几大管理举措有直接的对应关系。具体如表10-3所示。采取团队绩效，做好选人、战略共识、赋能式沟通、人才盘点、利出一孔的激励、团队文化，能够提升员工的敬业度，进而提升企业的盈利能力。

表10-3　敬业度12因素与团队绩效举措对应表

序号	敬业度12因素	团队绩效举措
1	我知道对我的工作要求	战略共识、赋能沟通
2	我有做好我的工作所需要的材料和设备	赋能沟通
3	在工作中，我每天都有机会做我最擅长做的事	战略共识
4	在过去的七天里，我因工作出色而受到表扬	赋能沟通、人才盘点、激励
5	我觉得我的主管或同事关心我的个人情况	赋能沟通、团队文化
6	工作单位有人鼓励我的发展	赋能沟通、人才盘点、激励
7	在工作中，我觉得我的意见受到重视	赋能沟通、团队文化
8	公司的使命/目标让我觉得自己的工作重要	战略共识
9	我的同事能够致力于高质量的工作	选人、团队文化
10	我在工作单位有一个要好的朋友	赋能沟通、团队文化
11	在过去的六个月内，工作单位有人和我谈及我的进步	赋能沟通
12	过去一年里，我在工作中有机会学习和成长	赋能沟通、人才盘点

比尔和诺里亚发现，尽管两种变革理论各有其成功之处，但单纯地坚持某一种路径的公司最终都难以取得成功，两种理论必须结合实施，既要获得两种模式的优点，又要避免两种模式的弊端。

杰克·韦尔奇就是从应用E理论重组公司业务开始推行变革的，他们明确宣布，通用电气的所有业务，要么在产业中数一数二，要么重组、出售或关闭。在这一变革中，韦尔奇大刀阔斧地削减人员，推行“活力曲线”。在卸下包袱后，韦尔奇即刻使用基于 O 理论的变革战略，提出了一系列旨在改革通用电气文化的重要举措：通用电气必须成为无边界公司，所有部门领导人必须在公开场合接受下属的质询，积极的反馈和公开的沟通有效地消除了通用电气的官僚主义作风。作为团队绩效模式成功的代表，通用电气通过高标准选人和用人建立了团队绩效的基础，后又通过沟通赋能、文化塑造成功实现变革，塑造了组织能力，支撑自身的长期健康发展。

团队绩效成功模型中所展示的六大要素，可以对应到 E 理论和 O 理论结合的模式中。从目标上来说，战略、盘点与激励可以对应到 E 理论，而选人、赋能沟通及文化，则对应到 O 理论。但当我们强调战略共识、利出一孔的激励时，他们在两个理论上的区分边界变得模糊了，已经融合为一体。

对于企业家和管理层来说，他们只需要知道，团队绩效既追求股东价值最大化，又追求提升组织能力；团队绩效既需要自上而下的愿景分享，也需要自下而上的共识；既需要有配套的组织与流程，也需要支撑性的企业文化；既需要有计划，也需要不断试错、演进；既需要物质的激励，也需要赋能。

以此，找准走向团队绩效变革真正的方向，找到变革的最佳路径，坚定走向团队绩效的决心，实现变革的成功。

小结

走向团队绩效，不再是单纯聚焦在绩效管理本身，而是从选人开始重构绩效管理的循环。

走向团队绩效，不再只是关注量化的指标和结果，更关注战略的共识。

走向团队绩效，不再只是以考核对员工产生压力，而是通过面谈和复盘的方式为员工赋能，推进绩效成果的达成。

走向团队绩效，不再是以个体的员工为对象，而是从团队整体出发开展激励，利出一孔，实现共赢。

走向团队绩效，将绩效管理的目标重构为塑造组织能力，通过塑造组织能力帮助企业持续成长，让老板不再孤独。

成功的企业并非从一开始就能够选择最佳的路径，它们的成功往往是因为能够从错误的路径上调整自己的航向。做出任何变革，成本的付出都不可避免，但绝没有我们以为的那么巨大，最重要的是企业做出变化的决心，以及对获取团队绩效带来的持续价值和企业走向成功的渴望。

关键发现

- 组织能力的强弱与老板的孤独程度成反比。
- 团队绩效能够从人才、组织、任务流程、文化等方面塑造组织能力。
- 团队绩效能够明显提升敬业度，进而改善企业的盈利性。
- 走向团队绩效，对大多数企业来说就是一场变革，需要的不是能力，而是变革的决心。
- 走向团队绩效，企业家最需要坚定决心的三个方面：精准选人、赋能沟通与利出一孔的激励。

参考文献

[1] 杰克·韦尔奇，约翰·拜恩．杰克·韦尔奇自传 [M]. 北京：中信出版社，2013.

[2] 托马斯·弗里德曼．世界是平的 [M]. 北京：东方出版社，2006.

[3] 包政．“企业与管理：正在发生的未来”主题演讲 [EB/OL]. http://www.sohu.com/a/277606237_358836.

[4] 丹尼尔·平克．驱动力 [M]. 北京：中国人民大学出版社，2012.

[5] 李丹．昔日贫困村发展了旅游业 新“大锅饭”吃得香 [N]. 经济日报，2018-09-12.

[6] 华为心声社区．绩效考评为什么那么痛苦？对华为绩效管理的理性思考 [EB/OL]. 2017-01-18.

[7] 陈春花．激活组织 [M]. 北京：机械工业出版社，2017.

[8] 查尔斯·科赫．做大利润 [M]. 广州：广东人民出版社，2017.

[9] 天外伺郎．绩效主义毁了索尼 [J]. 文艺春秋，2007(1).

[10] 鲍勃·卢茨．绩效致死 [M]. 北京：中信出版社，2013.

[11] 翰威特．绩效管理：喧嚣之后回归理性 [EB/OL]. 怡安翰威特微信公众号，2016-08-25.

[12] 吉姆·柯林斯．从优秀到卓越 [M]. 北京：中信出版社，2009.

[13] 彼得·德鲁克．德鲁克管理思想精要 [M]. 北京：机械工业出版社，2017.

[14] 李祖滨，胡士强．股权金字塔 [M]. 北京：中信出版社，2018.

[15] 罗伯特·卡普兰，大卫·诺顿．平衡计分卡：化战略为行动 [M]. 广州：广东经济出版社，2013.

[16] 帕蒂·麦考德．奈飞文化手册 [M]. 杭州：浙江教育出版社，2018.

[17] 米哈尔·阿达迪．通用电气为什么要用这款 App 来取代绩效评估 [EB/OL]. 财富

中文网，2015-08-23.

[18] 谭亮 . 变革下的通用电气是这样通过文化驱动学习的 [J]. 培训杂志，2016-06-22.

[19] 钱丽娜 . 通用电气：文化弹性是转型的前提 [J]. 商学院，2014.

[20] 拉斯洛・博克 . 重新定义团队：谷歌如何工作 [M]. 北京：中信出版社，2015.

[21] Google 绩效管理真经，OKR 是怎么运作的 [EB/OL]. 环球人力资源智库公众号，2017-12-16.

[22] 姚琼 . 世界 500 强的绩效管理，你学得会 [M]. 北京 . 中华工商联合出版社，2017.

[23] 乔纳森・特雷弗，巴里・瓦科 . 什么样的公司才算是顶尖公司？战略、目标与组织能力三者始终一致 [J]. 哈佛商业评论，2016.

[24] 菲利浦・霍斯 . 蚂蚁军团 [M]. 北京 . 企业管理出版社，2004.

[25] 熊童子 . 非说不可的团队搭建神话：阿里铁军 [EB/OL]. HR 实名俱乐部公众号，2017-09-19.

[26] 李祖滨，汤鹏 . 聚焦于人：人力资源领先战略 [M]. 北京：电子工业出版社，2017.

[27] 李祖滨，刘玖锋 . 精准选人：提高企业利润的关键 [M]. 北京：电子工业出版社，2018.

[28] 陈春花 . 经营的本质 [M]. 北京：机械工业出版社，2012.

[29] 彼得・德鲁克 . 管理的实践 [M]. 北京：机械工业出版社，2006.

[30] 罗德・瓦格纳，詹姆斯・哈特 . 伟大管理的 12 要素 [M]. 中国青年出版社，2016.

[31] 许正 . 战略的关键：用感性和走心凝聚共识 [EB/OL]. 商业评论精选公众号，2017-11-01.

[32] 马丁・里维斯，等 . 战略的本质 [M]. 北京：中信出版社，2016.

[33] 加里・胡佛 . 愿景 [M]. 北京：中信出版社，2003.

[34] 马克・利普顿 . 愿景引领成长 [M]. 广州：广东经济出版，2004.

[35] 吉姆・柯林斯，杰里・波勒斯 . 基业长青 [M]. 北京：中信出版社，2009.

[36] 陈春花 . 激活个体 [M]. 北京：机械工业出版社，2015.

[37] 罗伯特・卡普兰，大卫・诺顿 . 战略地图：化无形资产为有形成果 [M]. 广州：广东经济出版社，2005.

[38] 罗伯特・卡普兰，大卫・诺顿 . 平衡计分卡：化战略为行动 [M]. 广州：广东经济出版社，2013.

[39] 罗伯特・卡普兰，大卫・诺顿 . 战略中心型组织 [M]. 北京：北京联合出版社，2017.

[40] 克里斯・祖克 . 回归核心 [M]. 北京：中信出版社，2004.

[41] 克里斯・祖克 . 从核心扩张 [M]. 北京：中信出版社，2004.

[42] 陈春花 . 激活组织：从个体价值到集合智慧 [M]. 北京：机械工业出版社，2017.

[43] 邱昭良 . 复盘 +：把经验转化为能力 [M]. 北京：机械工业出版社，2016.

[44] 张文峰，叶小松 . 欣赏式探询从肯定开始 [J]. 中欧商业评论，2012(5).

[45] 李祖滨 . 欣赏式探询催化行动学习 [J]. 培训杂志，2013.

[46] http://www.sohu.com/a/279275839_224984.

[47] 艾德里安・高斯蒂克，切斯特・埃尔顿 . 胡萝卜原则：比薪酬更有效的激励方法 [M]. 北京：电子工业出版社，2013.

[48] 罗宾斯 . 管人的真理 [M]. 北京：机械工业出版社，2013.

[49] 陈中 . 复盘：对过去的事情做思维演练 [M]. 北京：机械工业出版社，2013.

[50] 诺埃尔・蒂奇 . 领导力循环：伟大的领导者引领企业制胜的关键 [M]. 杭州：浙江人民出版社，2014.

[51] 弗兰克・赛思诺 . 提问的力量 [M]. 北京：中国友谊出版公司，2017.

[52] 库珀里德，惠特尼 . 欣赏式探询 [M]. 北京：中国人民大学出版社，2007.

[53] 加尔文 . 学习型组织行动纲领 [M]. 北京：机械工业出版社，2004.

[54] 梁发芾 . 利出一孔：管仲的思想，商鞅的实践 [J]. 中国经济报告，2016(11).

[55] 彼得・德鲁克 . 管理：使命、责任、实务（实务篇）[M]. 北京：机械工业出版社，2009.

[56] 黄卫伟 . 以奋斗者为本：华为公司人力资源管理纲要 [M]. 北京：中信出版社，2014.

[57] 燕保云 . 试论如何充分发挥奖金的有效激励作用 [J]. 时代报告，2012(11).

[58] 李祖滨，汤鹏，李志华 . 345 薪酬：提升人效跑赢大势 [M]. 北京：电子工业出版社，2019.

[59] 赫尔曼・阿吉斯 . 绩效管理 [M]. 北京：中国人民大学出版社，2013.

[60] Kvaløy O, Nieken P, Schöttner A. Hidden Benefits of Reward: A Field Experiment

on Motivation and Monetary Incentives[J]. European Economic Review，2015(76).

[61] Amy Gallo. How to Reward Your Stellar Team[J]. Harvard Business Review, 2013(8).

[62] https://www.officevibe.com/state-employee-engagement.

[63] 张勇 . 海底捞张勇最新演讲：把 KPI 全部去掉，只考核这一个 [EB/OL]. 搜狐财经，2017-05-12.

[64] 戴珊 . 听阿里 11 号员工深度解读：在阿里人才盘点是这样做的 [EB/OL]. HR 笔记本公众号，2018-11-23.

[65] 斯宾塞，斯宾塞 . 才能评鉴法 : 建立卓越的绩效模式 [M]. 汕头 : 汕头大学出版社，2003.

[66] McClelland D C.Testing for Competence rather than for Intelligence[J]. American Psychologist，1973(28).

[67] 约翰・科特，詹姆斯・赫斯克特 . 企业文化与经营业绩 [M]. 北京：华夏出版社，1996.

[68] 吉姆・柯林斯 . 再造卓越 [M]. 北京：中信出版社，2010.

[69] 詹姆斯・库泽斯 . 领导力 [M]. 北京：电子工业出版社，2018.

[70] 查尔斯・科赫 . 做大利润 [M]. 广州：广东人民出版社，2017.

[71] 山姆・沃尔顿 . 富甲美国 [M]. 南京：江苏文艺出版社，2015.

[72] 任向晖，许维，夏英凯 . 高绩效团队的三个秘密 [M]. 北京：电子工业出版社，2016.

[73] 孙陶然 . 有效管理的 5 大兵法 [M]. 北京：中国友谊出版公司，2018.

[74] 黄卫伟 . 塑造谷歌人力资源策略的 14 项研究成果 [EB/OL]. HR 转型突破公众号，2015-12-03.

[75] 帕特里克・兰西奥尼 . 团队协作的五大障碍 [M]. 北京：中信出版社，2013.

[76] 彼得・德鲁克 . 下一个社会的管理 [M]. 北京：机械工业出版社，2009.

[77] 何弃疗 . 团队绩效差距为何高达 38%？ Google 发现这三个因素是关键 [EB/OL]. 猎云网，2016-09-01.

[78] Tushman Michael，O'Reilly Charles A . Winning through Innovation: A Practical Guide to Leading Organizational Change and Renewal[M]. Boston: Harvard Business School Press, 1997.

[79] 亚当·格兰特．沃顿商学院最受欢迎的成功课 [M]. 北京：中信出版社，2014.

[80] 罗德·瓦格纳，詹姆斯·哈特，伟大管理的 12 要素 [M]. 北京：中国青年出版社，2016.

[81] 约翰·科特，丹·科恩．变革之心 [M]. 北京：机械工业出版社，2003.

[82] 迈克尔·比尔，尼廷·诺里亚．破译变革的密码 [J]. 哈佛商业评论，2000.